-491

-491

DAVID KING

GANZ NORMALE BÜRGER

DIE OPFER STALINS

FOTOGRAFIEN VON MEMORIAL, MOSKAU
DER DAVID KING COLLECTION, LONDON
UND REINHARD SCHULTZ, BERLIN

AUS DEM ENGLISCHEN ÜBERSETZT VON CHRISTINE MARIA NEMETH

MEHRING VERLAG

EINLEITUNG

Die Geschichte der Fotografie zwischen den Weltkriegen in Stalins Russland ist hauptsächlich von Täuschung und Betrug geprägt. In dieser Zeit, in der die Bevölkerung zumeist große Not litt, verlangte der totalitäre Staat ganz im Sinne des sozialistischen Realismus Bilder, die einen seichten Optimismus befördern sollten.

Fotografien aus dem Bestand der sowjetischen Behörden bringen allerdings eine grauenhafte Wahrheit ans Licht. Die hier zum ersten Mal im Westen veröffentlichten Fotografien ab Seite 23 wurden von Stalins Geheimpolizei, der OGPU, und ihrem Nachfolger, dem Volkskommissariat für Innere Angelegenheiten (NKWD), aufgenommen. Es sind Polizeifotos von ganz normalen Bürgern. Es sind Aufnahmen von Männern und Frauen, die eingekerkert wurden in den Tiefen der Lubjanka, des bis heute ominösen Hauptquartiers der Geheimpolizei im Herzen Moskaus. Die meisten Fotos stammen aus den 1930er Jahren, dem Höhepunkt von Stalins Schreckensherrschaft.

Während der berühmte architektonische Umbau Moskaus im Monumentalstil begann, fand zur gleichen Zeit ein groß angelegter Einschüchterungs-, ja regelrechter Vernichtungsfeldzug gegenüber seinen Einwohnern statt. Schätzungsweise 30 000 Menschen sollen allein in der Region Moskau vom NKWD während des Großen Terrors getötet worden sein. Fahren Sie heutzutage mit der Moskauer U-Bahn, und Sie werden in die Gesichter von unzähligen Passagieren blicken, die Sie an die hier abgebildeten Fotos erinnern. Aber jede einzelne Person auf diesen Fotos, sowie unzählige weitere Tausende, wurden hingerichtet, ihre Körper in anonyme Gräber geworfen. Alle waren sie unschuldig im Sinne der gegen sie erhobenen Anklagen, niemand erhielt ein faires Gerichtsverfahren. Zwischen dem Geflüster von hinterlistigen Informanten auf der einen und der eisernen Faust von brutalen Vernehmungsbeamten auf der anderen Seite gerieten sie in das Räderwerk von Stalins Tötungsmaschine.

Die Fotos mit ihren dazugehörigen Akten – bergeweise falsche Geständnisse haarsträubender Verbrechen, die die Beschuldigten nie hätten begehen können – waren jahrzehntelang im Zentralarchiv des ehemaligen Geheimdiensts KGB vergraben. Heute werden sie von Memorial in Moskau verwaltet. Diese Gesellschaft wurde während der Gorbatschow-Ära gegründet, um die Verbrechen Stalins zu dokumentieren und um Menschen dabei zu unterstützen, ihre unter Chruschtschow noch nicht rehabilitierten Angehörigen nun endlich zu rehabilitieren. Es ist eine sehr langwierige Arbeit.

Tausende von Fotos und Karteikarten zu durchforsten, hat eine beinahe hypnotisierende Wirkung. Die Fotos der Opfer sind klein, passbildgroß, auf grauen NKWD-Karton geklebt, auf den Aktendeckeln

Seiten 1 bis 4: Auf dem Weg zum Verhör betreten die Verdächtigten das von der OGPU bewachte Lubjanka-Gefängnis durch einen Seiteneingang. Moskau, 1928.
Vorherige Seite, von links nach rechts: Die Politbüro-Mitglieder Andrejew, Woroschilow, Molotow, Kaganowitsch und Stalin als Leichenträger bei Sergo Ordschonikidses Beerdigung, Moskau, Februar 1937.
Stalin ließ seinen langjährigen Freund Abel Jenukidse (ganz links, zum Teil verdeckt) im selben Jahr noch hinrichten, gemeinsam mit acht seiner Familienmitglieder.
Waleri Meschlauk (rechts von Stalin), ein Kommissar der Schwerindustrie, wurde im Dezember 1937 verhaftet und im Jahr 1938 erschossen.

Oben: Am Ersten Mai 1938 salutiert Stalin mit weiteren ranghohen Parteigrößen vor dem Lenin-Mausoleum am Roten Platz in Moskau. Nikolai Jeschow, der kaltblütige NKWD-Chef, steht ganz rechts im Bild.
Links: Jeschow und Stalin beim 20-jährigen Jubiläum der sowjetischen Geheimpolizei im Jahr 1937.
Gegenüberliegende Seite: Polizeifotos von Josef Dschugaschwili (Stalin), aufgenommen von der Geheimpolizei des Zaren am 23. März 1910 in Baku. Stalin wurde von seinen Mitverschwörern als prinzipienloser, gerissener und außergewöhnlich grausamer Einzelgänger beschrieben.

Бакинское Губернское Жандармское Управленіе.

Возрастъ по наружн. 30-32 Годъ и мѣс. рожденія 1879 г. Декабрь 6

Ростъ 1 метр. сант. Полнот. тощ. Тѣлослож. худое Объем. въ поясѣ

Волосы: Цвѣт. черный Волнист. волнис. Густот. густые

Бород. и усы: бородка тонкий Густот. густ.

Лицо: Цвѣт. Выраженіе Ос. рябое

Лобъ: Высот. сред. Накл. верт. Морщин. гориз. Форм. голов. овал.

Брови: Цвѣт. Форм. дугообр. Густот. Растояніе

Глаза, впад. [орбиты] Величин. сред. Глубин. впал.

Глаза: Цвѣт. райка карий Ос. Раст. между глазъ ср.

Носъ: Спинк. прям. Основание Высот. ср. Длин. ср. Шир. ср. Ос.

Ухо: Форм. овал. Оттопыр. Велич. ср.

10] борд; Нач. ср. Верх 12] Противо-коз. Накл. Профиль Вын.

11] мочка; Нач. Форм. Прирост Внутр. скл. Вел.

Губы: Форм. Толщ.

Подбородокъ Накл. верт.

ДЖУГАШВИЛИ (Сталин) Иосиф

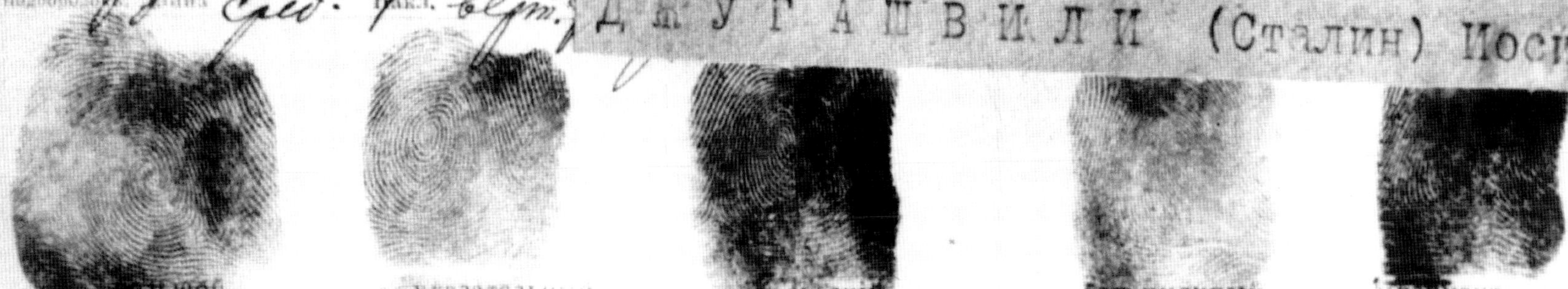

большой | указательный | средний | безымянный | мизинецъ

№ дѣла 28. Ложное имя:

Прозвище, кличка Коба

Фамилія: Джугашвили

Имя и отч., если иновѣрецъ,—то всѣ имена, а еврей—какими назыв. христ. именами Іосифъ Виссаріоновичъ

Подробн. званіе крестьянинъ Тифлисской губ. Горійскаго уѣзда

Мѣсто рожденія въ гор. (дер.) Гори того же уѣзда Тифлисской губ.

Отецъ? Виссаріонъ Мать и ея дѣвичья фамилія? Екатерина Геладзе Живы-ли они? Мать жива

Женат. [замужем.]. Холостъ [дѣвица], вдов. разведен.? Холостъ Любовн. связь? Петровская

Имя и отч. жены [мужа] и ея дѣвичья фамилія?

Братья, сестры и проч. извѣстные родственники Нѣтъ

Вѣроисповѣд. Православнаго Воен. служба?

Гдѣ получил. образованіе въ Горійском духовном училище и в Тифлисской семинаріи

Знаетъ-ли мастерство [профессія] и послѣднее мѣсто службы? Домашній учитель

Послѣднее мѣстожительство? Баку

Когда, гдѣ, и по как. дѣлу задержанъ и привлеченъ 23 Марта 1910 г. в Баку

Пичугин
1923

Gegenüberliegende Seite: Leo Trotzki, von Sergej Pitschugin im Jahr 1923 mit Kreide gezeichnet. Nach Trotzkis Fall musste die Zeichnung versteckt werden, der Künstler überklebte die Zeichnung mit weißem Karton. Das damals verbotene Bild wurde erst 75 Jahre später von Nachfahren des Künstlers wiederentdeckt.

stehen schabloniert und abgestempelt lediglich Nummer, Name und Datum. Die traurigen Lebensdaten eines jeden einzelnen Schicksals sind auf liniertem Papier in der gestochenen Schrift geschrieben, die einst so beliebt war unter sowjetischen Bürokraten. Alles ist alphabetisch geordnet.

Lenins Geheimpolizei war Ende 1917 heimlich gegründet worden. Die Hauptaufgabe der Tscheka (»Außerordentliche Allrussische Kommission zur Bekämpfung von Konterrevolution, Spekulation und Sabotage«) bestand darin, die neue bolschewistische Regierung vor ihren zahlreichen Feinden zu schützen. Die Posten wurden mit Nichtrussen, vor allem Letten, besetzt, da sie als diszipliniert und nicht gerade zimperlich galten. Ihre Uniformen waren aus schwarzem Leder.

Am 28. August 1918 wurde Lenin bei einem Attentat niedergeschossen und schwer verletzt. Die Bolschewiki reagierten darauf mit grausamer Vergeltung, bekannt geworden als Roter Terror, mit der Tscheka an vorderster Front. Eine Sozialrevolutionärin (SR) namens Fanny Kaplan wurde für das Attentat verhaftet und erschossen, zusammen mit Hunderten anderen Verdächtigen. Felix Dserschinski, oberster Chef der Tscheka, rief mit hoher Stimme: »Wir stehen für organisierten Terror«. Ein weiterer ranghoher Tschekist, Martin Lazis, ergänzte: »Die Tscheka urteilt nicht, sie schlägt zu. Sie vergibt nicht, sie zerstört.« Dieses Abhandenkommen jedes menschlichen Anstands war auch 19 Jahre später noch zu spüren. Lydia Michailowna Dsbanowskaja-Schtokwisch (Seite 98) wurde im September 1937 hingerichtet wegen der »Teilnahme an Fanny Kaplans Anschlag auf Lenin im Jahr 1918«. Die Anklage war frei erfunden, aber die Rehabilitierung erfolgte erst im Jahr 1992 nach dem Ende der Sowjetunion.

Im Jahr 1922 begann die Umstrukturierung der Tscheka zur GPU (»Staatliche Politische Verwaltung«), ab November 1923 hieß sie OGPU. Stalins Sieg über Trotzki im langen und bitteren Machtkampf nach Lenins Tod im Jahr 1924 war seiner stetig wachsenden Kontrolle über die Geheimpolizei ebenso geschuldet wie seiner derben politischen Ideologie. Tausende linke Oppositionelle wurden in den späten 1920er Jahren als »Staatsfeinde« verhaftet. Es gipfelte darin, dass Trotzki selbst im Jahr 1929 in Begleitung von OGPU-Offizieren des Landes verwiesen wurde. Trotzki, der die Oktoberrevolution an Lenins Seite charismatisch

Oben: Im Archiv der Geheimpolizei in Moskau im Jahr 1991. Ein Mitarbeiter hält eine NKWD-Akte aus den 1930er Jahren hoch. Hinter ihm einige der Tausenden von Kisten voller Akten von Stalins Opfern.

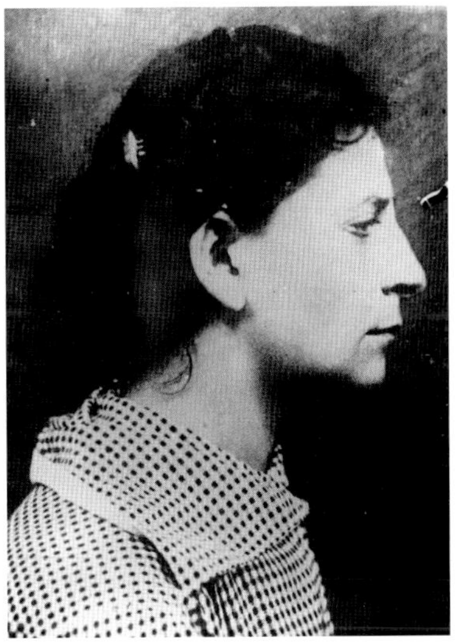

Oben: Fanny Kaplans Polizeifoto (Seitenansicht) von der Tscheka aus dem Jahr 1918. Ihr schlechtes Sehvermögen spricht gegen sie als Attentäterin.

Rechts: Parade von Tschekisten in Rostow am Don im Jahr 1920. Auf dem Banner steht: »Gegen die wirtschaftliche Zerrüttung. Wir kennen keine Begrenzung der Arbeitszeit.«

Oben: Trotzki verlässt die Sowjetunion zum letzten Mal im Februar 1929. Er wird von OGPU-Beamten zur Grenze begleitet.

Ganz oben: Zwangsarbeiter beim Bau des Stalin-Kanals, 1932.
Oben: Genrich Jagoda (links) mit dem Schriftsteller Maxim Gorki, der Journalisten zum Stalin-Kanal führt, um darüber zu schreiben. Der daraus entstandene großformatige Band mit vielen Fotos von Alexander Rodtschenko verherrlicht das Projekt.

anführte, der Gründer der im Bürgerkrieg siegreichen Roten Armee, und die einzige ernsthafte politische Alternative zum Stalinismus war für immer verbannt, der antisowjetischen und konterrevolutionären Aktivitäten zu Unrecht beschuldigt.

Zu diesem Zeitpunkt hatte Stalins unrühmliche Verfälschung der Geschichte längst begonnen, dennoch dauerte es bis 1935, als das letzte Bild von Trotzki (abgesehen von ein paar abwertenden Karikaturen) in einer sowjetischen Publikation erschien. Es war eine kleine Zeichnung in der russischen Ausgabe von *Geschichte des Bürgerkriegs in der UdSSR,* ein Mammutwerk in fünf Bänden, das innerhalb eines Zeitraums von 25 Jahren entstand. In der englischen Ausgabe von 1937 fehlte das Bild bereits. Warwara Edmundowna Budkewitsch (Seite 119), als Forscherin im Buchprojekt tätig, erlebte nur die Veröffentlichung des ersten Bands. Selbst die Mitgliedschaft in der Kommunistischen Partei rettete sie nicht vor der Hinrichtung im Jahr 1937 wegen »Zugehörigkeit zu einer antisowjetischen, konterrevolutionären Vereinigung«. Budkewitschs Hinrichtung fiel in die Zeit, in der Stalin selbst gegen Stalinisten vorging. »Säubert die Partei von fremden Klassenkräften und feindlichen Elementen, Degenerierten, Opportunisten, Falschspielern, Karrieristen, Egoisten, Bürokraten und moralisch verkommenen Personen«, hetzte ein in 15 000 Exemplaren gedrucktes Plakat.

Während Stalin der weltweiten proletarischen Revolution den Rücken kehrte, widmete er sich ab 1928 der Umsetzung seines ersten Fünf-Jahres-Plans zur Industrialisierung und zur Kollektivierung der Landwirtschaft. Er verlangte »Sozialismus in einem Land«. Den leidgeprüften Arbeitern wurden utopische Zielvorgaben von oben aufgezwungen, die unmöglich zu erreichen waren, woraufhin Sündenböcke gesucht wurden. Und so erfand die OGPU ein Riesennetzwerk von Industrie-Saboteuren. Eine Verhaftungswelle folgte der anderen, und die ersten großen Schauprozesse mit den unglücklichen »Wrediteli« (»Schädlingen«) wurden inszeniert. Auf dem Land verursachten die OGPU-geführten Enteignungen unter dem Motto »Liquidiert die Kulaken als Klasse« eine große Hungersnot. Millionen Menschen verhungerten in den 1930er Jahren inmitten des fruchtbaren Getreidegürtels der Ukraine.

Im Jahr 1932 erteilte Stalin der OGPU, zu diesem Zeitpunkt unter der Führung des finsteren Genrich Jagoda, den Auftrag zum Bau des Stalin-Kanals, der die Ostsee mit dem Weißen Meer verbinden sollte. Von Zwangsarbeitern gebaut, war das Projekt ein Vorbote der albtraumhaften Welt des Gulag, die bald darauf folgen sollte. Zehntausende starben bei den Bauarbeiten. Dabei wurde der Kanal nach der Fertigstellung kaum genutzt, denn er war zu seicht für Schiffe, und die Holzkonstruktion war zu anfällig für Reparaturen.

Nach dem Kanalbau ließ die OGPU Waisenhäuser errichten für die Kinder derer, die sie durch Arbeit zu Tode geschunden, erschossen oder verhaftet hatte. Diese jungen Opfer Stalins sollten zu vorbildlichen sowjetischen Bürgern erzogen werden. Als Kinder von »Verrätern am Vaterland« wurden ihre Namen oft geändert und ihre Akten nur als Nummern geführt.

Der Stalin-Weißmeer-Ostsee-Kanal und die OGPU-Waisenhäuser waren Thema einer Sonderausgabe des bemerkenswerten Propaganda-Magazins *USSR im Bau,* das in Moskau in den 1930er Jahren in vier Sprachen erschien. Sowjetische Design- und Fotografie-Stars, wie El Lissitzky und Alexander Rodtschenko (der drei Monate lang die

Oben: Stalin besichtigt die Arbeiten an dem Kanal, der seinen Namen trug, gemeinsam mit Michail Frinowski, stellvertretender NKWD-Chef.
Gegenüberliegende Seite: Stalins Waisenkinder. Polizeifotos aus den 1930er Jahren von Kindern der »Verräter am Vaterland« aus einem OGPU-Waisenhaus. Die Kinder wurden von ihren Lehrern angestachelt, ihre lebenden oder schon verstorbenen Eltern zu verraten.

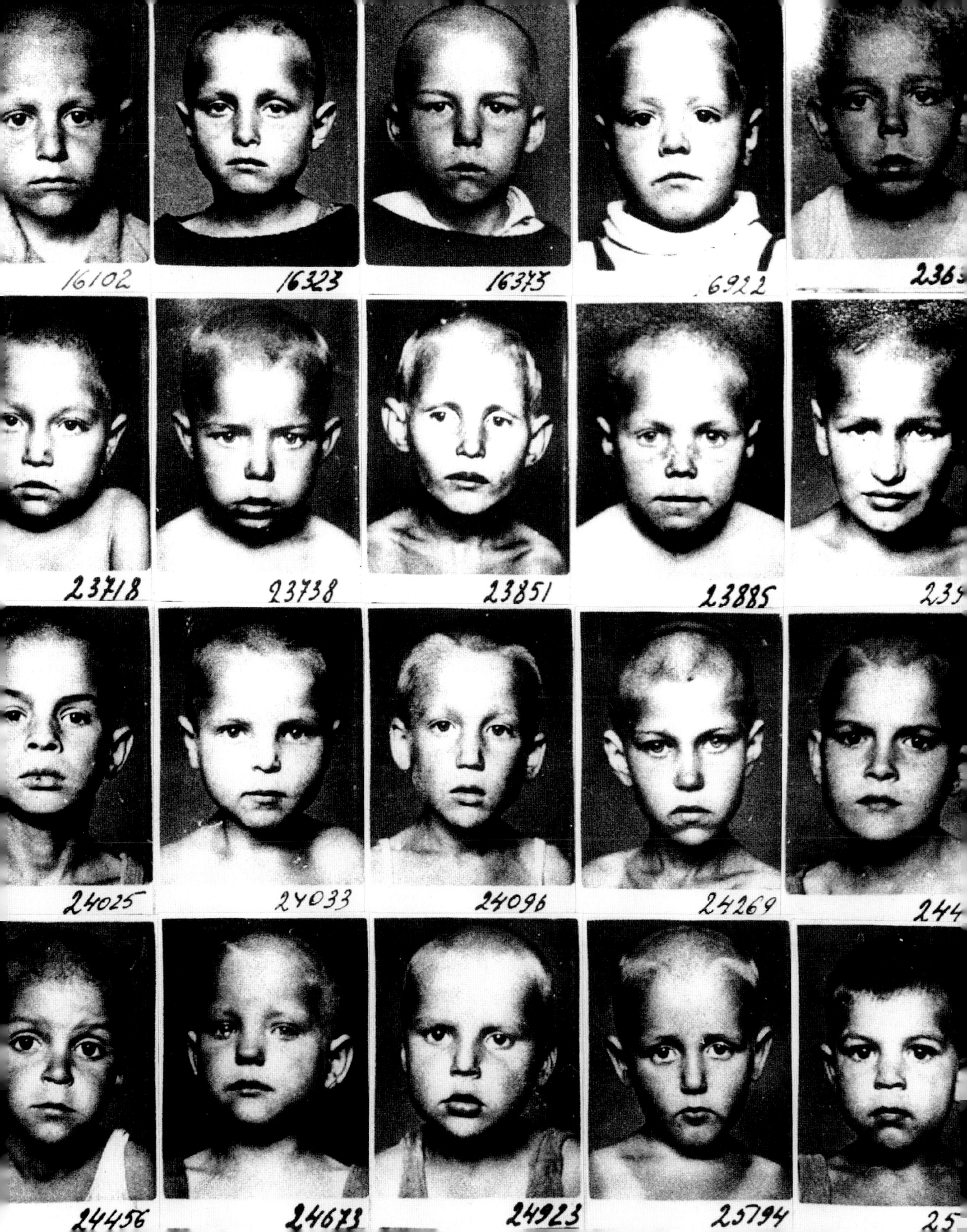
16102
16323
16373
23718
23738
23851
23885
24025
24033
24096
24269
24456
24673
24923
25794

Zwangsarbeit am Kanal fotografisch dokumentierte) schufen bahnbrechende Foto-Grafiken, um die großen Tugenden des stalinistischen Staates und seinen Anführer anzupreisen. Auch Sinaida Aweljewna Koriman (Seite 155) arbeitete für die Zeitschrift. Als technische Sekretärin hatte sie sicherlich Zugriff auf vertrauliche Informationen und stand deshalb unter Beobachtung. 1938 wurde sie wegen Spionage verhaftet und 14 Monate später erschossen. Die Rehabilitierung erfolgte erst im Jahr 1991.

Der Name der Geheimpolizei änderte sich 1934 noch einmal, die OGPU wurde zum NKWD (»Volkskommissariat für innere Angelegenheiten der UdSSR«). Das NKWD war mit so viel Macht ausgestattet, dass es sich in den Folgejahren zu einem regelrechten Staat im Staat entwickelte. Es erhielt von Stalin die Befugnis, eine von der Roten Armee völlig unabhängige Miliz zu gründen. Als Prätorianergarde sollte sie seine Herrschaft sichern und zu einem Instrument für weitreichendere interne Repressionen werden. Unter der Führung des stellvertretenden Kommissars Michail Frinowski war die Armee im Jahr 1936 bereits 150 000 Mann stark. Sie war unterteilt in eine Waffen- und Kavalleriedivision, eine Panzereinheit und eine Flugzeugstaffel.

Nach der Ermordung (wahrscheinlich auf Befehl des Kremls) von Sergej Kirow, dem angesehenen Ersten Sekretär der Leningrader Parteiorganisation und Stalins politischem Hauptrivalen, folgte im Dezember 1934 eine neue Welle der Gewalt und Hinrichtungen. Tausende »Kirow-Attentäter« landeten in sowjetischen Gefängnissen mit ihren albtraumhaften Haftbedingungen. Jewgenija Ginsburgs Memoiren *Marschroute eines Lebens* bezeugen die grauenhaften Zustände dort. Nadeschda Mandelstams *Das Jahrhundert der Wölfe* schildert die Tragödie derer, die »draußen« blieben, immer suchend, Schlange stehend, jahrzehntelang wartend auf einen Fetzen Information über ihre Angehörigen.

Unter der Arbeitslast ächzend, erhielt die NKWD-Bürokratie in diesem Zeitraum unerwartet Hilfe. Viele deutsche Kommunisten flohen vor Hitler nach Moskau. Auf der Suche nach Arbeit gingen einige von

Oben: Polizeifotos des Dichters Ossip Mandelstam, vom NKWD in der Lubjanka aufgenommen. Der Haftbefehl vom 28. April 1938 wurde von Michail Frinowski unterschrieben, stellvertretender NKWD-Chef. Zuerst hatte Mandelstam jahrelang Veröffentlichungsverbot, dann wurde er zu fünf Jahren harter Strafarbeit wegen konterrevolutionären Aktivitäten verurteilt. Am 27. Dezember 1938 starb er im Durchgangslager in Magadan. Seine Frau, Nadeschda Mandelstam, widmete sich zeitlebens dem Erhalt seiner Dichtung.

ihnen, wie Helene Hartmann (Seite 163), zum Kader der Lubjanka. Effizienz hatte höchste Priorität, und so weisen seit Mitte der 1930er Jahre die Akten der Gefangenen eine nie zuvor dagewesene Ordnung auf.

Die falschen Geständnisse, vor allem in Kombination mit den Polizeifotos der armen Opfer, lesen sich grausig. Um ein Beispiel zu nennen: Ein NKWD-Vernehmungsbeamter brachte es fertig, eine beinahe fünf Zentimeter dicke Akte, jedes Blatt dicht beschrieben, zu produzieren. Dem Beschuldigten, einem der russischen Sprache nicht mächtigen ausländischen Kommunisten, wurde kein Dolmetscher zur Seite gestellt. Dennoch wurde jeder noch so kurze Abschnitt, über Hunderte von Seiten in kyrillischer Schrift, pflichtbewusst von ihm abgezeichnet, womit er sein eigenes Schicksal besiegelte.

Anfang 1937 wurden Genrich Jagoda und seine Kader verhaftet und als Diebesbande, Betrüger und Spione denunziert. Sie wurden beschuldigt »den trotzkistisch-sinowjewistischen Block erst mit vier Jahren Verspätung« entdeckt zu haben. Jagodas große Statue am Eingang des Stalin-Weißmeer-Ostsee-Kanals, ebenfalls von Zwangsarbeitern erbaut, wurde gesprengt. Die NKWD-Agenten spannten ihr Netz der Intrigen so weit wie möglich, so dass auch Familienmitglieder und Freunde, Genossen und sogar flüchtige Bekanntschaften verdächtigt wurden. Und Lilja Grigoriewna Jagoda (Seite 142) zahlte mit ihrem Leben dafür, die Schwester des verhafteten Geheimpolizeichefs zu sein. Mit Nikolai Jeschow als Nachfolger Jagodas erreichte der Terror seinen Höhepunkt. Jeschow war zwar weniger als zwei Jahre lang NKWD-Chef, aber in seiner Amtszeit, der »Jeschowschtschina«, erreichte das Töten eine bis dahin nie dagewesene Dimension in der russischen Geschichte. In einer Atmosphäre allgegenwärtigen Misstrauens wurde jeder einzelne Sowjetbürger in »Wachsamkeitskampagnen« persönlich dazu angehalten, seine Mitbürger an die Behörden auszuliefern. Groteske Anschuldigungen erwuchsen oftmals aus kleinlichen Eifersüchteleien, bitteren Rivalitäten oder offenem Hass zwischen Nachbarn, Fabrikarbeitern oder

Oben: Diese Polizeifotos sind die letzten Aufnahmen des Schriftstellers Isaak Babel. Sie entstanden in der Lubjanka nach seiner Verhaftung durch den NKWD im Mai 1939. NKWD-Chef Laurenti Beria gratulierte den Vernehmungsbeamten von Babel und beschrieb deren Arbeit als »wahres Kunstwerk«. Ohne seine Brille konnte Babel kaum sehen, sie muss also von seinen Peinigern bereits zerbrochen worden sein. Er arbeitete an einem Buch über die Tscheka, das nie fertiggestellt wurde. Babel wurde im Jahr 1940 erschossen.

Büroangestellten. Die Anschuldigungen nahmen oft absurde Formen an. Anklagen wegen »ungenügender Kampfbereitschaft« oder wegen »Lobens des faschistischen Systems« waren relativ weit verbreitet, aber eine »Verschwörung, das Vaterland durch heimlich gebaute künstliche Vulkane zu zerstören« macht einen schier sprachlos.

»Wir vernichten die Spione und Saboteure, die trotzkistisch-bucharinistischen Agenten des Faschismus«, proklamierte ein NKWD-Poster aus dem Jahr 1937. In reißerischem Design zeigt es einen roten Arbeiterarm, dessen Faust eine Schlange mit einem Hakenkreuz als Auge erwürgt. Im gleichen Jahr gab es eine Welle von über 800 000 politischen Verhaftungen. Stalin unterschrieb die Liste mit den Namen derer, die hingerichtet werden sollten, und Jeschows Killerbande erledigte den Rest mit höchster Grausamkeit. Stalins verheerender Säuberung innerhalb der Roten Armee im Jahr 1937 fielen allein 25 000 Soldaten zum Opfer. Robert Eideman (Seite 103) war einer von sieben ranghohen Offizieren, darunter auch Marschall Tuchatschewski, die am 11. Juni wegen »Konspiration zum Staatsstreich« erschossen wurden. Ohne Führungsriege in der Roten Armee war die Verteidigung der Sowjetunion gefährlich geschwächt, was sich bei Hitlers Einmarsch im Juni 1941 als tragischer Fehler erweisen sollte.

Ganz oben: Fabrikarbeiter stimmen der Hinrichtung der Angeklagten beim zweiten Moskauer Schauprozess, 1937, zu.
Oben: Stalin bei seiner Datsche mit Lawrenti Beria, Chef der Geheimpolizei, in den 1930er Jahren.
Links: Massenweise werden Akten angeschleppt zu einem von OGPU-Agenten überwachten Gebäude der Geheimpolizei in Moskau.

Die Vernehmungsakten und Polizeifotos von vielen berühmten Säuberungsopfern der 1930er Jahre, wie die der Angeklagten der drei Schauprozesse in Moskau, sind bis heute in Geheimarchiven versteckt, manche befinden sich in Sibirien. Aber einige bekannte Namen tauchen dennoch in Dokumenten der Lubjanka bei Memorial auf. So zum Beispiel der des berühmten Regisseurs Wsewolod Meyerhold (Seite 160), eine wichtige Persönlichkeit des nachrevolutionären Avantgarde-Theaters in Moskau. Er sprach sich am 15. Juni 1939 öffentlich gegen die Verfolgung seines Berufsstands durch die Stalinisten aus. Einige Tage später wurde er verhaftet. Im Gefängnis schrieb er Molotow, dem Volkskommissar für Auswärtige Angelegenheiten und einem von Stalins engsten Handlangern, einen Brief und bat darin um Gnade. Er erhielt niemals eine Antwort. Meyerhold inszenierte Stücke von Majakowski, Erdman, Ostrowski und vielen anderen, darunter Sergej Tretjakow (Seite 161), einem Meister der revolutionären Literatur und Kunstkritiker, der 1936 die erste illustrierte Biografie über John Heartfield, den deutschen Anti-Nazi-Fotomontagekünstler, schrieb. Meyerhold wurde am 2. Februar 1940 wegen Spionage erschossen. Der kaltblütige Jeschow wurde am 8. Dezember 1938 seines Amtes enthoben. Einige Monate später wurde er verhaftet und gefoltert und im Februar 1940 erschossen. Nach Jeschows Absetzung säuberte Stalin das NKWD in großem Maßstab mit der Begründung, es sei »übereifrig« gewesen. Viele von Jeschows Mitarbeitern wurden getötet, darunter Michail Frinowski, Kommandant der umfangreichen Miliz des NKWD. Selbst Frinowskis Frau und deren Sohn Oleg (Seiten 158, 159) wurden erschossen. Jeschows letzte Handlung war es, aus Eifersucht und Rache den berühmten Schriftsteller Isaak Babel der Spionage für Frankreich zu beschuldigen. Babel hatte 1927 eine Affäre mit Jeschows Frau, Jewgenija Chajutina, lange vor deren Ehe. Der Autor von *Die Reiterarmee* wurde verhaftet und von denselben Vernehmungsbeamten gefoltert, die schon Meyerhold so grausam zugerichtet hatten. Am 27. Januar 1940 wurde Babel erschossen. Jeschow wurde beim

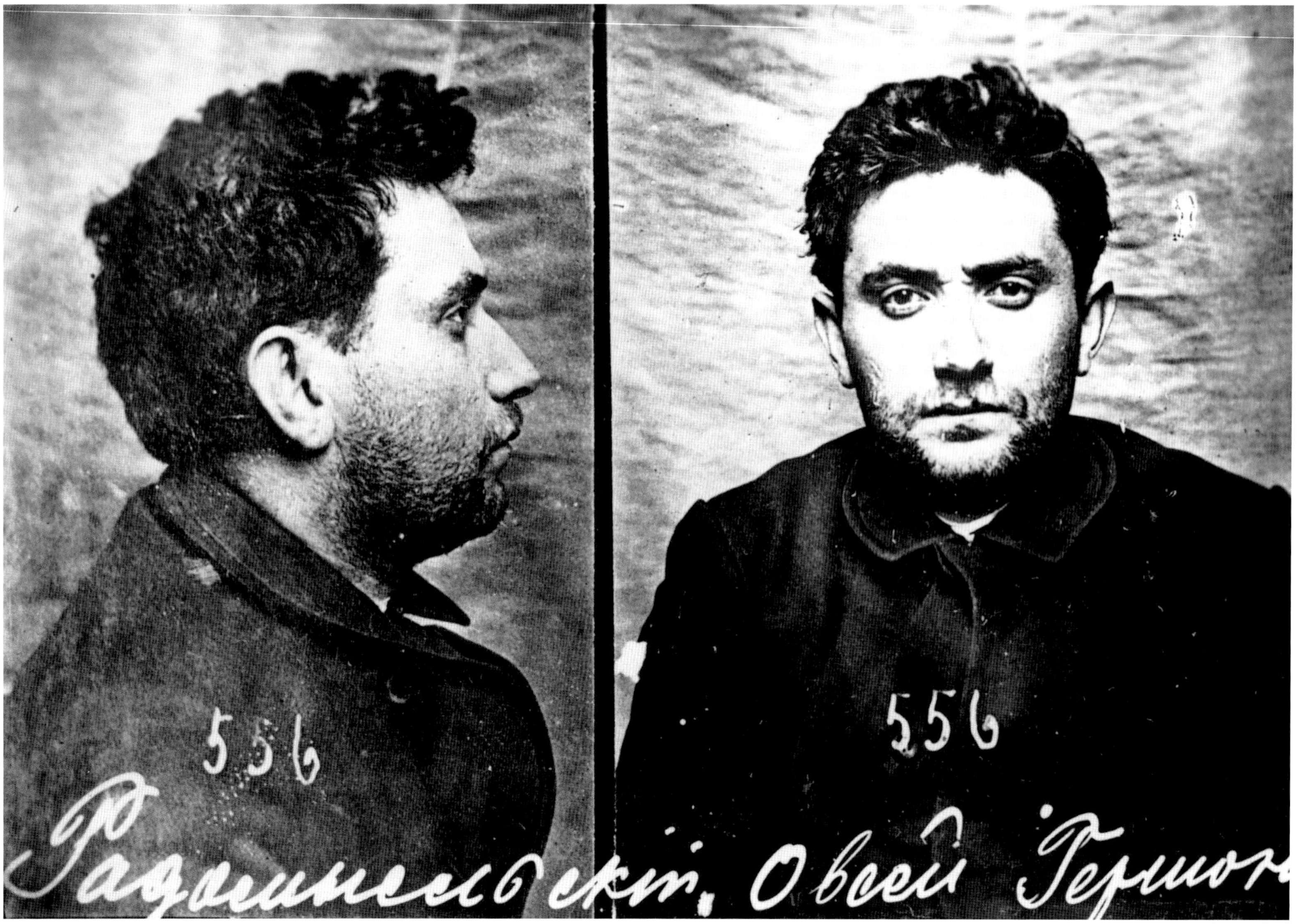

Oben: Grigori Radomilski (Sinowjew), 25 Jahre alt, aufgenommen von der Ochrana (Geheimpolizei des Zaren) bei seiner Verhaftung im Jahr 1908. Sinowjew war ein enger Freund Lenins aus der Anfangszeit der Bolschewiki. Nach der Revolution initiierte er als Vorsitzender des Petrograder Sowjets den Roten Terror gegen »bürgerliche Elemente«. Er war auch Vorsitzender der Komintern (Kommunistischen Internationale) von 1919 bis 1926.

NKWD durch den blutrünstigen Lawrenti Beria ersetzt. Fünfzehn Jahre lang blieb er NKWD-Chef, bis er nach Stalins Tod im Jahr 1953 selbst erschossen wurde.
Welch grauenhafte Ironie, dass der tödliche Blick der Geheimpolizei solch sensible Porträts hervorbringen konnte. Im Gegensatz zu westlichen Polizeifotos entstanden diese Aufnahmen ohne künstliches Licht. Mit einer längeren Belichtungszeit und natürlichem Licht blickte die Person direkt in die Kamera, wodurch eine Vielfalt von Gefühlsregungen sichtbar wurde. Keiner dieser normalen Bürger wurde überrascht oder gar »bloßgestellt« vom Blitz. Die Gesichter lassen den Betrachter nicht mehr los und erschüttern ihn oftmals zutiefst. Die direkten Blicke in die Kamera zeigen Furcht, Wut, Trotz, Verzweiflung, manchmal einfach nur grenzenlose Traurigkeit. Unsichere Blicke enthüllen Schmerz, Stolz und Aufrichtigkeit. Zorn zeigt sich auf einem oder zwei der Gesichter. Manche weisen Folterspuren auf. Einige sind gezeichnet von Krankheit. Manche blicken wirr. Besonders schockierend: Einige lächeln in die Kamera oder versuchen zumindest, den Hauch eines Lächelns aufzusetzen.
Niemand war vor der Verfolgung sicher, keine Schicht, keine Nationalität und kein Berufsstand. Die folgenden Seiten zeigen Menschen aus über 20 Ländern, tätig in über 50 verschiedenen Berufsfeldern. Darunter sind Ingenieure, Künstler, Imker, Lehrer und Studenten, Ladenbesitzer, Fabrikarbeiter, Piloten, Hausfrauen, NKWD-Funktionäre und Helden der Sowjetunion. Wenn es überhaupt eine Gerichtsverhandlung gab, dann fand sie in deren Abwesenheit statt und dauerte selten länger als ein paar Minuten. Oft wurden sie noch am Tag der Verurteilung erschossen. Das Wiederauftauchen dieser normalen Bürger im Angesicht ihrer Ankläger, dem Tode nahe, dient als eine symbolische Anklage. Nicht nur gegenüber dem Stalinismus und der Sowjetunion, sondern gegenüber allen Ländern, die immer noch die Todesstrafe über ihre Bürger verhängen.

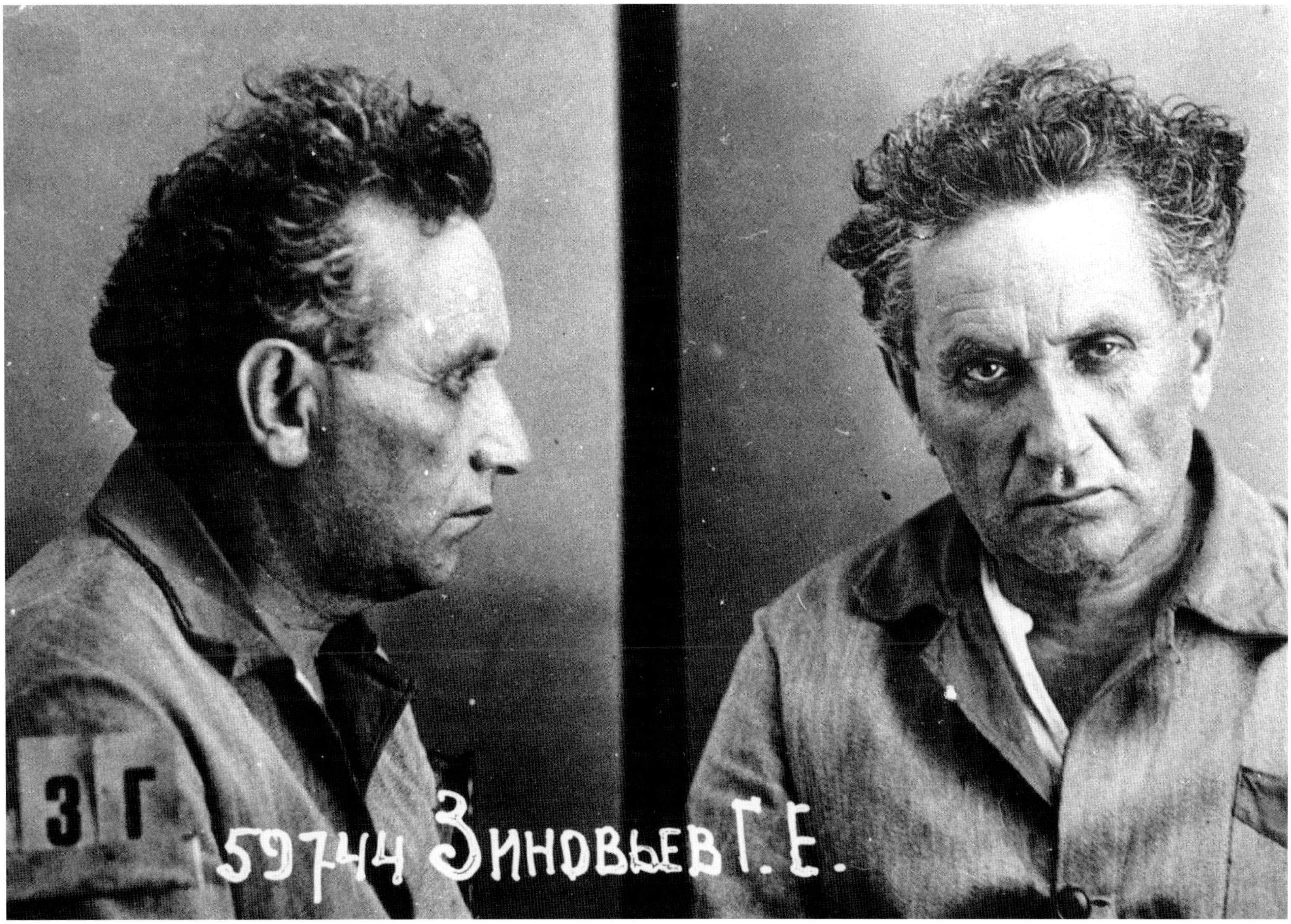

Oben: Der verhaftete Sinowjew, 28 Jahre später im Jahr 1936, vor dem ersten Moskauer Schauprozess. Sinowjew wurde im Jahr 1927 aufgrund seines Widerstands gegen Stalin aus der Kommunistischen Partei ausgeschlossen. Er war einer der Hauptangeklagten beim Schauprozess und war einer Unmenge von Denunziationen seitens des stalinistischen Gerichtshofs ausgesetzt. Er wurde verurteilt und erschossen.
Umseitig: Ein NKWD-Erschießungskommando aus dem Jahr 1936.

GANZ NORMALE BÜRGER

Oben: Wladimir Uljanow (Lenin), in der Mitte sitzend bei einem Treffen des Sankt Petersburger »Kampfbundes zur Befreiung der Arbeiterklasse«, Februar 1897. Hinter ihm links steht Alexander Maltschenko, ein Ingenieursstudent, dessen Mutter Lenin oftmals vor der Sankt Petersburger Polizei versteckte.

Oben: In dieser Veröffentlichung von 1939 ist Maltschenko verschwunden. Nach der Revolution lebte er als leitender Ingenieur in Moskau. Er wurde im Jahr 1929 fälschlicherweise der konterrevolutionären Aktivitäten beschuldigt und am 18. November 1930 erschossen. Für beinahe 30 Jahre wurde Maltschenko aus dem Foto wegretuschiert, wann immer es veröffentlicht wurde.
Er wurde im Jahr 1958 rehabilitiert.
Gegenüberliegende Seite: Die letzte Aufnahme von Alexander Maltschenko aus dem Jahr 1929, ein Polizeifoto der OGPU, 32 Jahre nach dem Treffen mit Lenin.

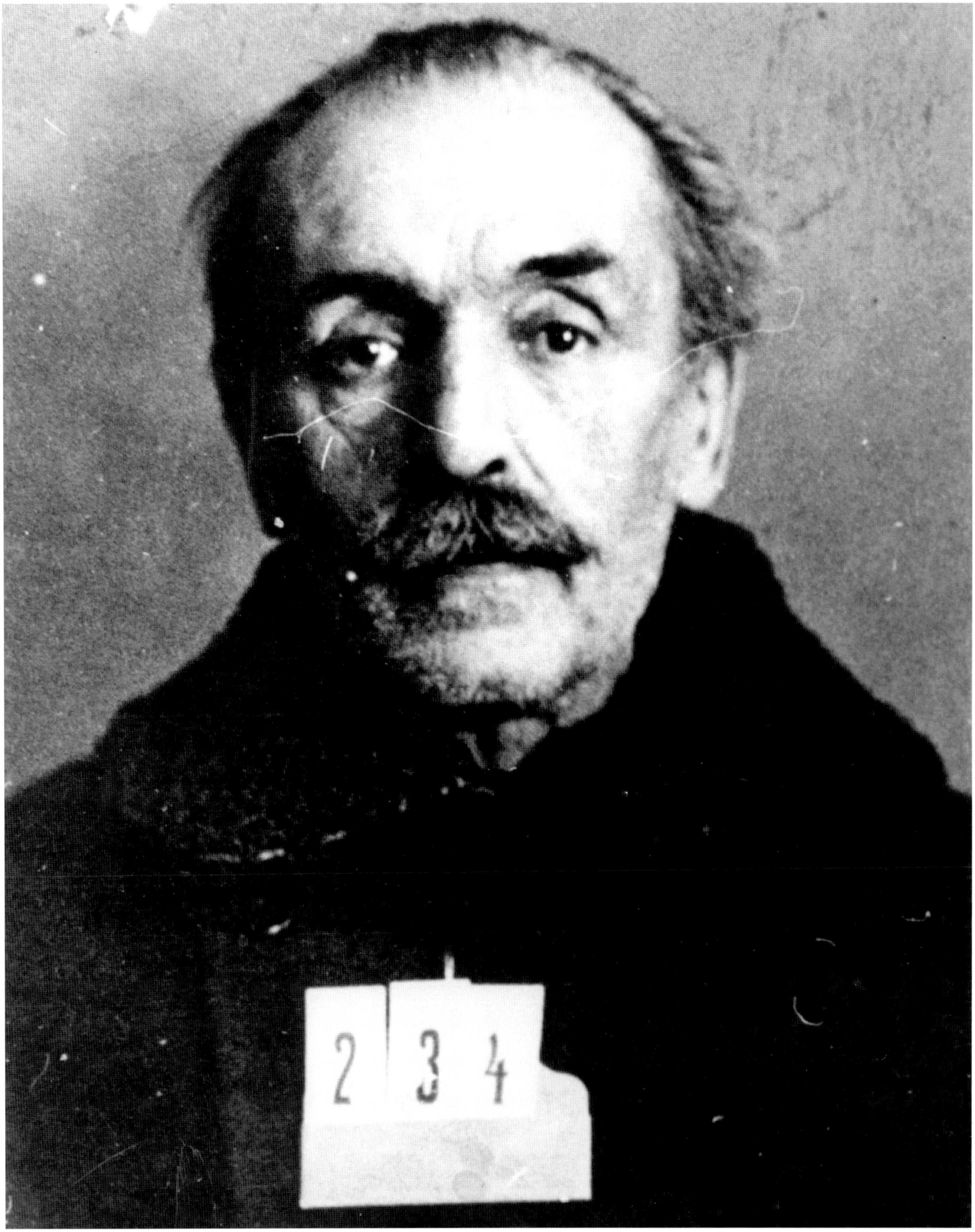
234

Irma Markowna Mendel
Geboren 1898 in Budapest.
Mitglied der Ungarischen Kommunistischen Partei.
1925 in die UdSSR immigriert.
Wohnte in Woronzowo Pole 3, Moskau.
Verhaftet am 22. Dezember 1925.
Von der OGPU zum Tode verurteilt am 14. Februar 1927.
Als Agent Provocateur in der revolutionären Bewegung in Ungarn angeklagt.
Erschossen am 30. September 1927.
Rehabilitiert 1993.

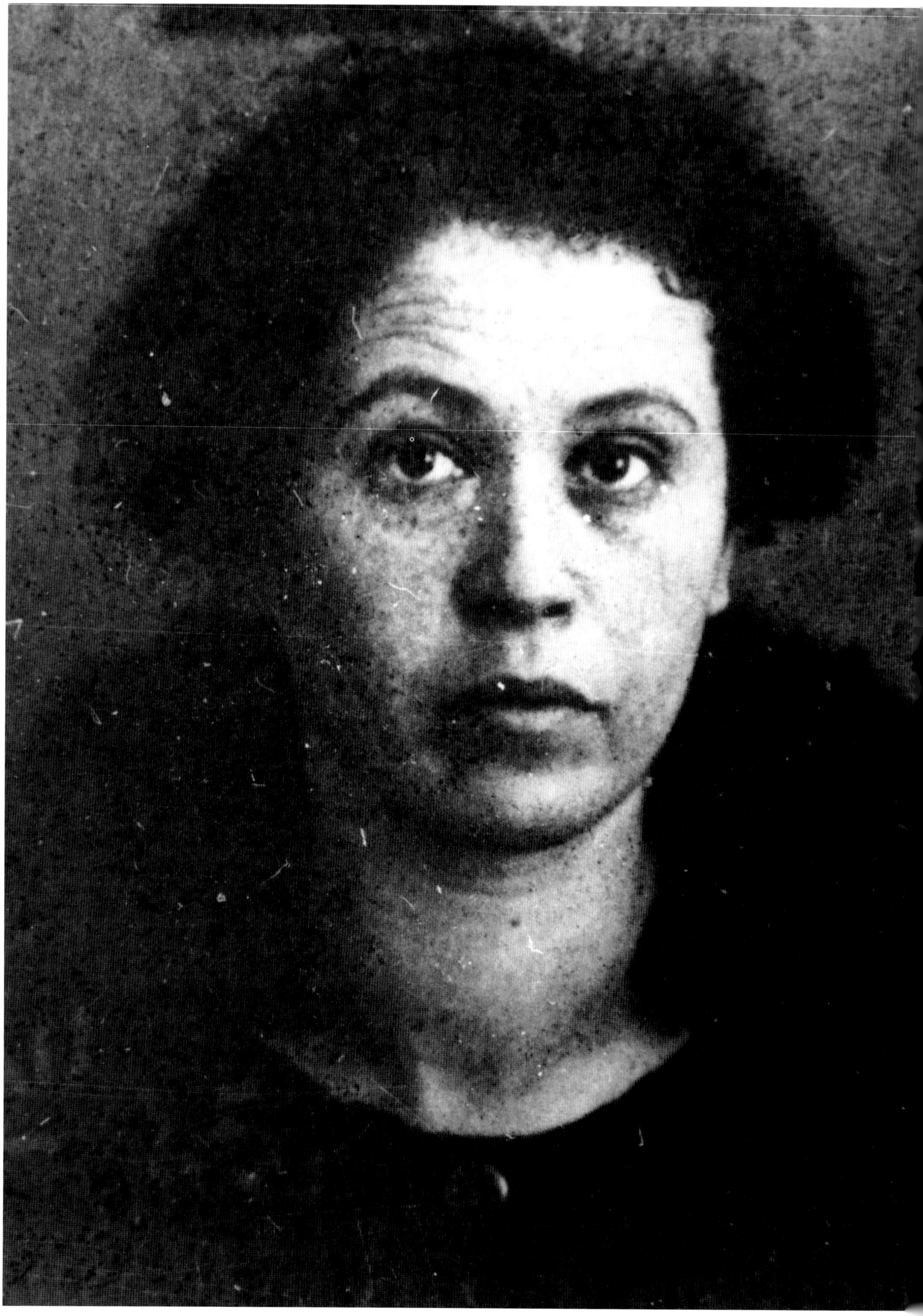

Pawel Aminowitsch Thompson-Telegdi
Geboren 1901 in Budapest.
Mitglied der Ungarischen Kommunistischen Partei.
Der Bolschewistischen Partei 1919 beigetreten.
Wissenschaftler am »Institut der Weltwirtschaft«.
Wohnte in der Wolchonka Straße 14, Moskau.
Verhaftet am 5. Oktober 1925.
Von der OGPU zum Tode verurteilt am 17. Mai 1926.
Angeklagt wegen Spionage.
Drei Tage später erschossen.
Rehabilitiert 1989.

Alfred Juljewitsch Nagel
Geboren 1886 in Bauska, Lettland.
Kein Parteimitglied.
Arbeitete bei der Aktiengesellschaft Arkos.
Wohnte in Apartment 5, Mali Roschdestwenski Weg 1, Moskau.
Verhaftet am 13. September 1924.
Von der OGPU zum Tode verurteilt am 13. April 1925.
Angeklagt wegen Spionage.
Vier Tage später erschossen.
Rehabilitiert 1991.

Nina Andrejewna Pantelejewa
Geboren 1893 in Wologda.
Mitglied der Kommunistischen Partei.
Arbeitslos.
Wohnte in Leningrad.
Verhaftet am 13. Mai 1925.
Von der OGPU zum Tode verurteilt am 5. April 1926.
Angeklagt wegen Spionage.
Vier Tage später erschossen.
Rehabilitiert 1991.

Reino Petrowitsch Drokkilo
Geboren 1870 in Finnland.
Mitglied der Finnischen Kommunistischen Partei. Drucker.
Wohnte im Hotel Select, Moskau.
Verhaftet am 5. März 1928.
Von der OGPU zum Tode verurteilt am 22. Oktober 1928.
Angeklagt wegen Spionage.
Vier Tage später erschossen.
Rehabilitiert 1993.

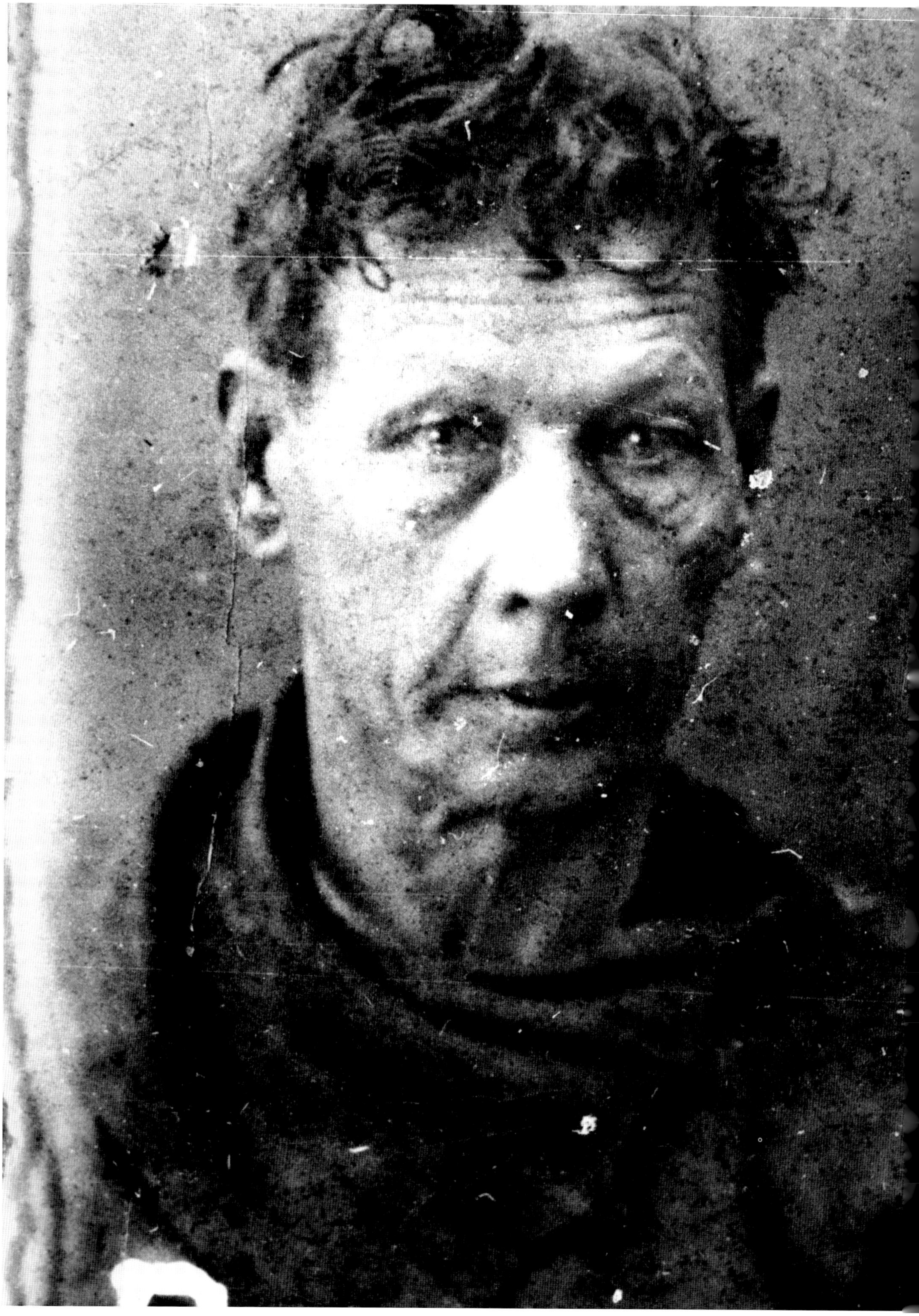

Ram-Ral Gori-Shankar
Geboren 1902 in Bombay.
Britischer Staatsbürger.
Kein Parteimitglied.
Mechaniker bei der Hauptwerkstatt der Moskauer Straßenbahn.
Wohnte in der Dolgorukowskaja Straße 21, Moskau.
Verhaftet am 22. März 1926.
Von der OGPU zum Tode verurteilt am 28. Juni 1926.
Angeklagt wegen konterrevolutionärer Tätigkeit und Spionage.
Vier Tage später erschossen.
Rehabilitiert 1991.

Lew Georgiewitsch Ljubarski
Geboren 1910 in Tschernigow, Ukraine.
Kein Parteimitglied.
Arbeitslos.
Verhaftet am 18. August 1928.
Er wurde zweimal fotografiert (siehe Umschlagrückseite).
Von der OGPU zum Tode verurteilt am 8. Juli 1929.
Angeklagt wegen Zugehörigkeit zu einer konterrevolutionären Vereinigung.
Vier Tage später erschossen.
Rehabilitiert 1991.

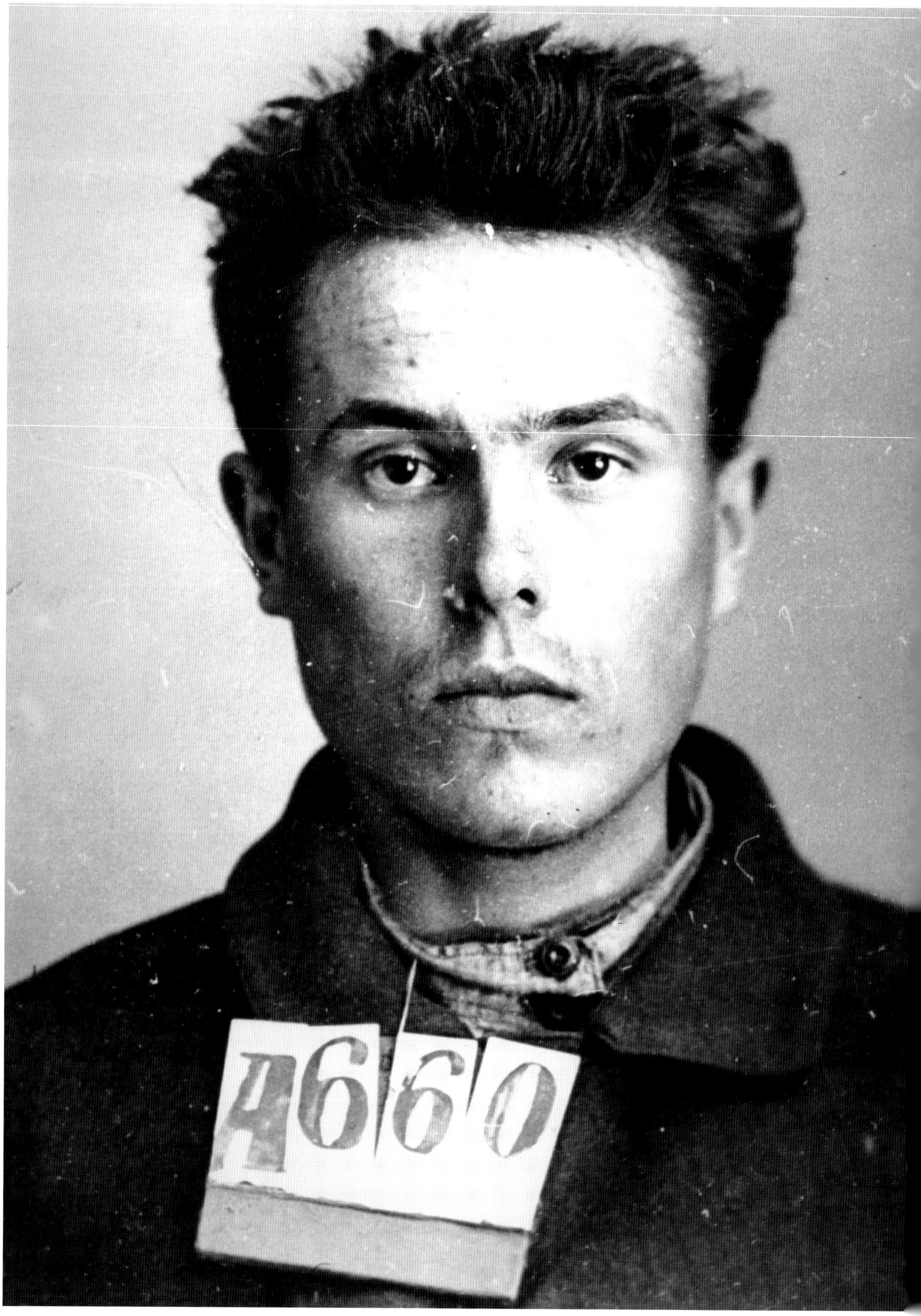

Grigori Akimowitsch Beskrowni
Geboren 1880 in Achtirski Staniza, Krasnodar.
Kein Parteimitglied.
Technischer Direktor einer Forstwirtschafts-kooperative.
Wohnte in Krasnodar.
Verhaftet am 24. Dezember 1928.
Von der OGPU zum Tode verurteilt am 5. April 1929.
Angeklagt wegen Zugehörigkeit zu einer konterrevolutionären Vereinigung.
Erschossen am 2. Januar 1930.
Rehabilitiert 1991.

Georgi Wladimirowitsch Dobrodejew
Geboren 1886 in Odessa, Ukraine.
Kein Parteimitglied.
Künstler.
Verhaftet am 22. Oktober 1928.
Von der OGPU zum Tode verurteilt am 14. Januar 1929.
Angeklagt wegen Spionage.
Vier Tage später erschossen.
Rehabilitiert 1993.

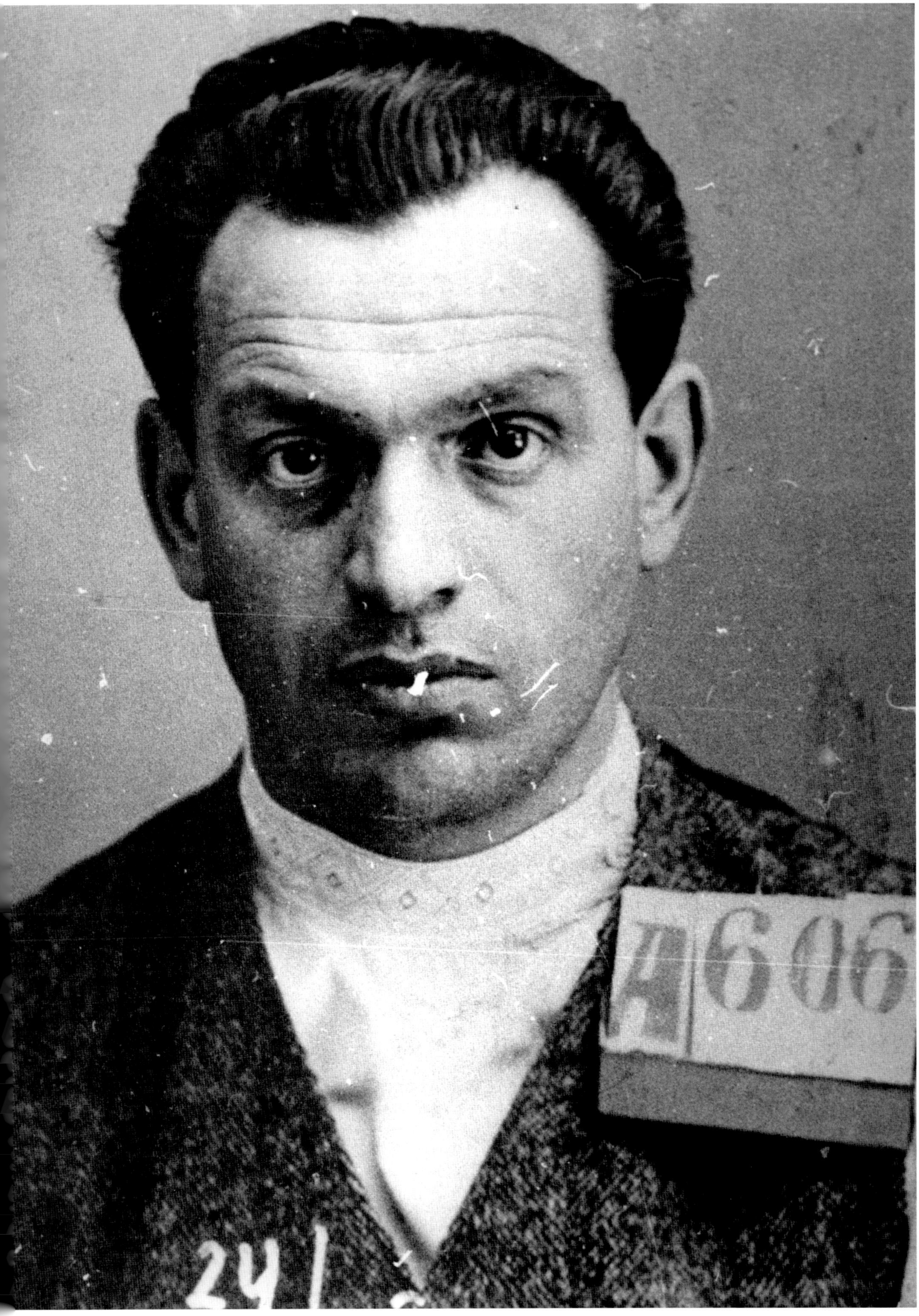

Michail Osipowitsch Reiter
Geboren 1894 in Klausenburg, Ungarn. Kein Parteimitglied. Bankangestellter. Wohnte in Apartment 14, Brjusowski Weg 2/1, Moskau. Verhaftet am 23. Juli 1928. Von der OGPU zum Tode verurteilt am 3. Dezember 1928. Angeklagt wegen Spionage. Erschossen am 19. März 1929. Rehabilitiert 1991.

Stepan Pawlowitsch Nesterow-Nesterenko
Geboren 1887 in Sosnowka, Bezirk Pensa. Mitglied der Partei der Sozialrevolutionäre. Wohnte in Krasnodar. Verhaftet am 21. Februar 1929. Von der OGPU zum Tode verurteilt am 10. Juni 1929. Angeklagt wegen allgemeiner Aufstachelung. Erschossen am 12. August 1929. Rehabilitiert 1993.

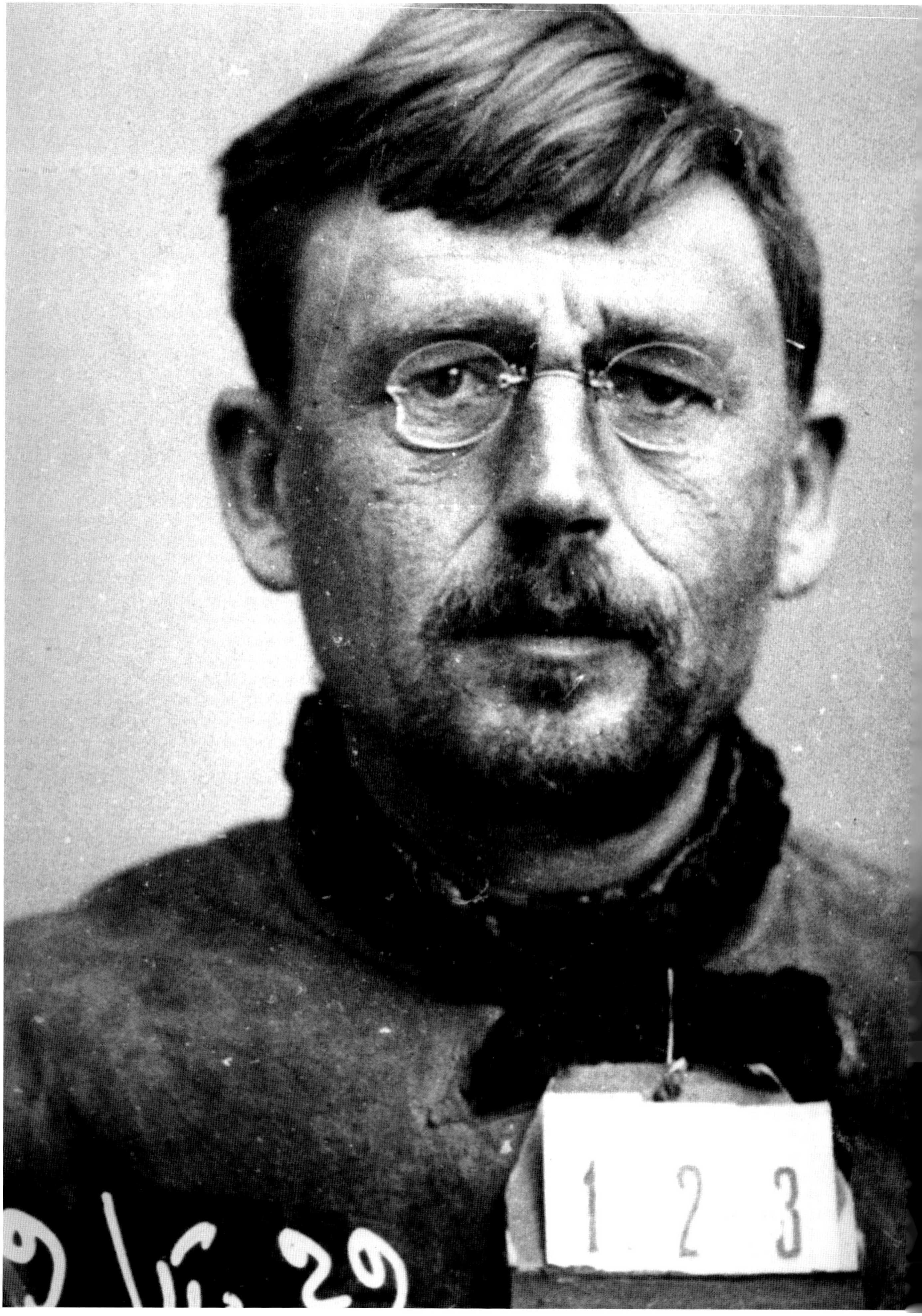

Oleg Alexandrowitsch Kamenezki
Geboren 1908 in Smanino, Ukraine.
Kein Parteimitglied.
Student der Kunstschule Kiew.
Wohnte in Losinoostrowskaja Linia 3, Moskau.
Verhaftet am 26. Januar 1929.
Von der OGPU zum Tode verurteilt am 8. Juli 1929.
Angeklagt wegen Zugehörigkeit zu einer konterrevolutionären Vereinigung.
Vier Tage später erschossen.
Rehabilitiert 1990.

Li-Khao-Chou
Geboren 1889 in Shan-Dun, China.
Kein Parteimitglied.
Beruf unbekannt.
Wohnte in der Kaljaewskaja Straße 8/3, Moskau.
Verhaftet am 9. Juni 1929.
Von der OGPU zum Tode verurteilt am 23. Juni 1930.
Anklage unbekannt.
Erschossen am 16. September 1930.
Rehabilitiert 1989.

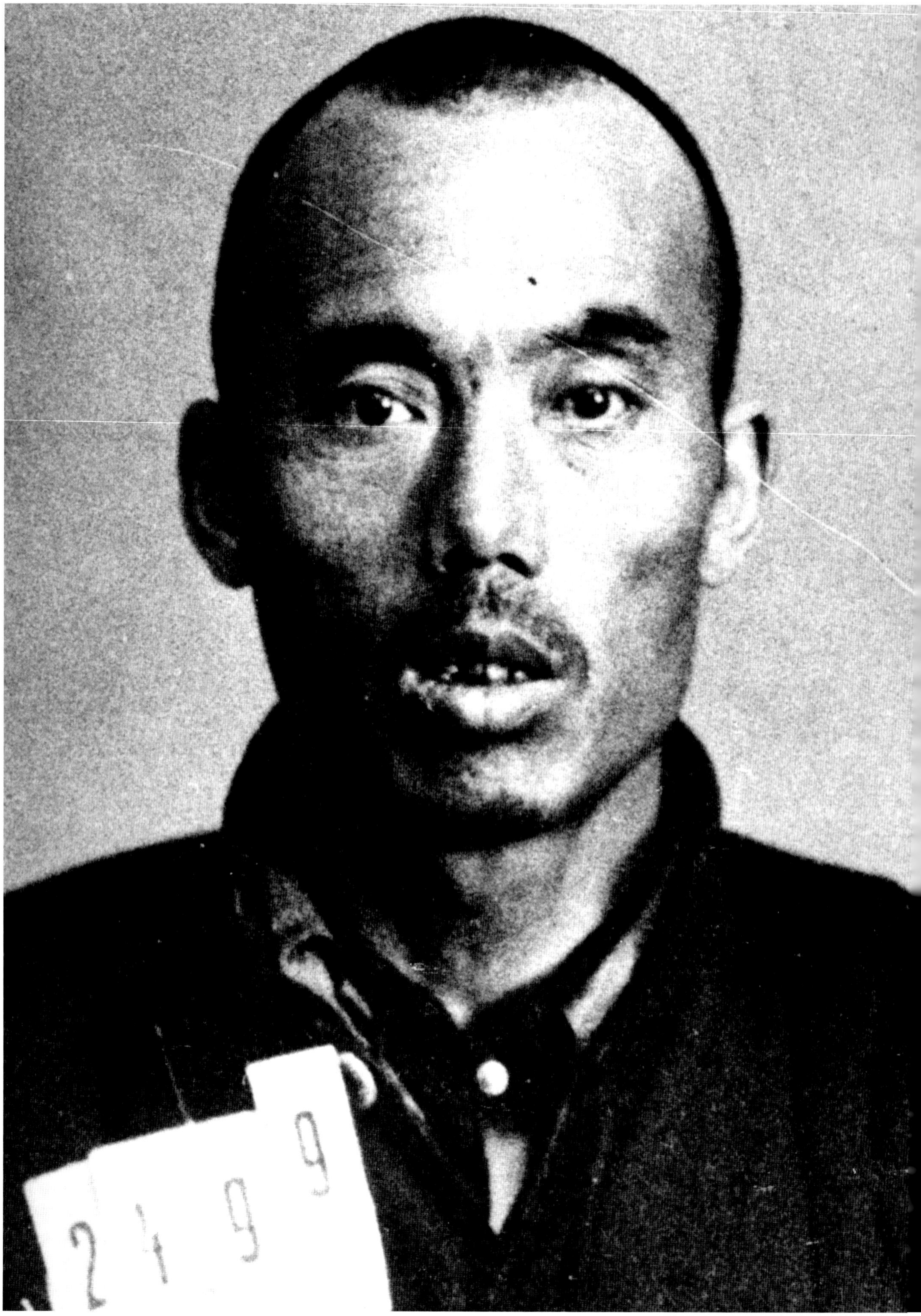

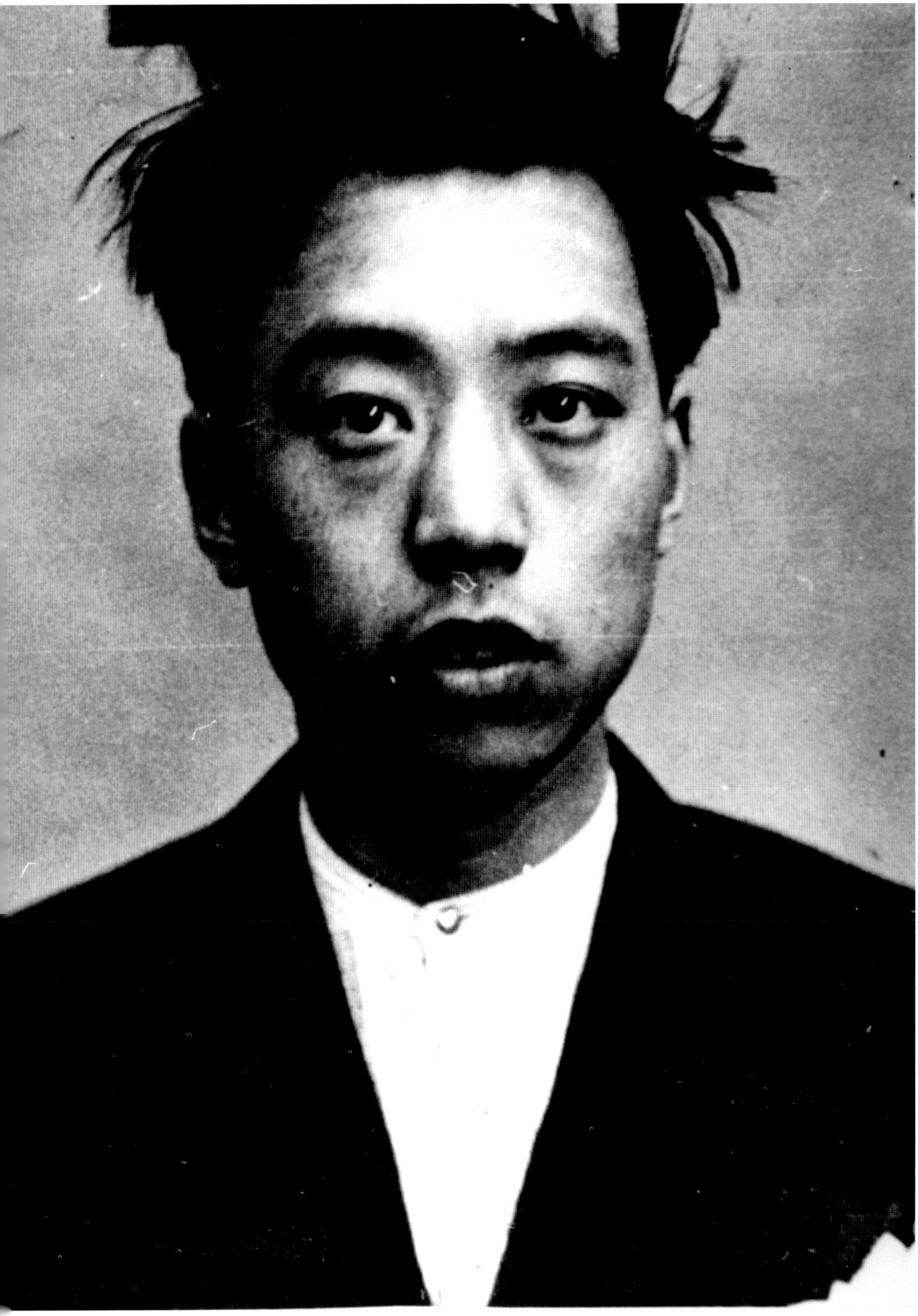

Chen-Chan-Nan
Geboren 1907 in Chin-Dien, China.
Kein Parteimitglied.
Arbeitslos.
Wohnte in der Trubnaja Straße 32–49, Moskau.
Verhaftet am 30. September 1928.
Von der OGPU zum Tode verurteilt am 3. Januar 1929.
Angeklagt wegen Spionage.
Erschossen am 23. Februar 1929.
Rehabilitiert 1993.

Jakow Moiseiwitsch Rosenkranz
Geboren 1881 in Charkow, Ukraine.
Kein Parteimitglied.
Arbeitete bei der Firma Metalloimport.
Wohnte in Apartment 3, Bolschaja Poljanka 59, Moskau.
Verhaftet am 25. September 1928.
Von der OGPU zum Tode verurteilt am 3. Dezember 1928.
Angeklagt wegen Spionage.
Vier Tage später erschossen.
Rehabilitiert 1991.

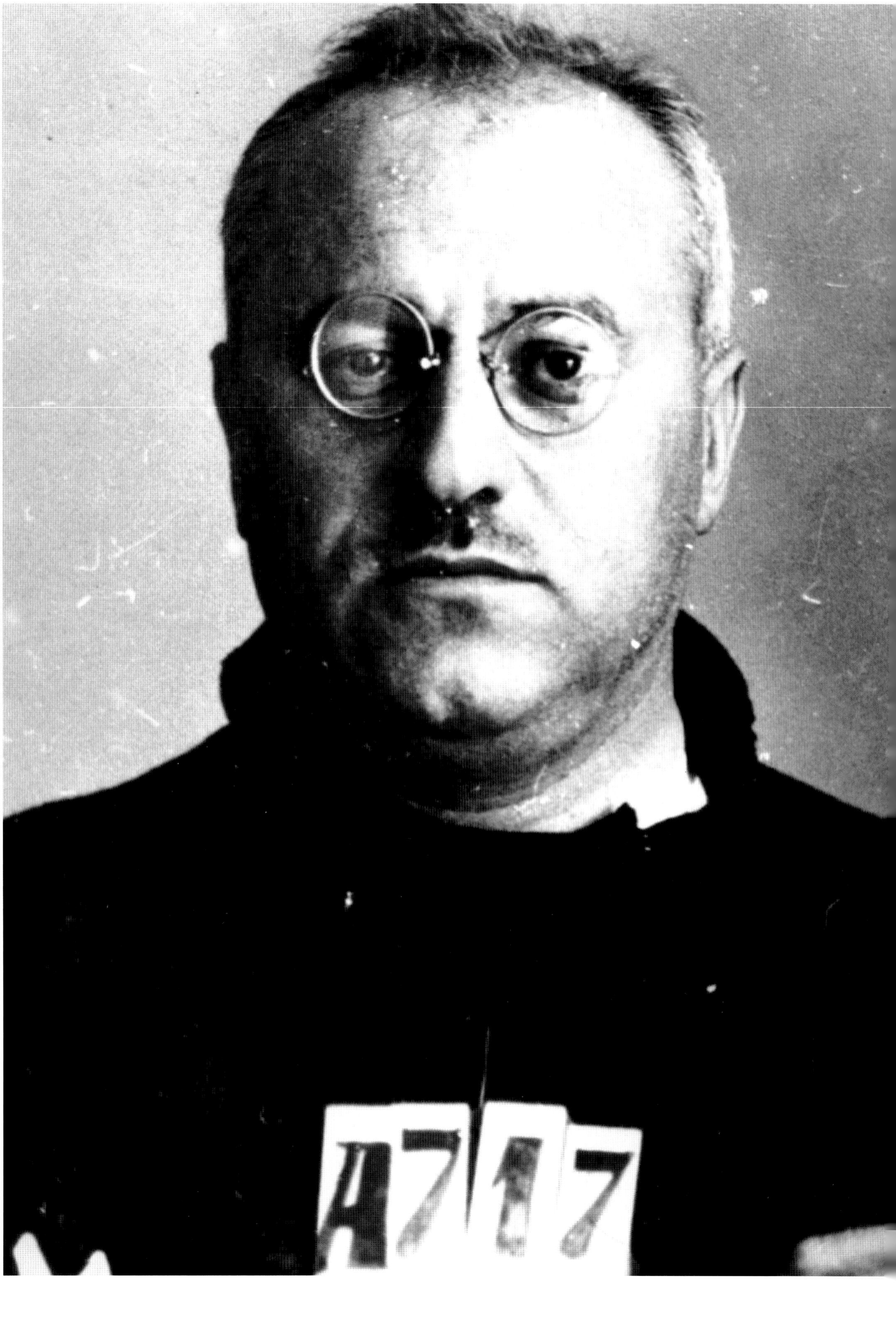

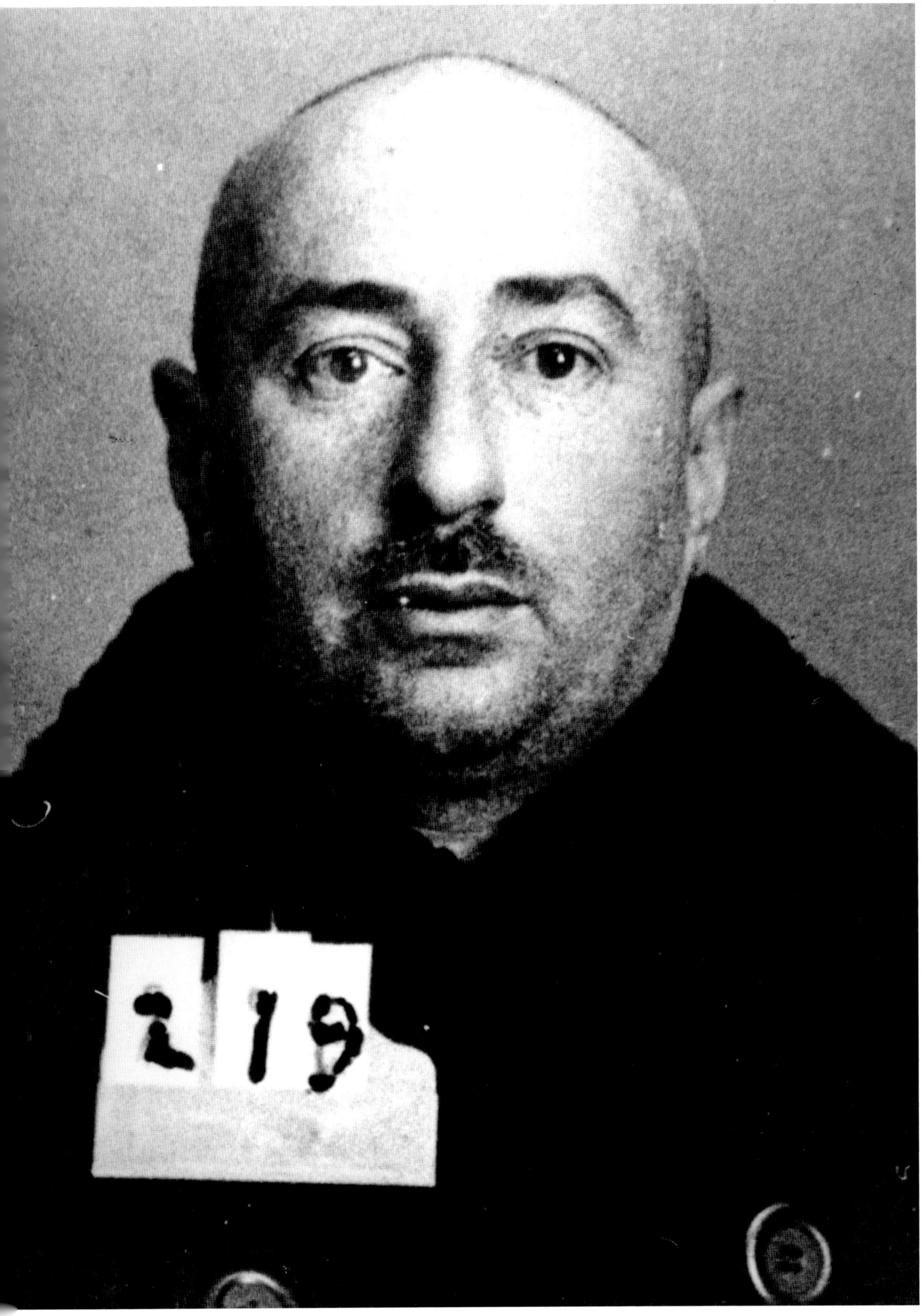

Wasili Wasiljewitsch McKibbin
Geboren 1887 in Sankt Petersburg.
Schottische Abstammung.
Kein Parteimitglied.
War Beamter im Bezirk Lenski, zuständig für die Binnenschifffahrt.
Wohnte im Boschedomski Weg 1–18, Moskau.
Verhaftet am 15. Dezember 1929.
Von der OGPU zum Tode verurteilt am 28. Februar 1931.
Angeklagt wegen Spionage.
Zwei Tage später erschossen.
Rehabilitiert 1989.

Stepan Iwanowitsch Kruti
Geboren 1888 in Galizien.
Kein Parteimitglied.
Arbeitslos.
Verhaftet am 7. Oktober 1929.
Von der OGPU zum Tode verurteilt am 23. November 1930.
Angeklagt wegen konterrevolutionärer Tätigkeit.
Sechs Tage später erschossen.
Rehabilitiert 1989.

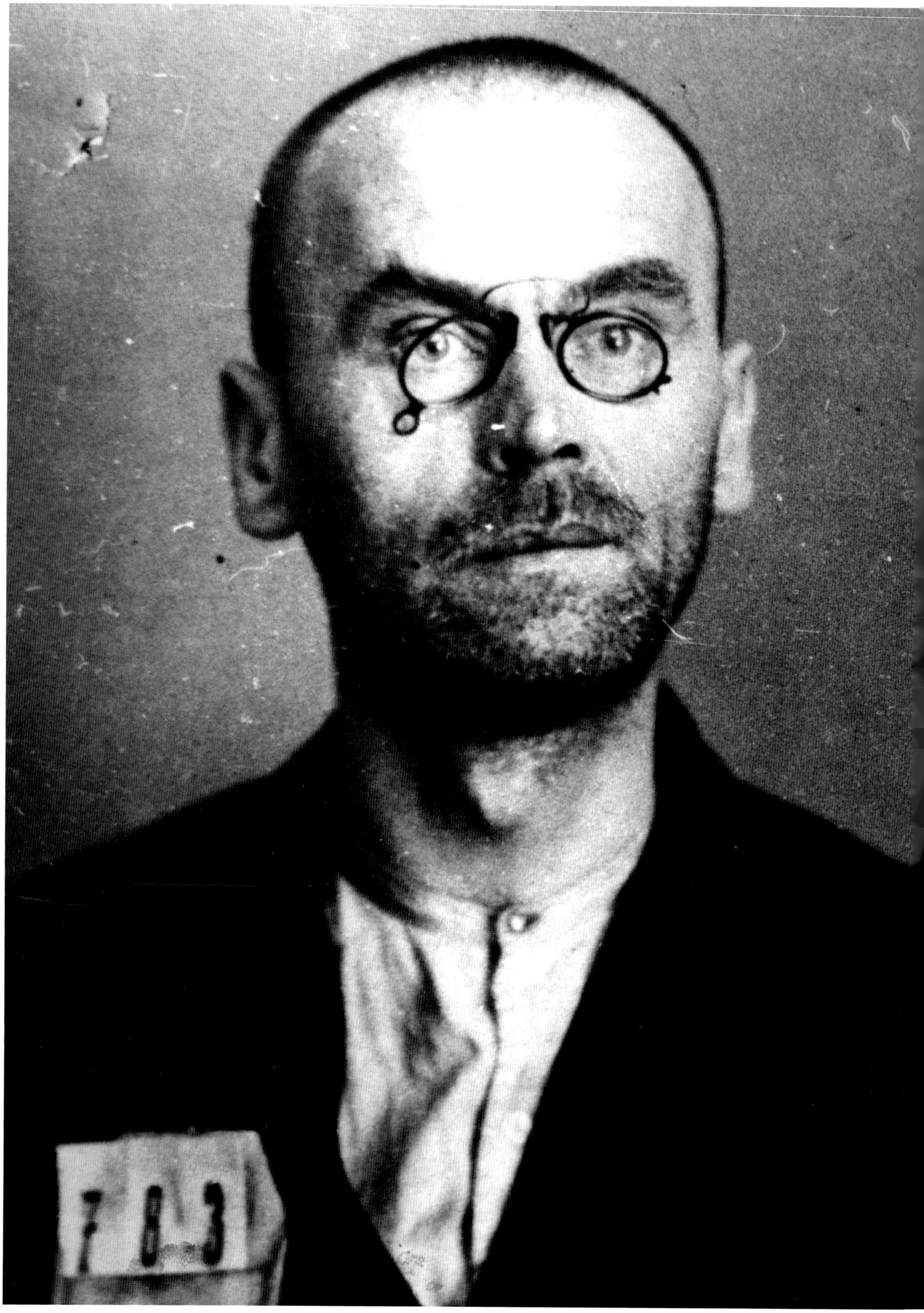

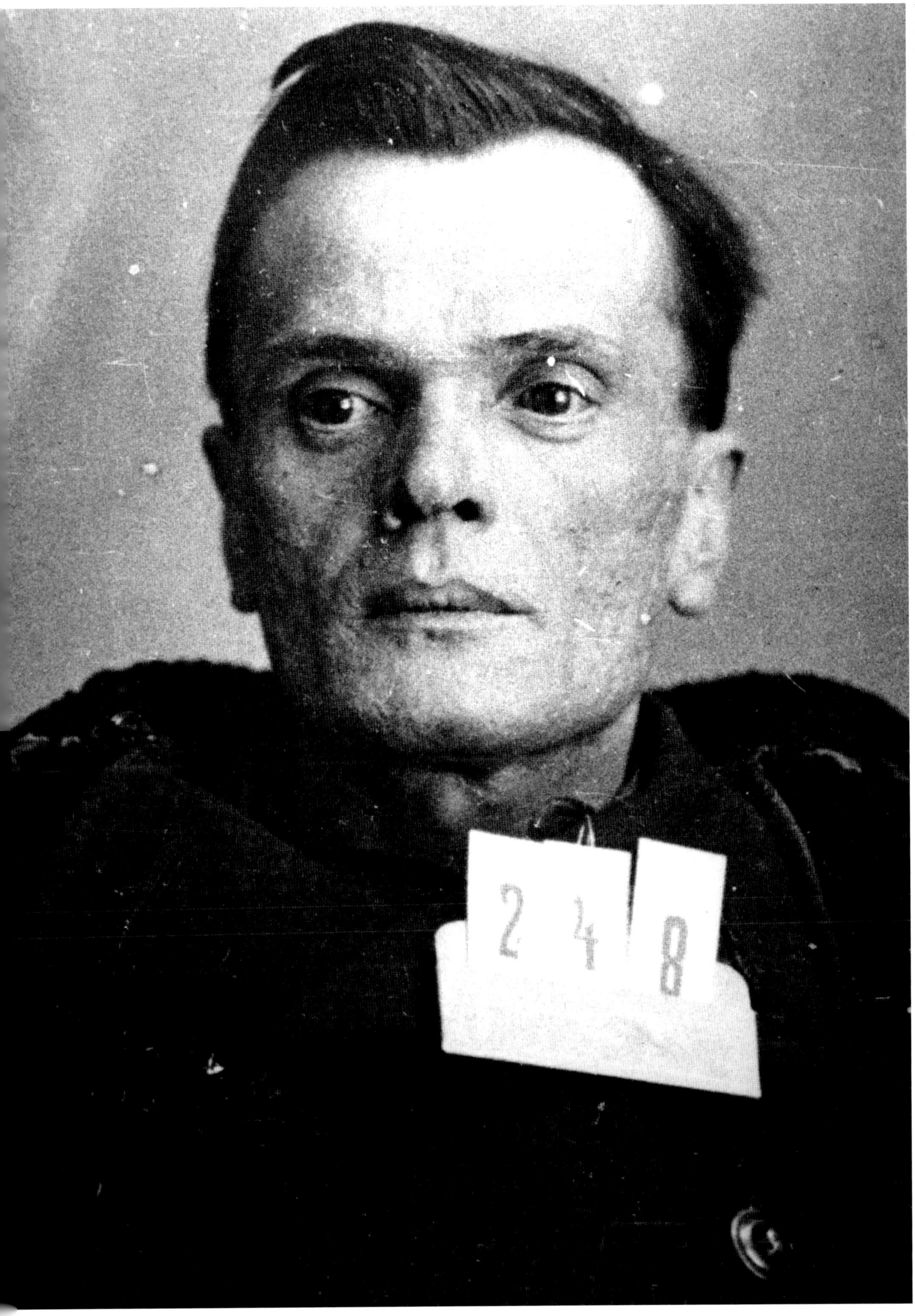

Wladimir Romanowitsch Sacharow-Antonow
Geboren 1893 im Dorf Bolschoje Androsowo, Bezirk Arsamas.
Kein Parteimitglied.
Wissenschaftler an der Kommunistischen Swerdlow-Universität.
Wohnte in Apartment 6, Glasowski Weg 9A/5–6, Moskau.
Verhaftet am 29. Dezember 1929.
Von der OGPU zum Tode verurteilt am 13. August 1930.
Angeklagt wegen konterrevolutionärer Tätigkeit, Spionage, Sabotage und Terrorismus.
Vier Tage später erschossen.
Rehabilitiert 1989.

Pawel Grigorjewitsch Opanassenko
Geboren 1895 im Dorf Tereschowka, Ukraine.
Kein Parteimitglied.
Studienanfänger an der Staatlichen Universität Moskau.
Wohnte im Starokonjuschenni Weg 28–16, Moskau.
Verhaftet am 4. März 1930.
Von der OGPU zum Tode verurteilt am 23. April 1930.
Angeklagt wegen konterrevolutionärer Tätigkeit und Spionage.
Fünf Tage später erschossen.
Rehabilitiert 1957.

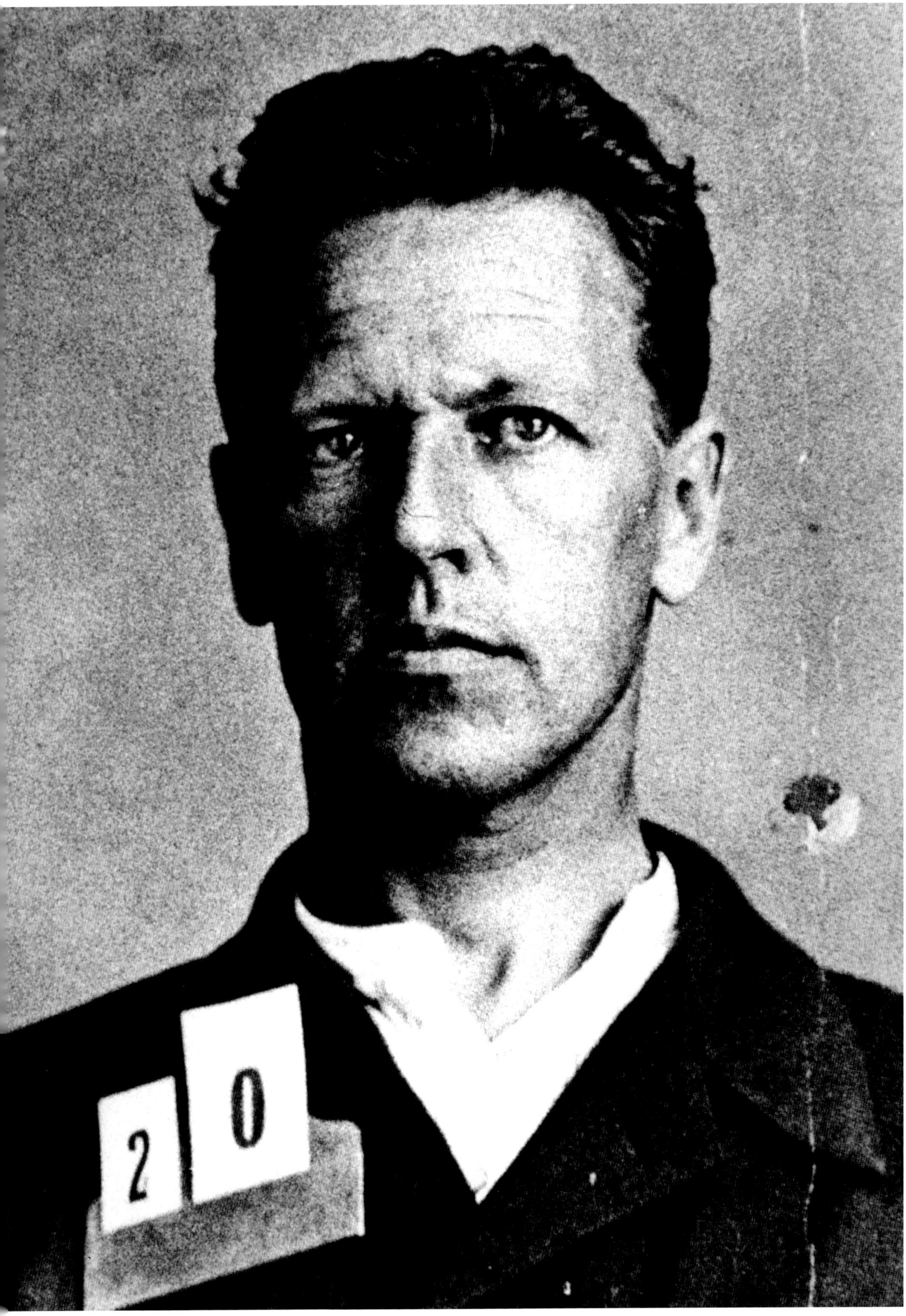

Sergej Wladimirowitsch Obodowski
Geboren 1883 in Kiew, Ukraine.
Kein Parteimitglied.
Abteilungsleiter für die Industrialisierung und Mechanisierung der Landwirtschaft in der Verwaltung der Schwerindustrie und Konsumgüterindustrie der UdSSR.
Wohnte am Sretenski Boulevard 6–34, Moskau.
Verhaftet am 31. August 1930.
Von der OGPU zum Tode verurteilt am 28. Februar 1931.
Angeklagt wegen konterrevolutionärer Tätigkeit und Spionage.
Zwei Tage später erschossen.
Rehabilitiert 1989.

Konstantin Petrowitsch Tichozki
Geboren 1876 in Sankt Petersburg.
Kein Parteimitglied.
Ingenieur in der Fischfabrik Sojusriba.
Wohnte im Arbat 51, Moskau.
Verhaftet am 11. September 1930.
Mit 41 Weiteren zum Tode verurteilt am 24. September 1930.
Angeklagt wegen zerstörerischer Handlungen.
Sie wurden alle am gleichen Tag erschossen.
Rehabilitiert 1957.

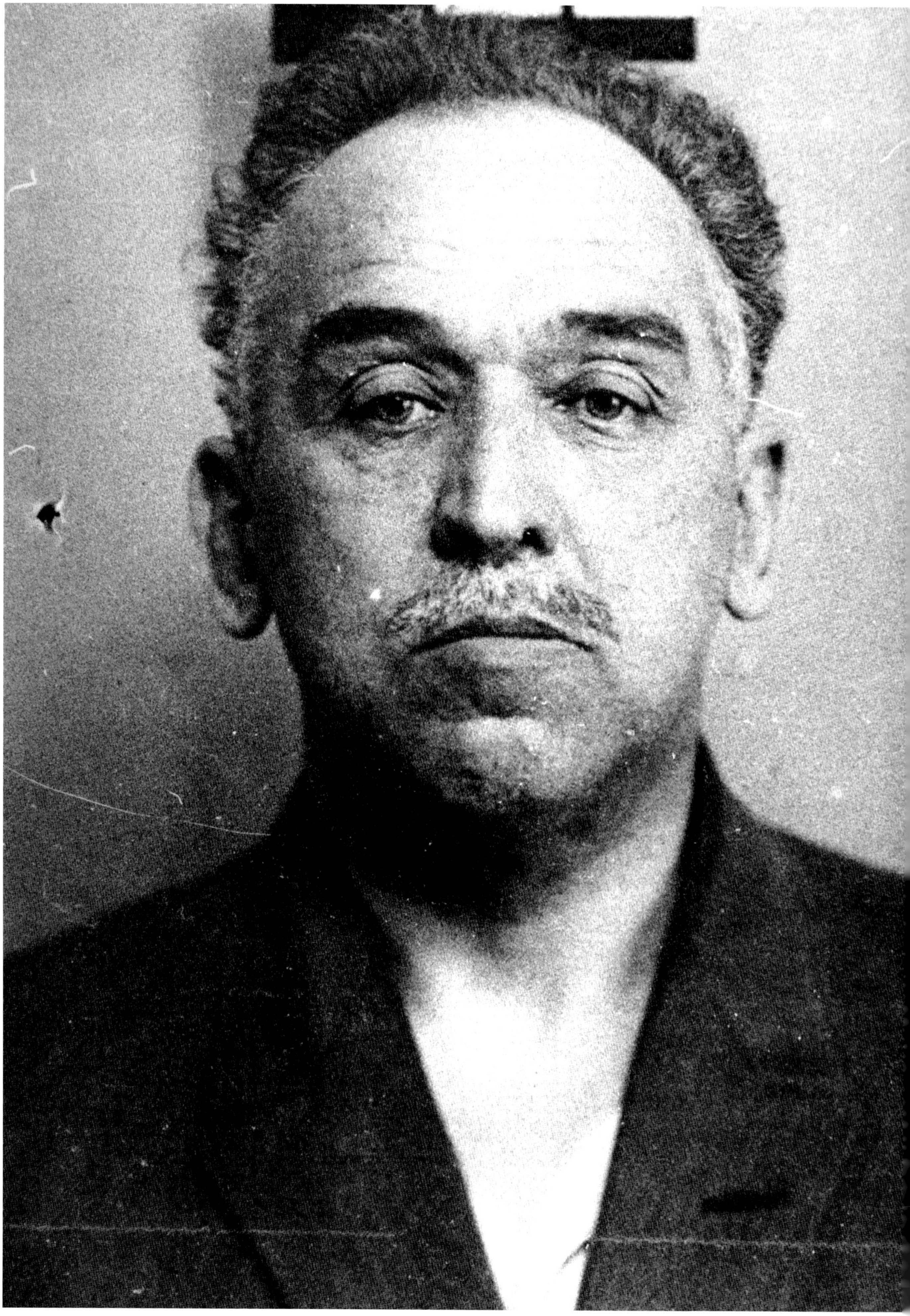

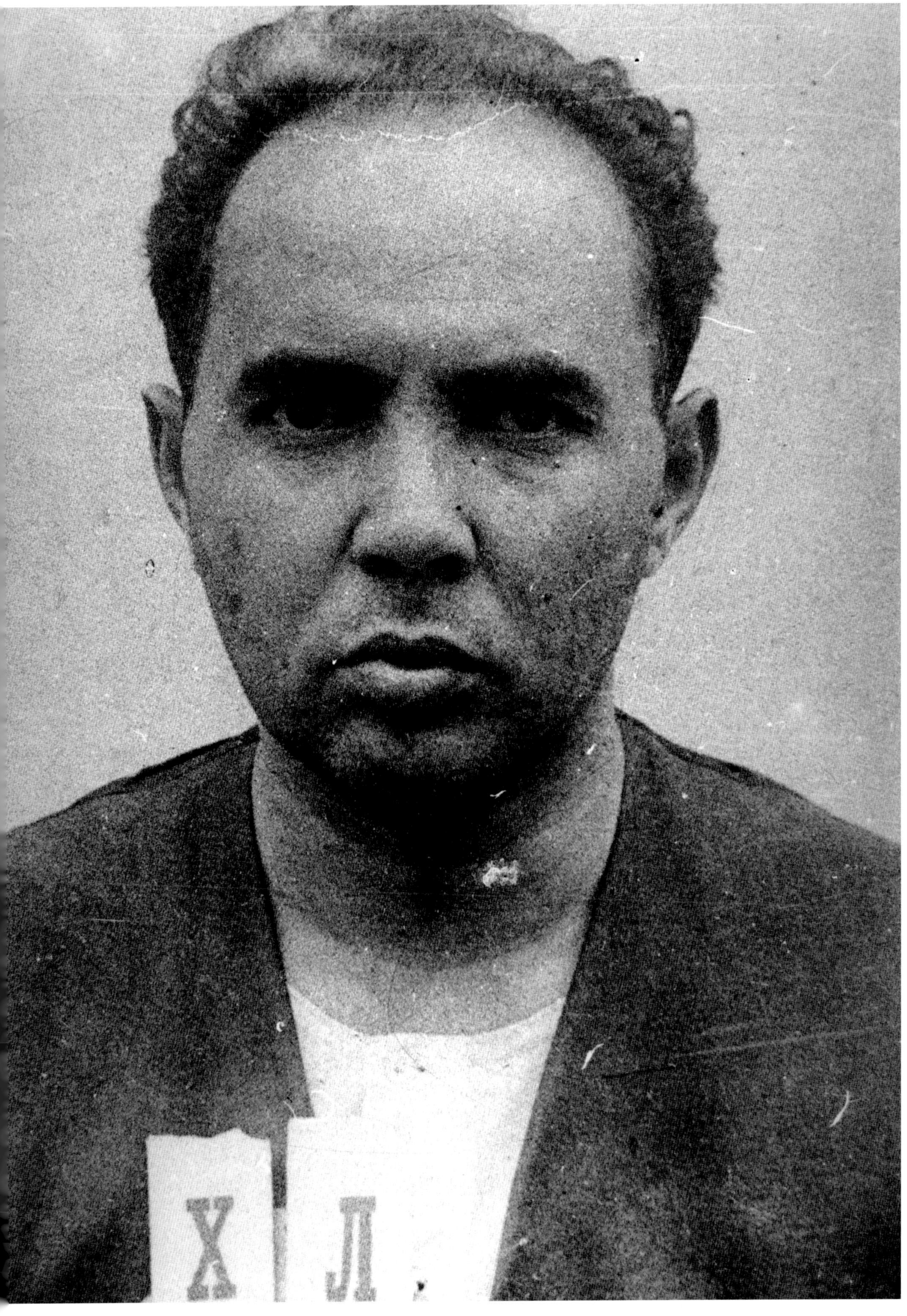

Boris Abramowitsch Lewandowski
Geboren 1890 in Gluchow, Ukraine.
Kein Parteimitglied.
Leiter der Verkaufs- und Vertriebsabteilung, Sojusmjaso Fleischfabrik-Kooperative.
Wohnte in Apartment 12, Kropotkinskaja Straße 29, Moskau.
Verhaftet am 27. Juli 1930.
Mit 41 Weiteren zum Tode verurteilt am 24. September 1930, darunter Konstantin Tichozki (*gegenüberliegende Seite*).
Angeklagt wegen zerstörerischer Handlungen.
Sie wurden alle am gleichen Tag erschossen.
Rehabilitiert 1957.

Nikolai Pawlowitsch Popow
Geboren April 1888 in Jaroslawl.
Kein Parteimitglied.
Buchhalter bei der Ölraffinerie Sachalinneft.
Wohnte in Apartment 4, Kretschetnikowski Weg 10, Moskau.
Verhaftet am 6. April 1930.
Von der OGPU zum Tode verurteilt am 13. November 1930.
Angeklagt wegen konterrevolutionärer Tätigkeit und Spionage.
Fünf Tage später erschossen.
Rehabilitiert 1958.

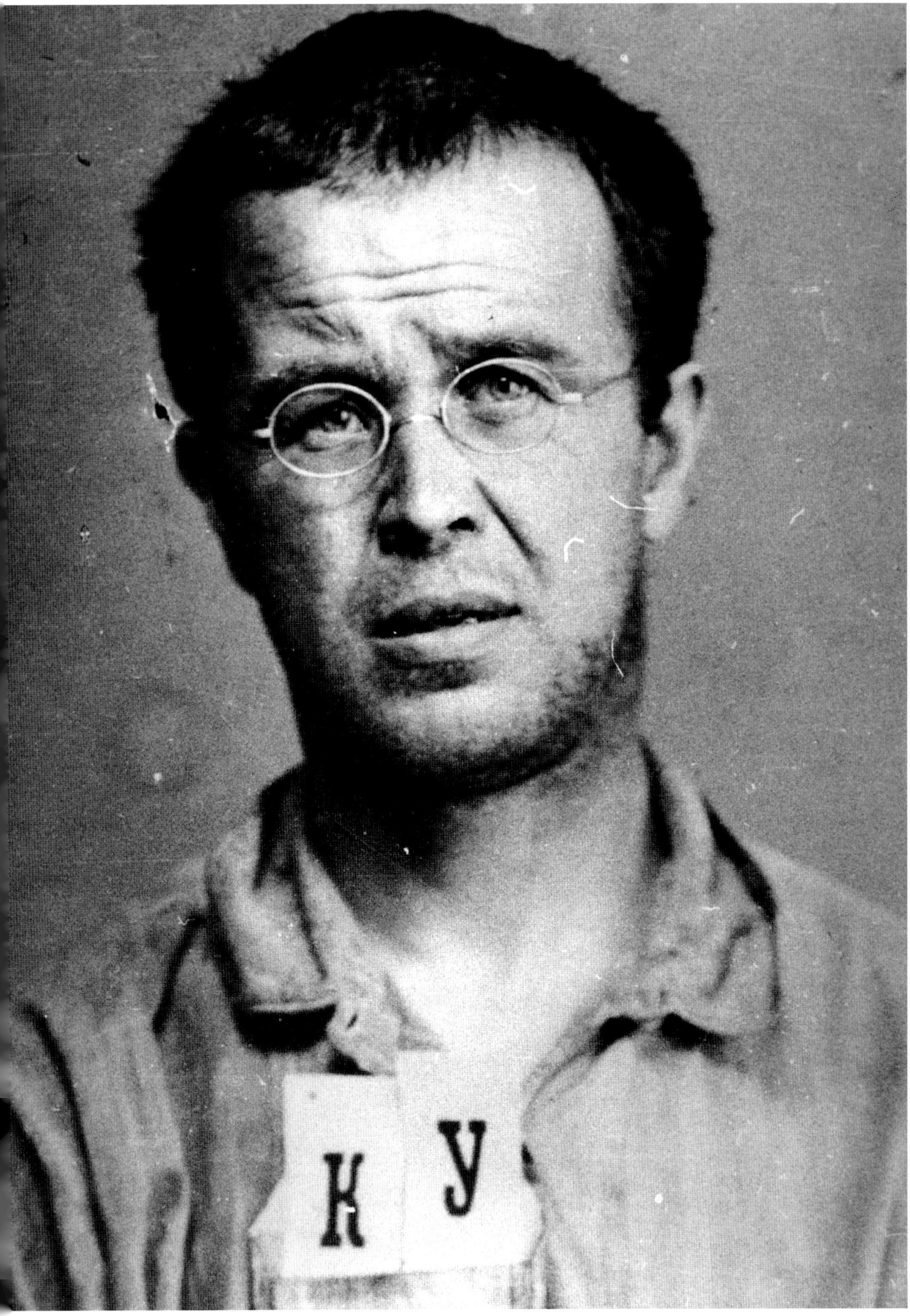

Konstantin Alexandrowitsch Kurotschkin
Geboren 1898 in Perm im Ural.
Kein Parteimitglied.
Laborleiter in der Troizk Fleischkonservenfabrik.
Wohnte im Pionerski Weg 19, Troizk.
Verhaftet am 7. Juli 1930.
Mit 41 Weiteren von der OGPU zum Tode verurteilt am 24. September 1930.
Angeklagt wegen zerstörerischer Handlungen.
Am gleichen Tag erschossen.
Rehabilitiert 1957.

Alexander Wasiljewitsch Rogalew
Geboren 1879 in Rybinsk.
Kein Parteimitglied.
Vorarbeiter in der Troizk Fleischkonservenfabrik.
Wohnte in Apartment 13, Troizk-Kühlanlage.
Verhaftet am 24. Juli 1930.
Von der OGPU mit 41 Weiteren am 24. September 1930 zum Tode verurteilt.
Angeklagt wegen zerstörerischer Handlungen.
Am gleichen Tag erschossen.
Rehabilitiert 1957.

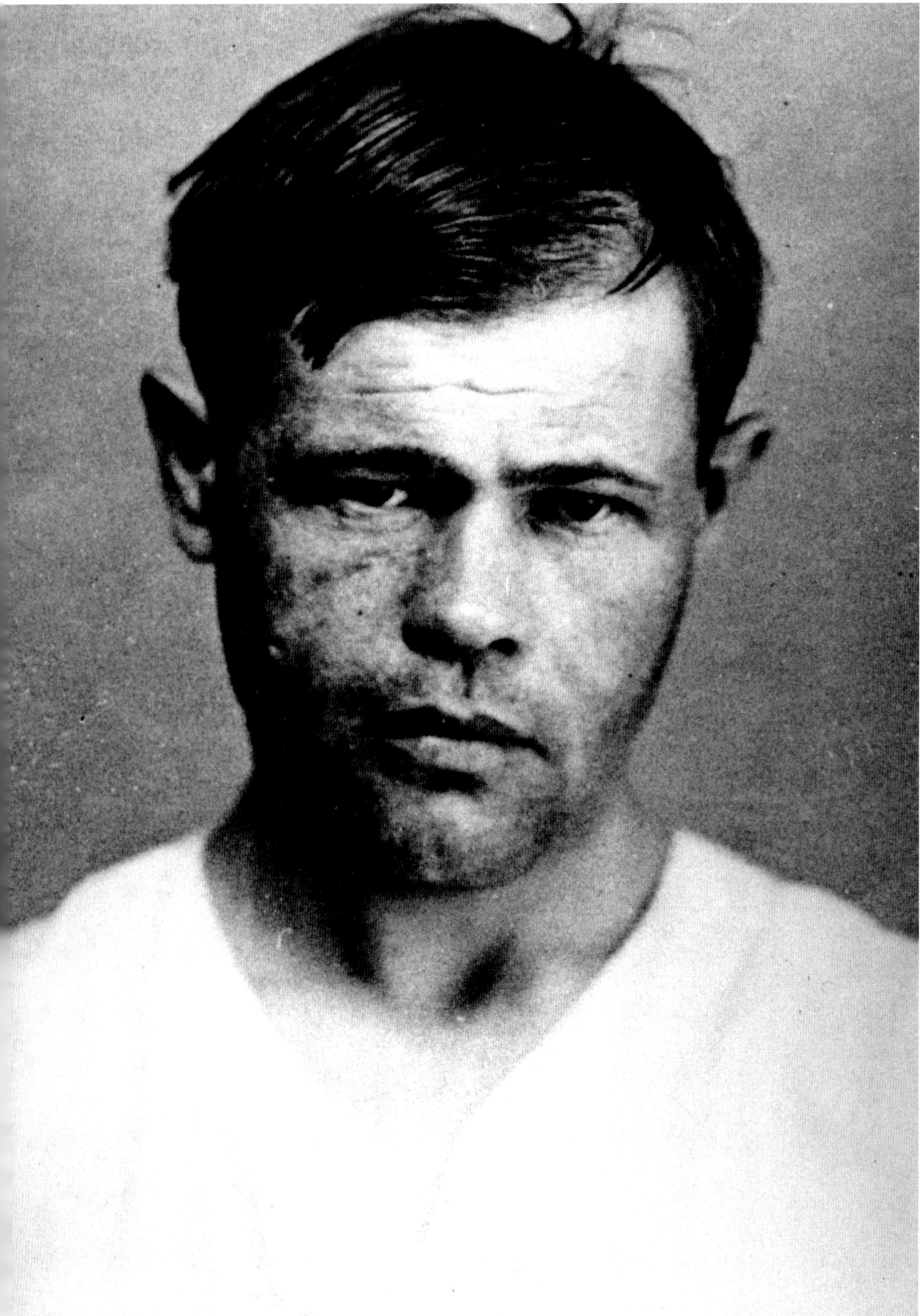

Prokofi Xenofontowitsch Akimow
Geboren 1900 in Kischkino, Bezirk Tula. Kein Parteimitglied. Ladenbesitzer, Moskau. Wohnte im Ulanski Weg 4–7, Moskau. Verhaftet am 7. August 1930. Zum Tode verurteilt von der OGPU am 7. September 1930. Angeklagt wegen zerstörerischer Handlungen. Am gleichen Tag erschossen. Rehabilitiert 1989.

Dmitri Iwanowitsch Waljew
Geboren 1909 in Karatschewo, Bezirk Tula.
Kein Parteimitglied.
Arbeitslos.
Wohnte in der Revoljutionni Allee 6, Podolsk.
Verhaftet am 7. August 1930.
Zum Tode verurteilt von der OGPU am 7. September 1930.
Am gleichen Tag erschossen.
Angeklagt wegen zerstörerischer Handlungen.
Rehabilitiert 1989.

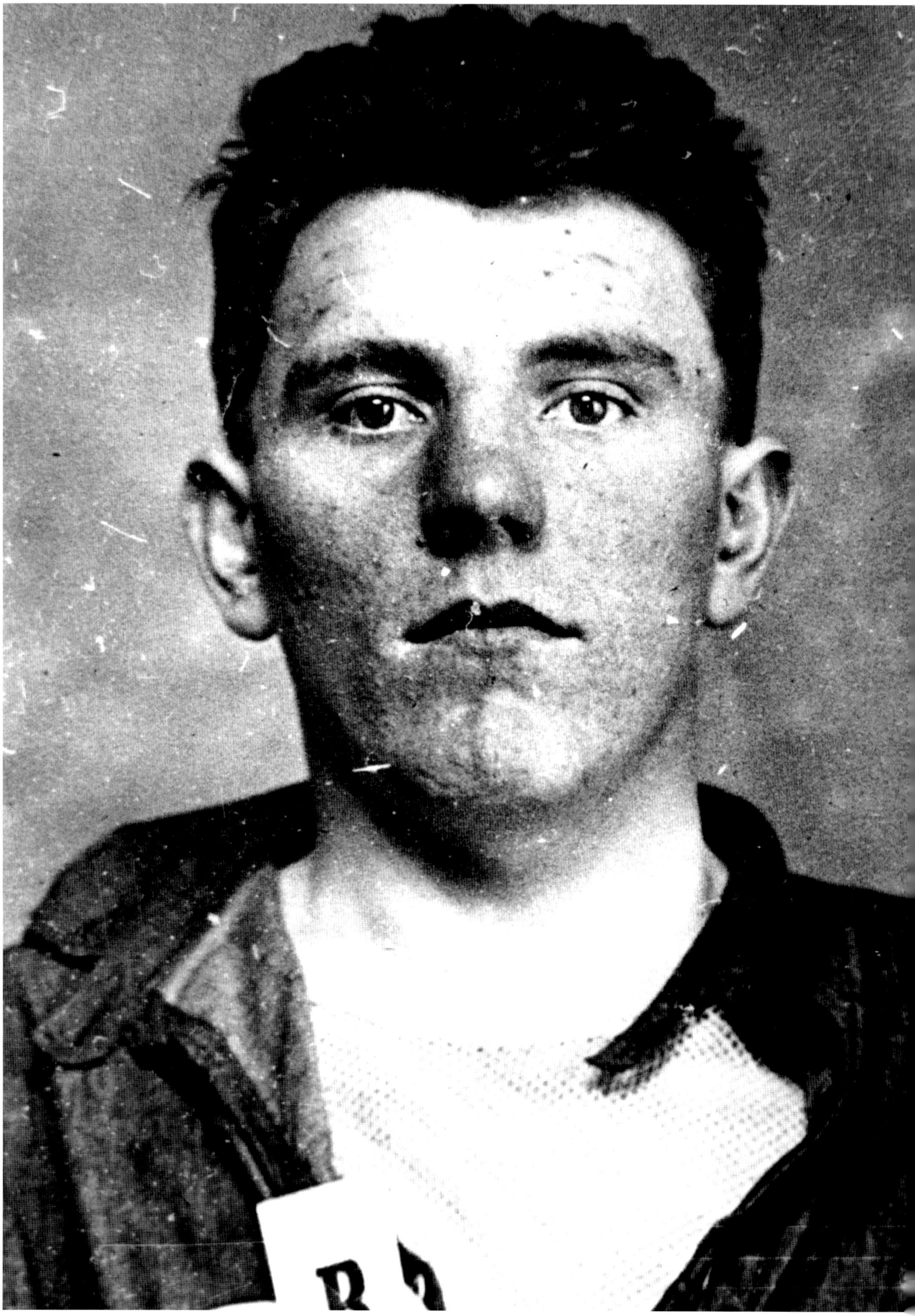

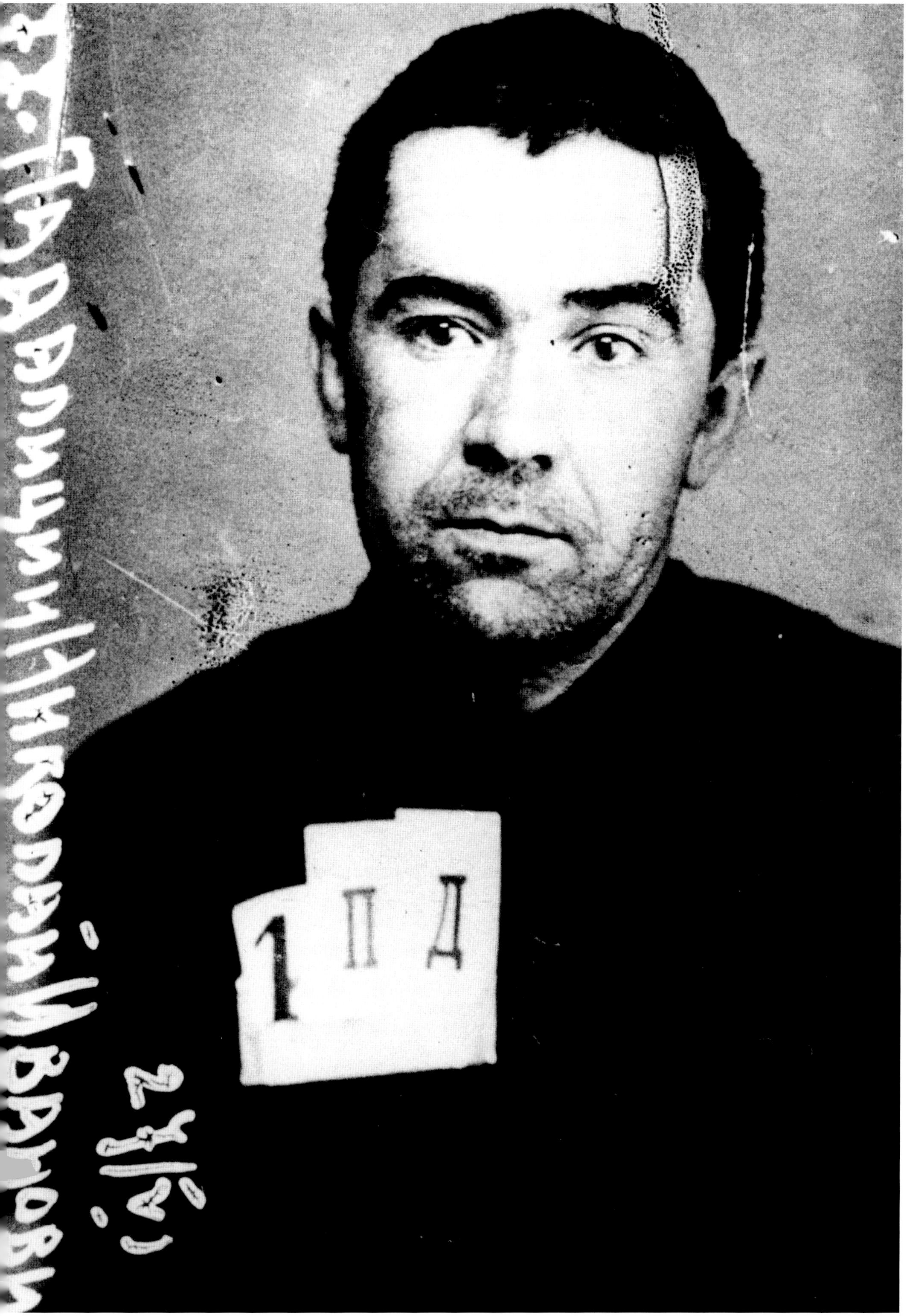

Nikolai Iwanowitsch Padalizin
Geboren 1893 in Smolensk.
Kein Parteimitglied.
Laborassistent am Polygraphischen Institut, Moskau.
Wohnte in der Mjasnizkaja Straße 24–64, Moskau.
Verhaftet am 26. Juni 1930.
Zum Tode verurteilt von einer OGPU-Troika am 17. September 1930.
Angeklagt wegen antisowjetischer Tätigkeit.
Drei Tage später erschossen.
Rehabilitiert 1989.

Fjodor Andrejewitsch Baikow
Geboren 1861 in Moskau.
Bauer.
Kein Parteimitglied.
Wohnte in Staro-Tyagi, Bezirk Moskau.
Verhaftet am 2. September 1930.
Zum Tode verurteilt von der OGPU am 16. Oktober 1930.
Angeklagt wegen antisowjetischer Agitation.
Vier Tage später erschossen.
Rehabilitiert 1989.

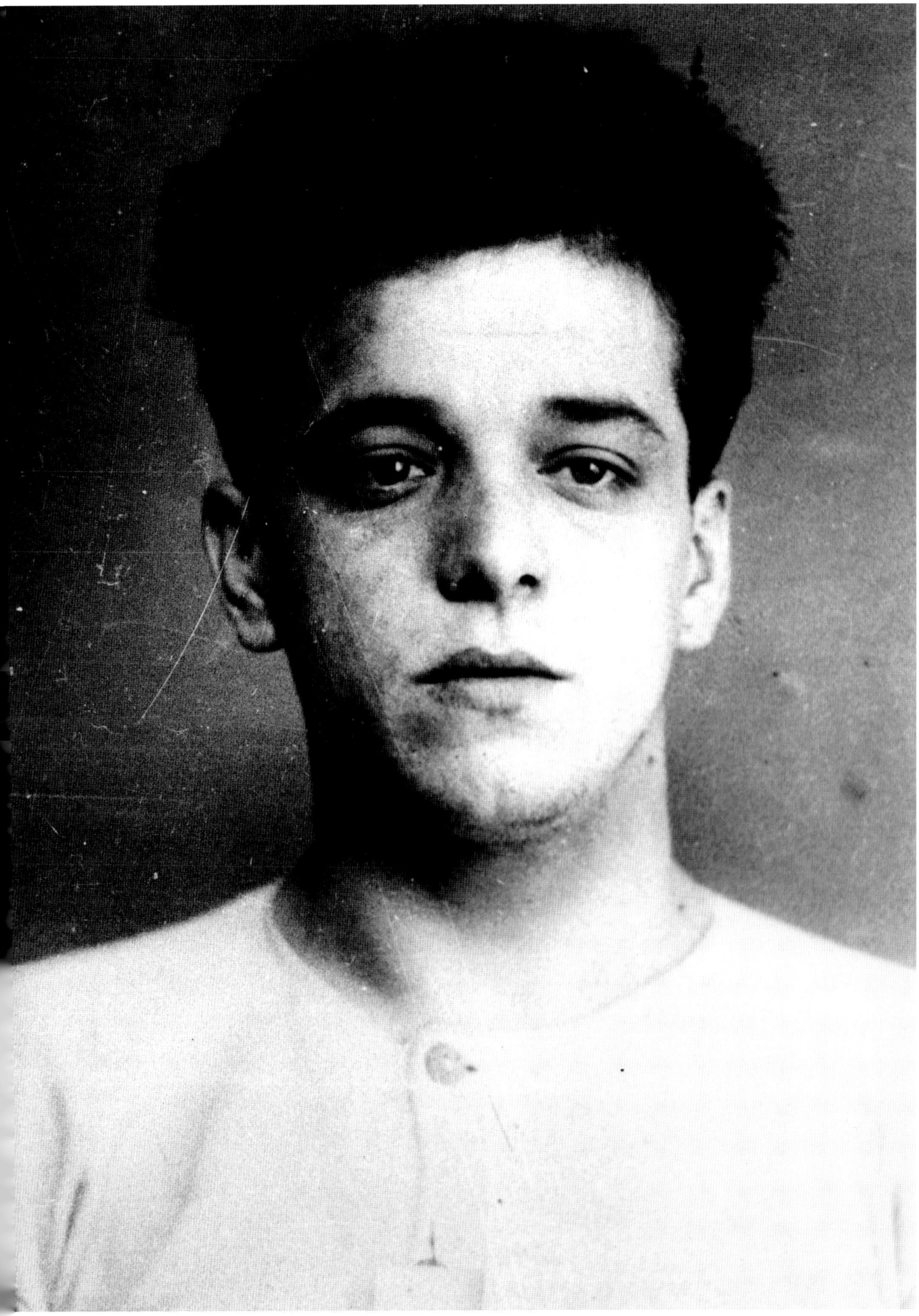

Michail Petrowitsch Arsentiew
Geboren 1902 in Moskau.
Kein Parteimitglied.
Leiter des Militärklubs der Dritten Proletarischen Division, Moskau.
Verhaftet am 11. Dezember 1930.
Zum Tode verurteilt von einer OGPU-Troika am 21. Januar 1931.
Angeklagt wegen Spionage.
Eine Woche später erschossen.
Rehabilitiert 1989.

Dionis Petuschkow
Geboren 1863 in Twer.
Kein Parteimitglied.
Wandermönch.
Verhaftet am
16. Februar 1931.
Zum Tode verurteilt
mit acht anderen am
6. Juni 1931.
Angeklagt wegen
antisowjetischer
Tätigkeit und
Zugehörigkeit zu einer
konterrevolutionären
Vereinigung.
Alle wurden vier Tage
später erschossen.
Rehabilitiert 1958.

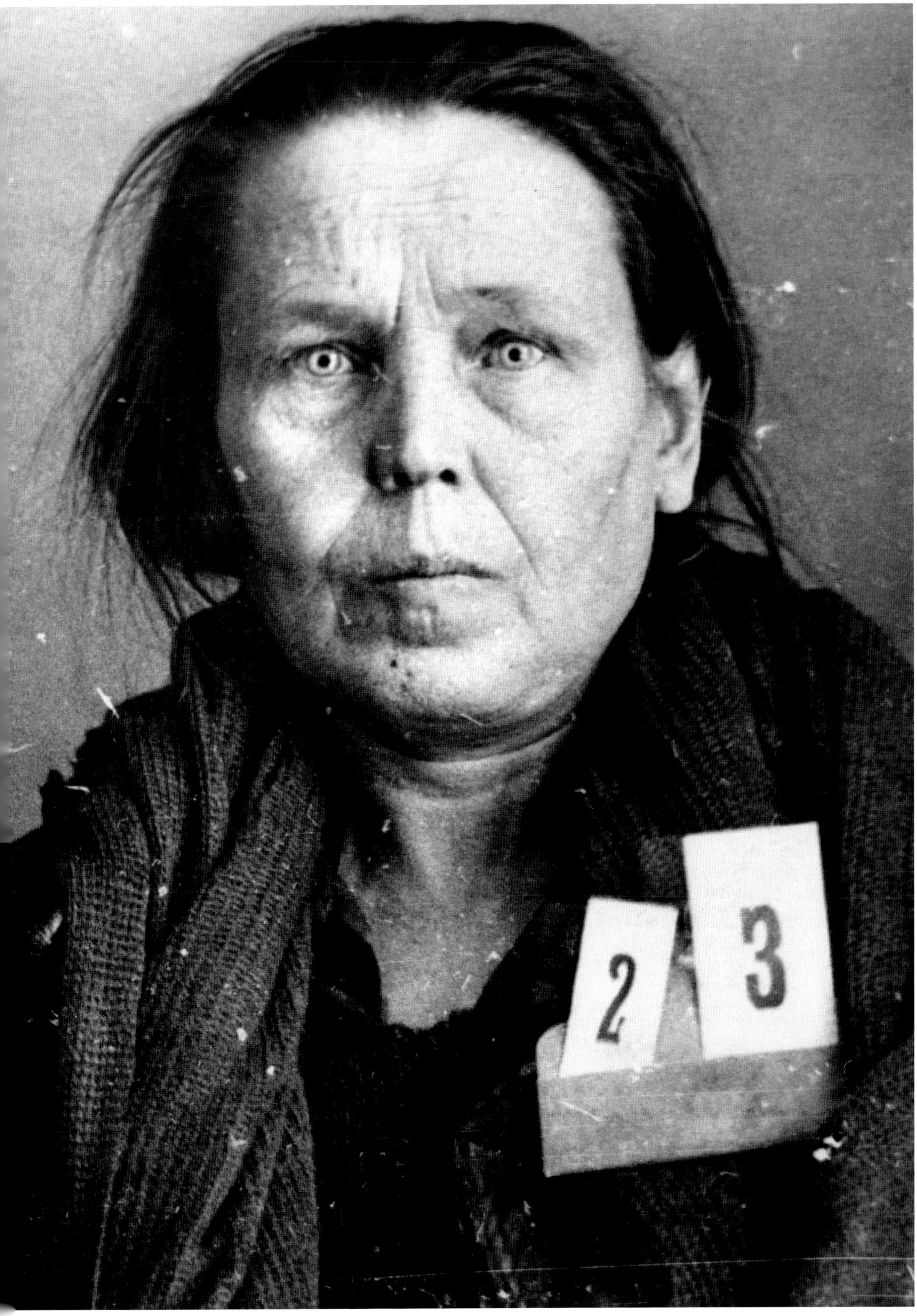

Jekaterina Alexejewna Sacharowa
Geboren 1890 in Poljan, Bezirk Wilenskaja.
Kein Parteimitglied.
Landwirtschaftliche Arbeiterin.
Verhaftet am 28. November 1930.
Von der OGPU zum Tode verurteilt am 20. April 1931.
Angeklagt wegen Spionage.
Sie wurde vier Tage später erschossen.
Rehabilitiert 1989.

Jewgeni Lwowitsch Poljakow
Geboren 1910 in Lublin, Polen.
Kein Parteimitglied.
Übersetzer.
Wohnte im Mali Busowski Weg 2/5, Moskau.
Verhaftet am 22. August 1932.
Von der OGPU zum Tode verurteilt am 17. Februar 1933.
Angeklagt wegen Mitgliedschaft in einer Terrororganisation der Weißen Armee.
Erschossen am 20. März 1933.
Rehabilitiert 1989.

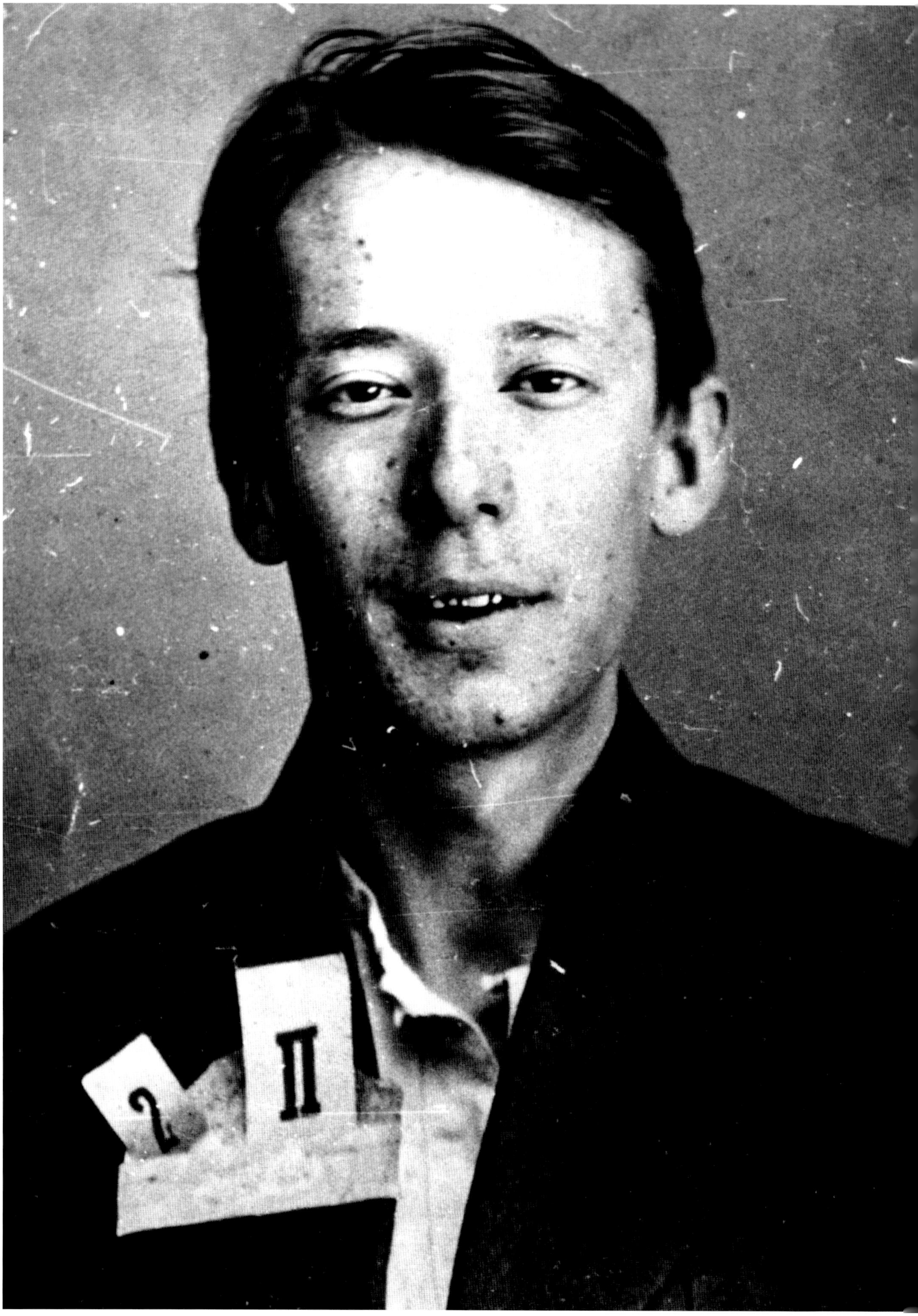

Alexander Wasiljewitsch Rjasanzew
Geboren 1874 in Odinzowo, Bezirk Tula. Kein Parteimitglied. Professor am Kalinin-Institut für Landwirtschafts-maschinenbau. Vorsitzender des Komitees für Kältetechnik. Wohnte in Apartment 27, Siwzew Wraschek Straße 14, Moskau. Verhaftet am 29. August 1930. Zum Tode verurteilt mit 41 Weiteren am 24. September 1930. Angeklagt wegen Sabotage. 38 von ihnen wurden am gleichen Tag erschossen, die Übrigen, darunter Rjasanzew, wurden am 2. Oktober 1930 erschossen. Sie wurden alle 1957 rehabilitiert.

Nikita Fomitsch Katran
Geboren 1902 in Donbass, Ukraine. Griechische Abstammung. Kein Parteimitglied. Stellvertretender Chef eines Lagers für Lebensmittel. Wohnte in der Moskowskaja Straße 3, Saltikowka, Bezirk Moskau. Verhaftet am 13. Dezember 1931. Zum Tode verurteilt von einer OGPU-Troika am 3. Juni 1932. Angeklagt wegen konterrevolutionärer Tätigkeit in der Lebensmittelverteilung. Erschossen am 10. Oktober 1932. Rehabilitiert 1989.

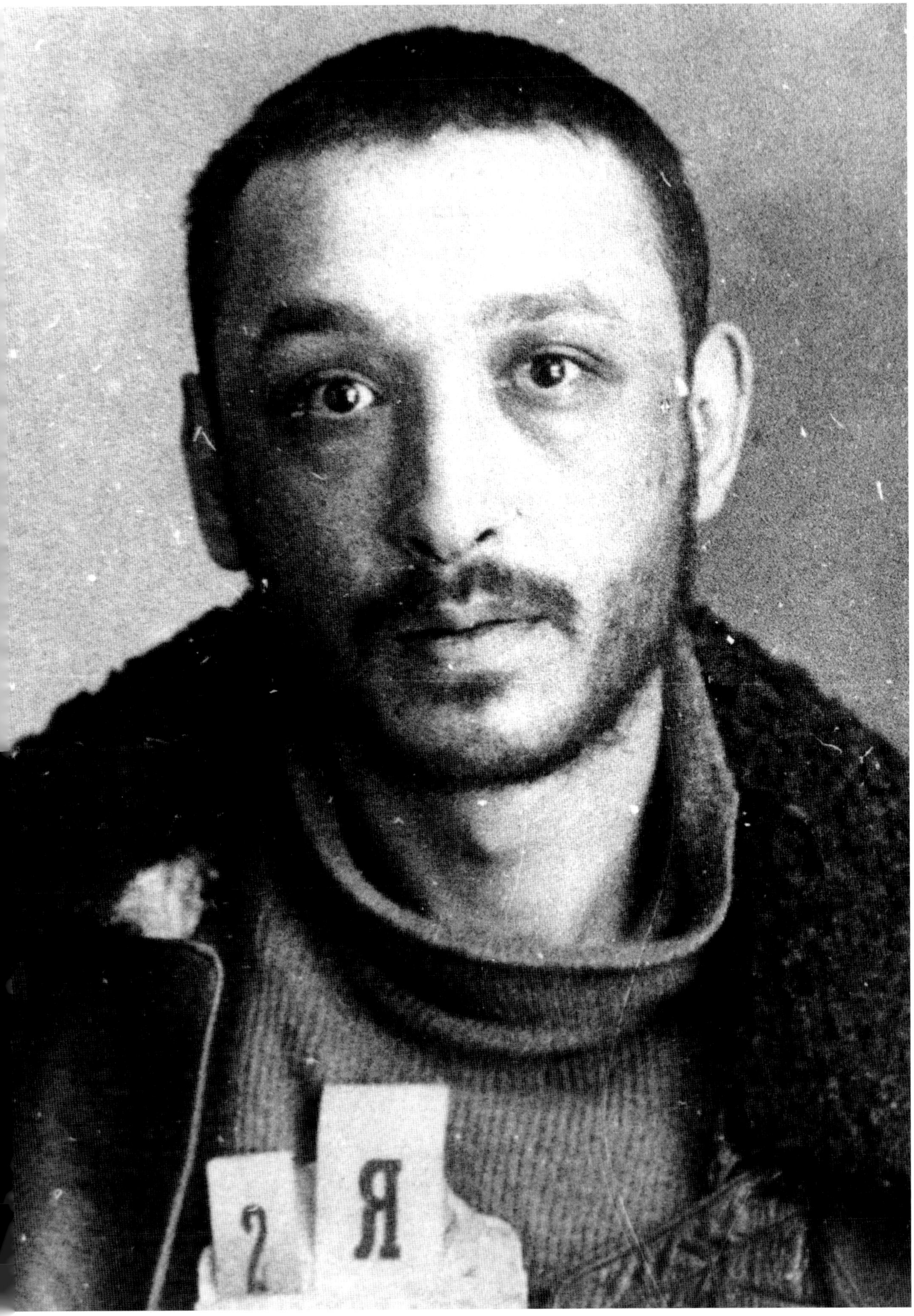

Sigfrid Irwaldowitsch Jabog
Geboren 1903 in Odessa, Ukraine. Kein Parteimitglied. Ziviler Fluglehrer. Wohnte im Gebäude für Piloten der Zivilluftfahrt am Russischen Friedhof in Simferopol. Verhaftet am 14. Januar 1932. Von der OGPU zum Tode verurteilt am 27. Oktober 1932. Angeklagt wegen Spionage. Erschossen am 10. Januar 1933. Rehabilitiert 1989.

Asisa Rachimowna Schirinskaja
Geboren 1902 in Bogdanowo, Bezirk Rjasan.
Kein Parteimitglied.
Lehrerin.
Wohnte in Moskau.
Verhaftet am 3. Juli 1932.
Ihre Brüder Achmet-Kemil, Schakir und Selim-Girei (*siehe unten*) wurden am 31. Mai 1932 verhaftet. Alle vier wurden von der OGPU zum Tode verurteilt am 26. August 1932.
Angeklagt wegen Zugehörigkeit zu einer konterrevolutionären Vereinigung und terroristischer Handlungen.
Sie wurden alle am 10. Januar 1933 erschossen und 1990 rehabilitiert.

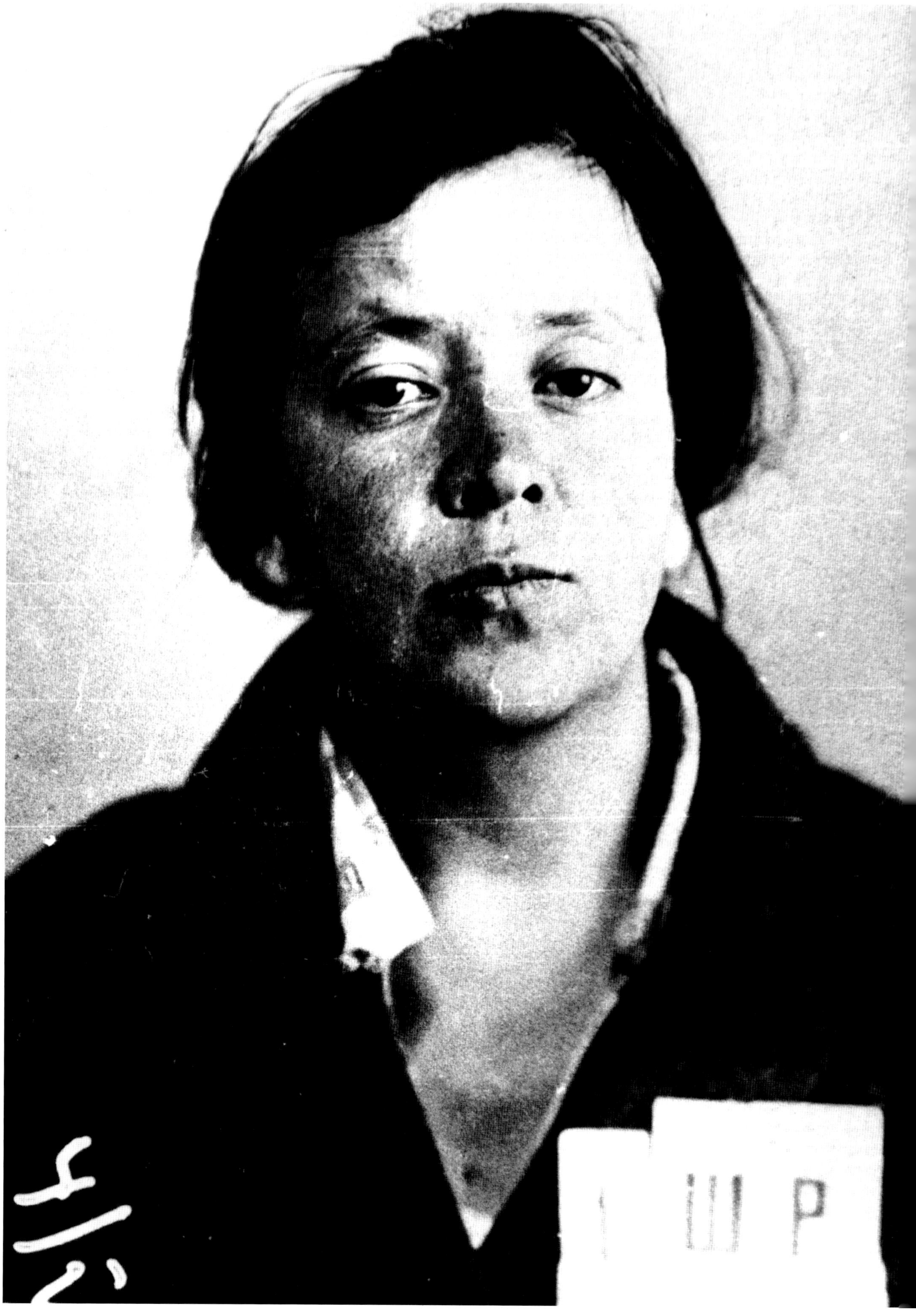

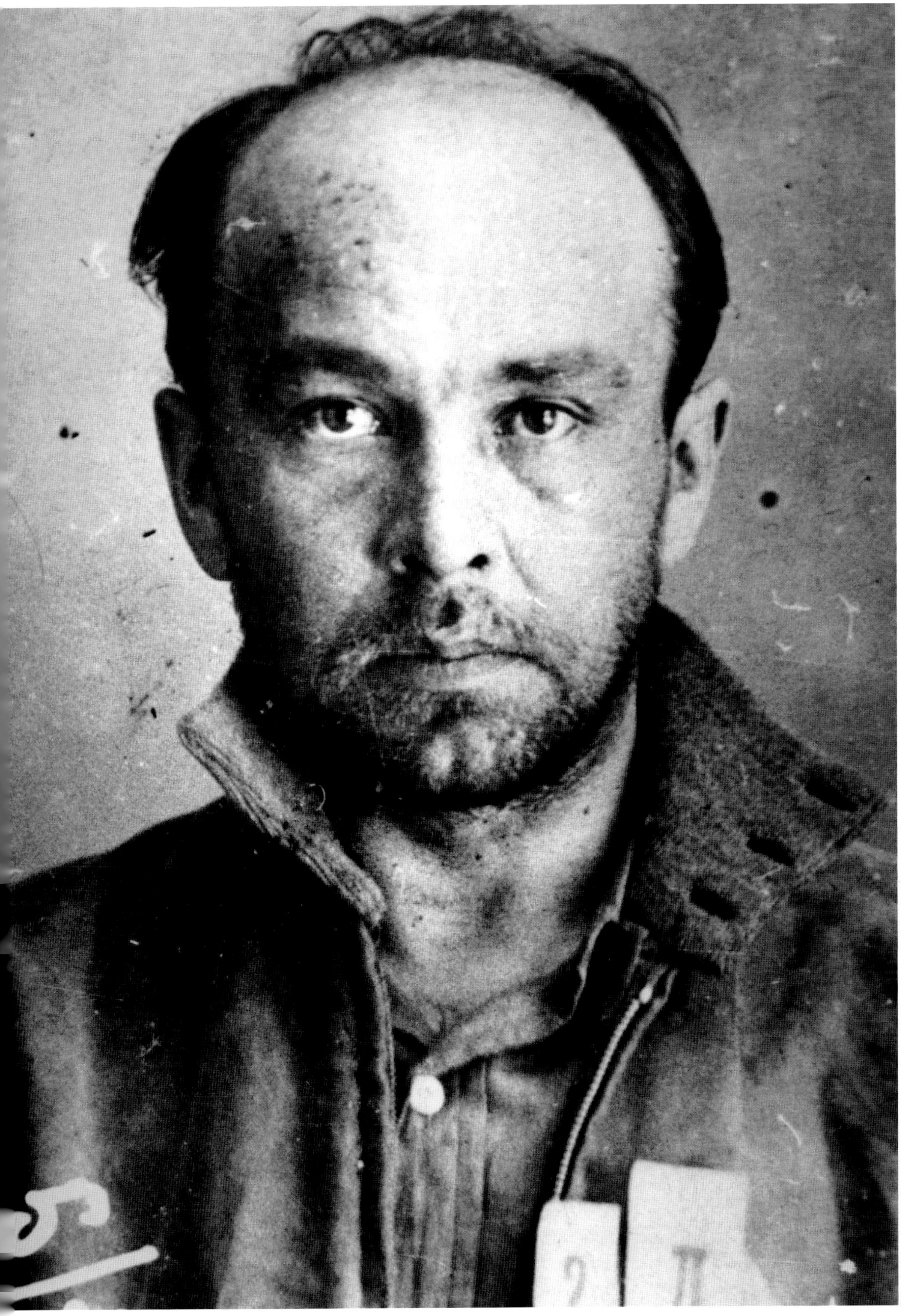

Luzjan Lwowitsch Donner
Geboren 1902 in Kiew, Ukraine. Polnische Staatsangehörigkeit. Kein Parteimitglied. Arbeitslos.
Wohnte in Warschau.
Verhaftet am 29. April 1932.
Von der OGPU zum Tode verurteilt am 27. Oktober 1932.
Angeklagt wegen Spionage.
Erschossen am 10. Januar 1933.
Rehabilitiert 1989.

Nikolai Iwanowitsch Kolpikow
Geboren 1892 in Nowotscherkassk.
Kein Parteimitglied.
Arbeitslos.
Wohnte in Apartment 13, Gogolewski Boulevard 17, Moskau.
Verhaftet am 10. November 1933.
Zum Tode verurteilt von der OGPU am 29. März 1934.
Angeklagt wegen Spionage und Zugehörigkeit zu einer konterrevolutionären Vereinigung.
Erschossen am 21. Mai 1934.
Rehabilitiert 1958.

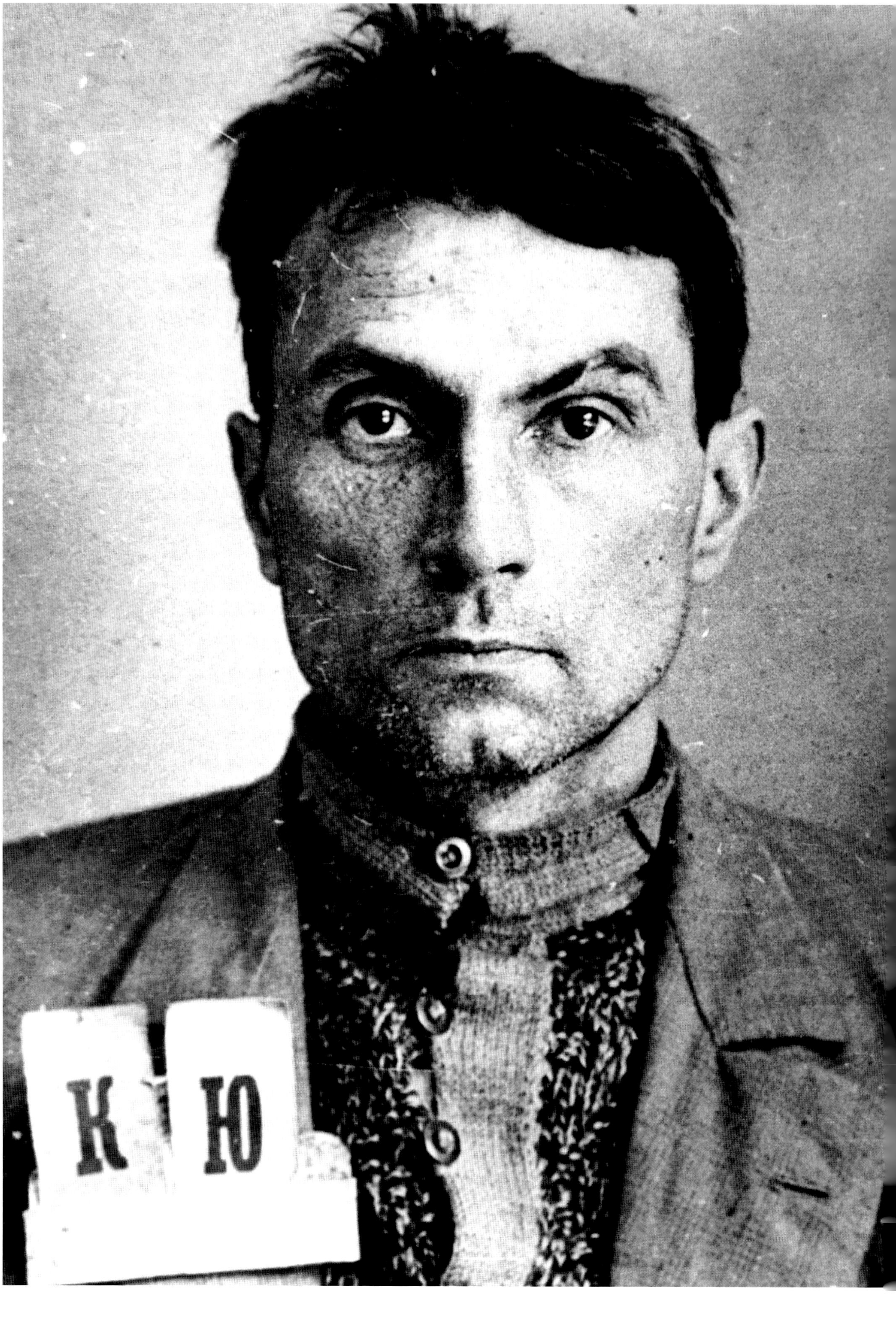

Wazlaw Wladislawowitsch Lewinski
Geboren 1878 in Turka, Bezirk Ljublinsky.
Polnische Staatsangehörigkeit.
Kein Parteimitglied.
Wissenschaftler.
Wohnte an der Leningrader Schnellstraße 12–17, Moskau.
Verhaftet am 7. Oktober 1932.
Von der OGPU zum Tode verurteilt am 8. März 1933.
Angeklagt wegen Spionage.
Erschossen am 20. März 1933.
Rehabilitiert 1965.

Wladimir Alexejewitsch Konkow
Geboren 1914 in Tula.
Kein Parteimitglied.
Student.
Wohnte am Malaja Sucharewskaja Platz 8–5, Moskau.
Verhaftet am 27. Oktober 1932.
Von der OGPU zum Tode verurteilt am 20. Januar 1933.
Angeklagt wegen Gründung einer konterrevolutionären, terroristischen Vereinigung.
Erschossen am 27. Februar 1933.
Rehabilitiert 1964.

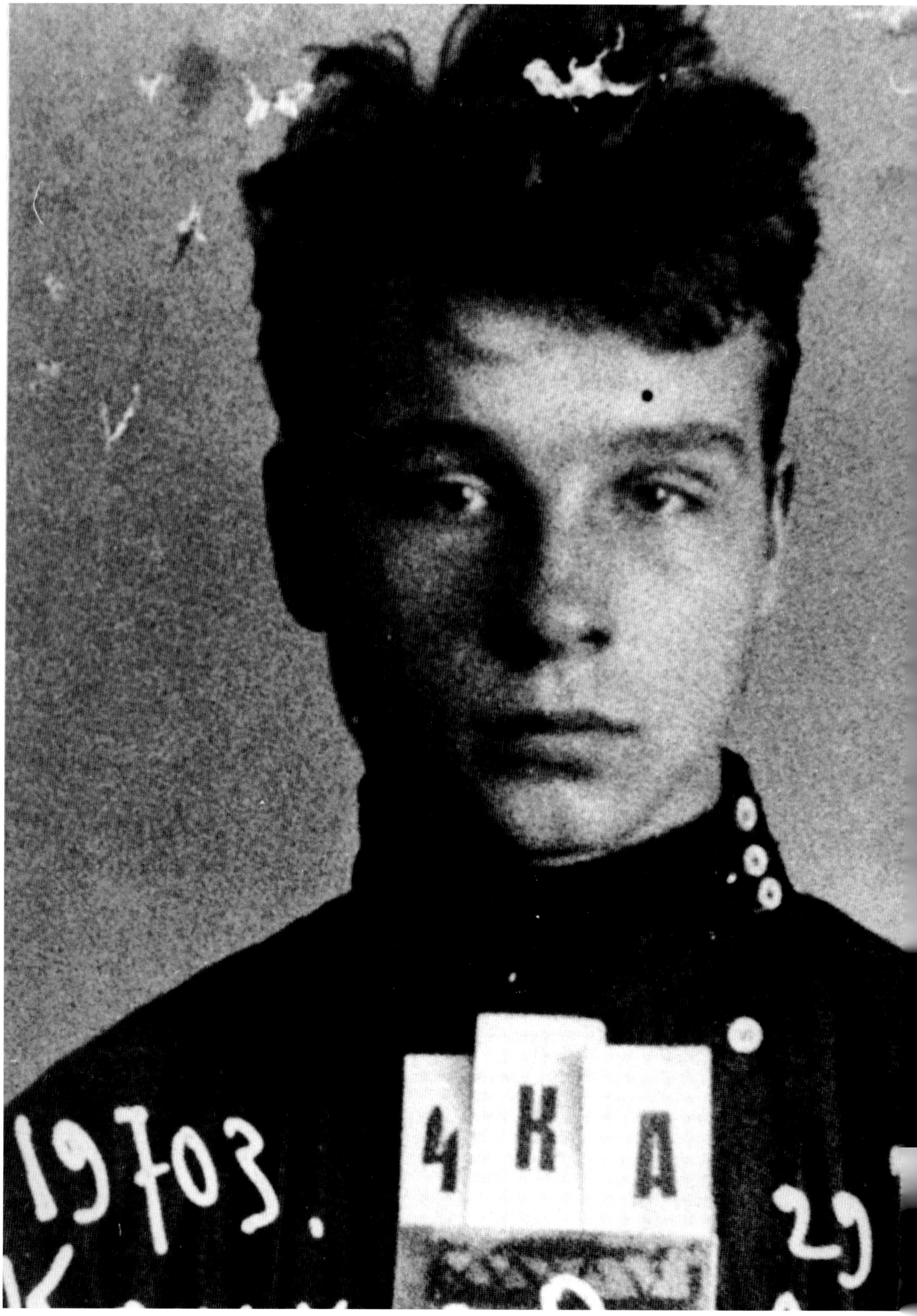

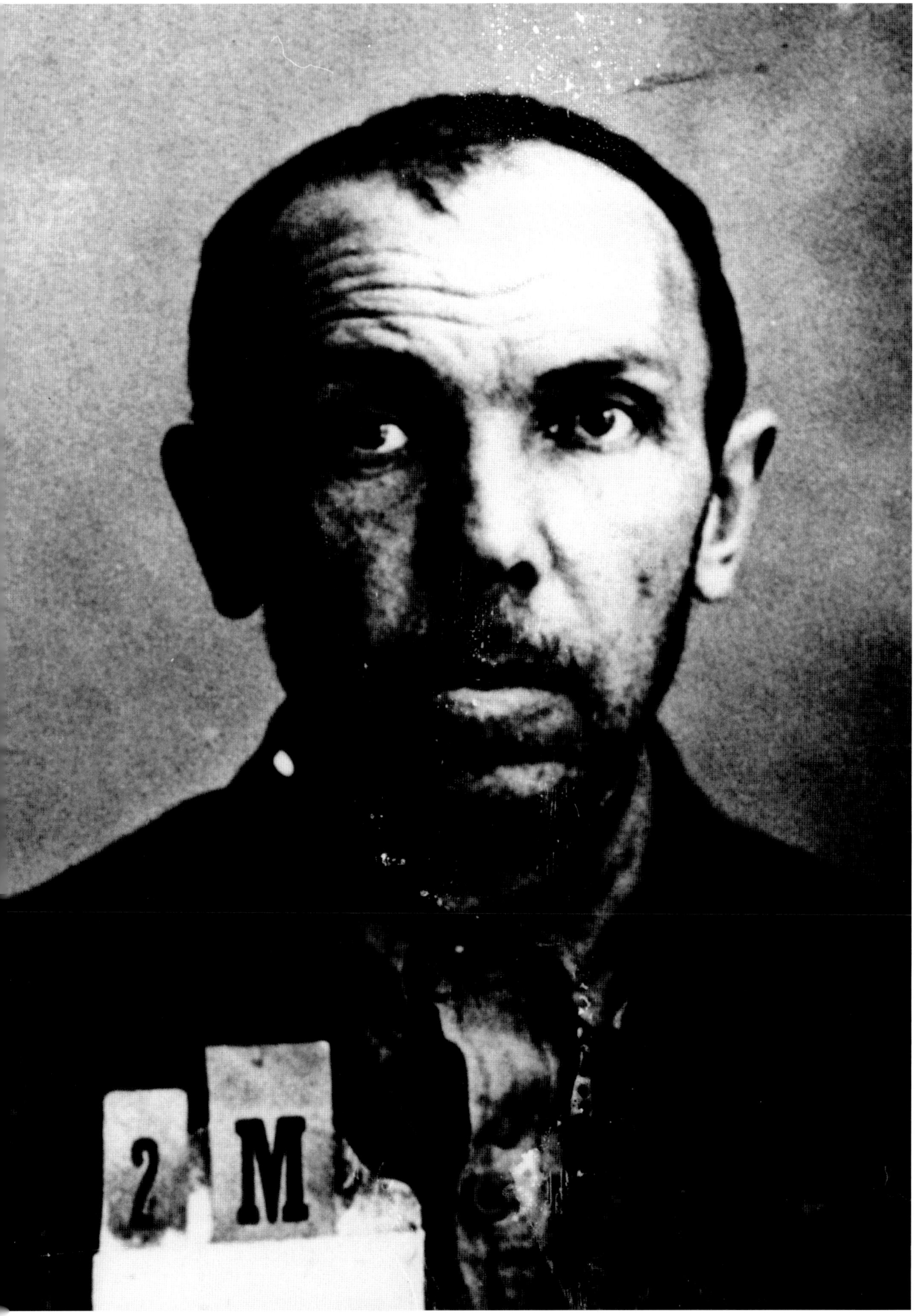

Alexej Wasiljewitsch Mankowski
Geboren 1894 in Kuren, Ukraine.
Kein Parteimitglied.
Berater für die Samenproduktion bei der Bezirksverwaltung für Getreide in Odessa.
Wohnte in der Kollontajewskaja Straße 56, Odessa.
Verhaftet am 23. Dezember 1932.
Mit 34 Weiteren am 11. März 1933 zum Tode verurteilt.
Sie wurden alle am folgenden Tag erschossen.
Angeklagt wegen konterrevolutionärer Tätigkeit und Spionage.
Rehabilitiert 1957.

Nikolai Fomitsch Telegin
Geboren 1903 in Juriew-Polski, Bezirk Iwanowo.
Kein Parteimitglied.
Chef einer Fabrik für Landwirtschafts-maschinen.
Wohnte in Apartment 10, Dajew Weg 29, Moskau.
Verhaftet am 16. Dezember 1932.
Mit 34 Weiteren am 11. März 1933 zum Tode verurteilt.
Angeklagt wegen konterrevolutionärer Tätigkeit, Spionage und zerstörerischer Handlungen in der Landwirtschaft.
Sie wurden alle am folgenden Tag erschossen.
Rehabilitiert 1957.

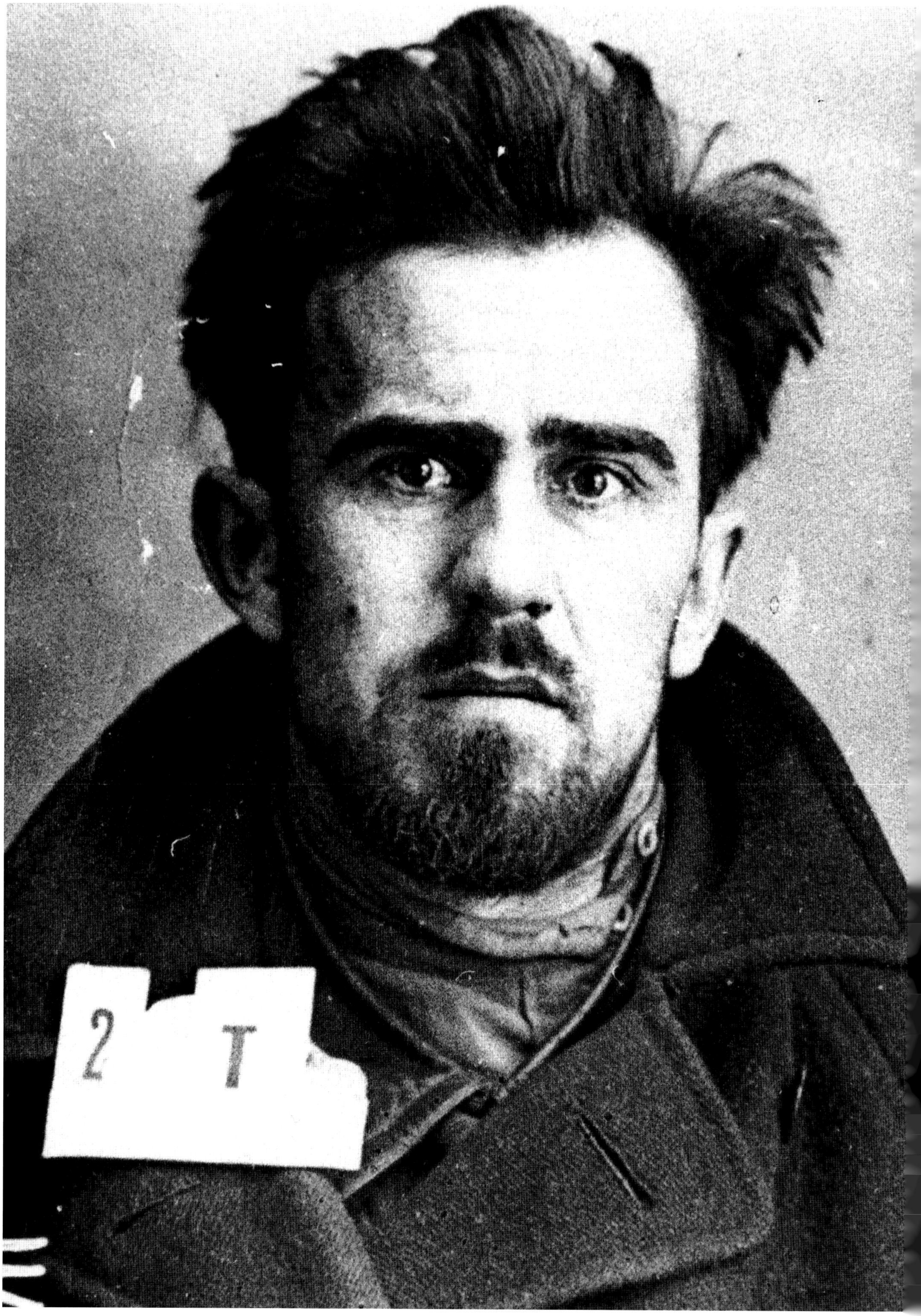

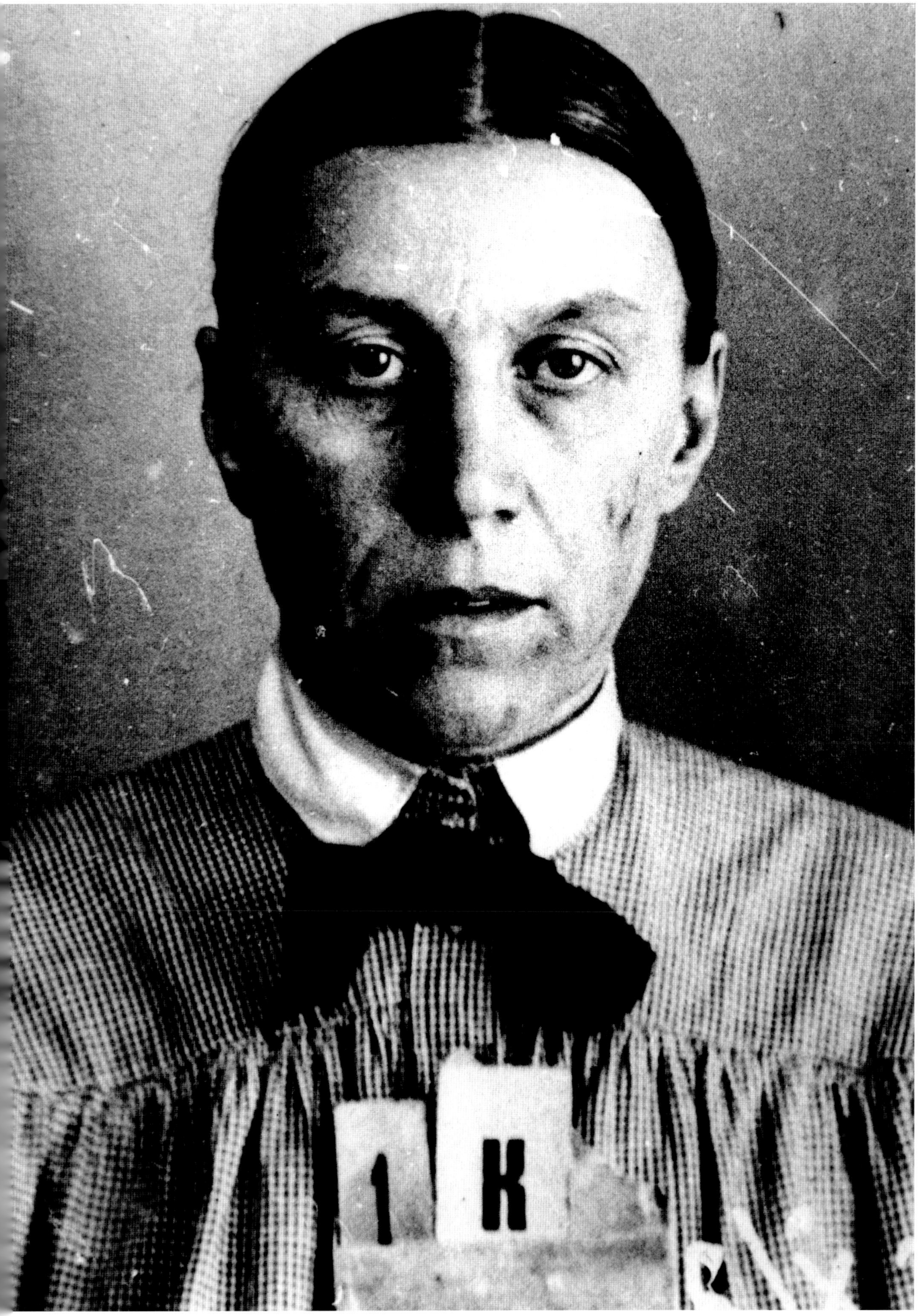

Alexandra Jakowlewna Klimowa
Geboren 1883 in Moskau.
Kein Parteimitglied.
Chef-Buchhalterin an einem medizinischen Institut.
Wohnte in Apartment 73, Jasikowski Weg 5, Moskau.
Verhaftet am 4. Oktober 1932.
Von der OGPU zum Tode verurteilt am 2. Januar 1933.
Angeklagt wegen konterrevolutionärer, terroristischer Handlungen.
Erschossen am 27. Februar 1933.
Rehabilitiert 1989.

Sinaida Georgijewna Buligina
Geboren 1897 in Sankt Petersburg.
Kein Parteimitglied.
Arbeiterin in einem Elektrizitätswerk.
Wohnte in Apartment 1, Sarepa Straße 32, Moskau.
Verhaftet am 14. Oktober 1934.
Zum Tode verurteilt durch das Militärkollegium des Obersten Gerichts der UdSSR am 5. Dezember 1934.
Angeklagt wegen Zugehörigkeit zu einer konterrevolutionären Vereinigung.
Am folgenden Tag erschossen.
Rehabilitiert 1989.

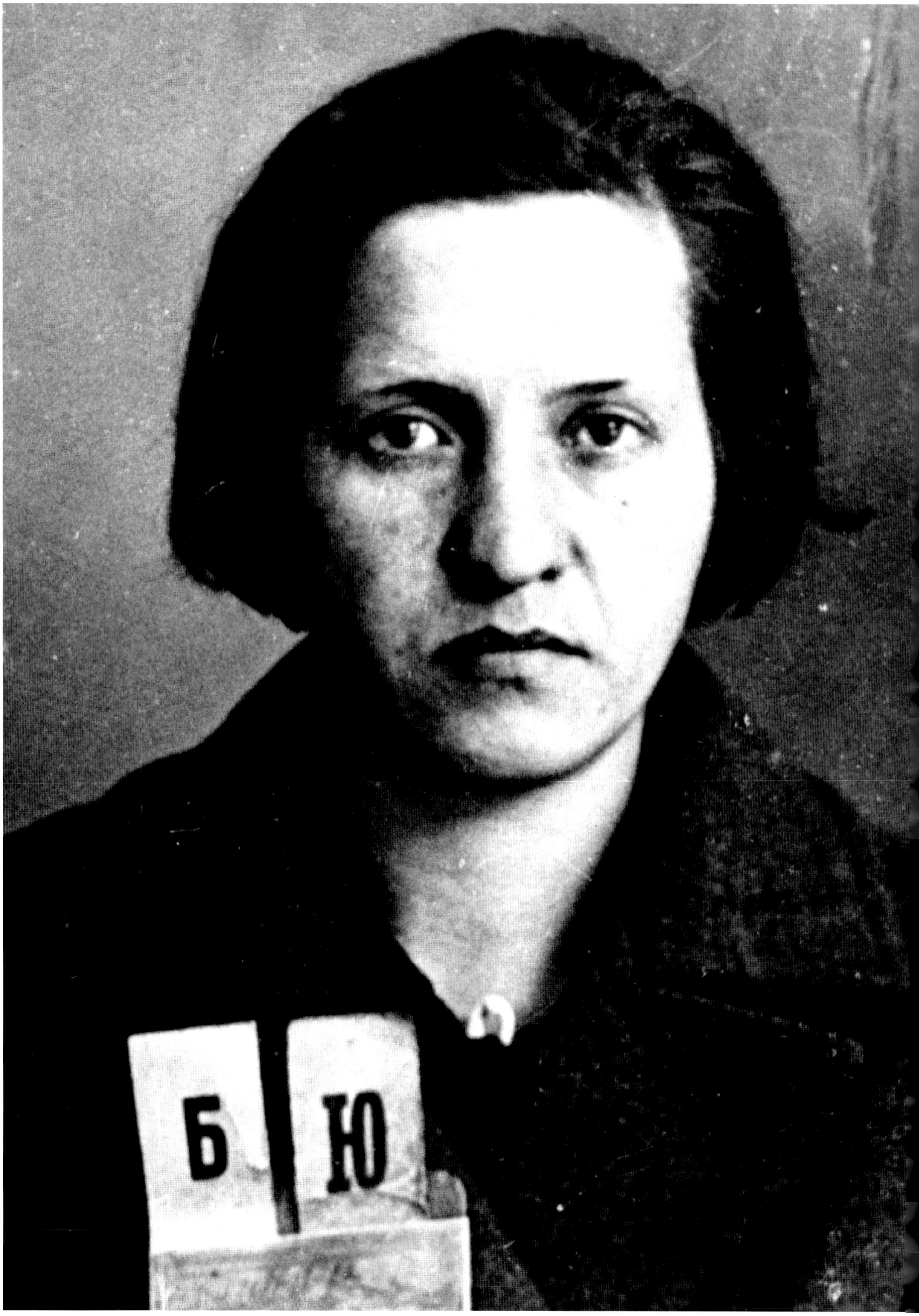

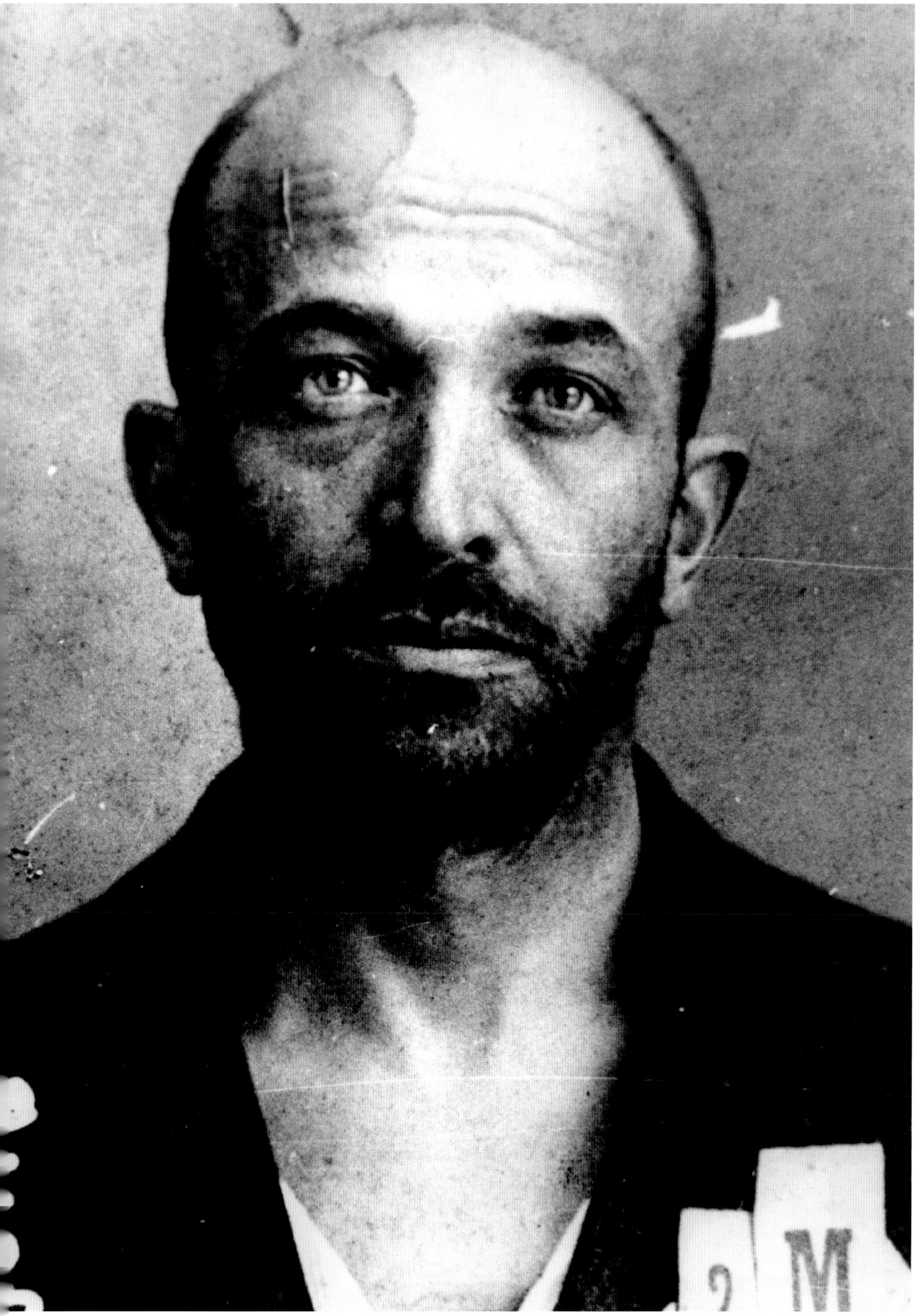

Tadeusch Janowitsch Machnikowski
Geboren 1890 in Lublin, Polen.
Kein Parteimitglied.
Mechaniker bei der Sowjetischen Außenhandelsstelle in New York.
Verhaftet am 20. April 1932.
Von der OGPU zum Tode verurteilt am 14. August 1932
Angeklagt wegen Spionage.
Erschossen am 10. Oktober 1932.
Rehabilitiert 1992.

Nikolai Iwanowitsch Marfutotschkin
Geboren 1908 in Harbin, Mandschurei. Kein Parteimitglied. Polierer in der Stalin-Fabrik, Moskau. Wohnte in der Wohnanlage der Stalin-Fabrik 18–4, Moskau. Verhaftet am 20. Oktober 1933. Von der OGPU zum Tode verurteilt am 19. Februar 1934. Angeklagt wegen konterrevolutionärer Tätigkeit. Marfutotschkin wurde mit 20 anderen verurteilt, die alle am 17. April 1934 erschossen wurden. Sie wurden 1958 rehabilitiert.

Pjotr Sacharowitsch Orlow
Geboren 1905 in Odinokoje, Bezirk Orlowski.
Kein Parteimitglied.
Wohnte in der Kalitnikowskaja Straße 21–1, Moskau.
Verhaftet am 31. Oktober 1932.
Von der OGPU zum Tode verurteilt am 4. Januar 1933.
Angeklagt wegen Wirtschaftssabotage.
Erschossen am 27. Januar 1933.
Rehabilitiert 1991.

Isaak Josifowitsch Asusow
Geboren 1900 in Konstantinopel.
Kein Parteimitglied.
Arbeitslos.
Wohnte in Warna.
Verhaftet am 15. August 1934.
Mit sieben anderen zum Tode verurteilt durch das Militärkollegium des Obersten Gerichts der UdSSR am 5. Dezember 1934.
Angeklagt wegen Spionage.
Sie wurden alle am folgenden Tag erschossen.
Rehabilitiert 1956.

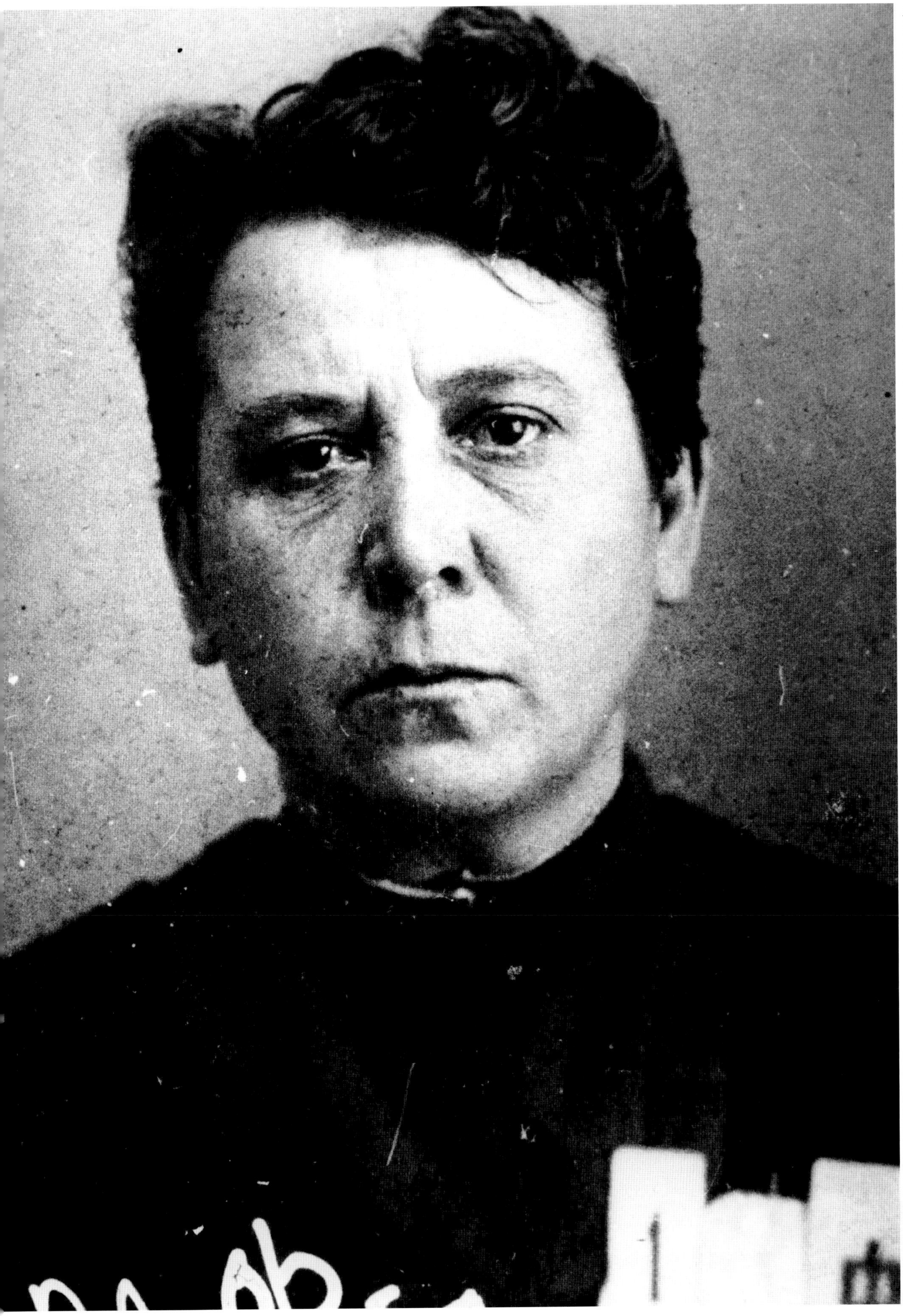

Alexandra Fedorowna Fedorowa
Geboren 1891 in Borowsk, Bezirk Moskau.
Kein Parteimitglied.
Krankenschwester im Basmanni-Krankenhaus, Moskau.
Wohnte in Apartment 20, Strastnoi Boulevard 13a, Moskau.
Verhaftet am 28. März 1933.
Zum Tode verurteilt von einer Troika der OGPU am 14. April 1933.
Angeklagt wegen terroristischer Handlungen.
Erschossen am 21. August 1933.
Rehabilitiert 1960.

Raisa Bennet
Geboren 1899 in Petrosawodsk, Karelien.
Mitglied der Kommunistischen Partei.
Lehrerin.
Verhaftet am 15. Juli 1935.
Zum Tode verurteilt am 9. Oktober 1937 und am gleichen Tag erschossen.
Anklage unbekannt.

Wladimir Djomidowitsch Ostatschenow
Geboren 1870 in Wladiwostok.
Kein Parteimitglied.
Werftmechaniker.
Wohnte an der WODS-Werft 6, Kostroma.
Verhaftet am 22. Februar 1933.
Von der OGPU zum Tode verurteilt am 8. März 1933.
Angeklagt wegen konterrevolutionärer Handlungen, Spionage und Sabotage.
Erschossen am 20. März 1933.
Rehabilitiert 1965.

Pak-Chi-Khak
Geboren 1892 in Wen-Sena, Korea.
Kein Parteimitglied.
Arbeitete in einem Verein für politische Flüchtlinge in Moskau.
Wohnte in der Karl Marx Straße 20–66, Moskau.
Verhaftet am 25. März 1934.
Von der OGPU zum Tode verurteilt am 13. Juni 1934.
Angeklagt wegen Spionage und konterrevolutionärer Tätigkeit.
Erschossen am 22. Juli 1934.
Rehabilitiert 1989.

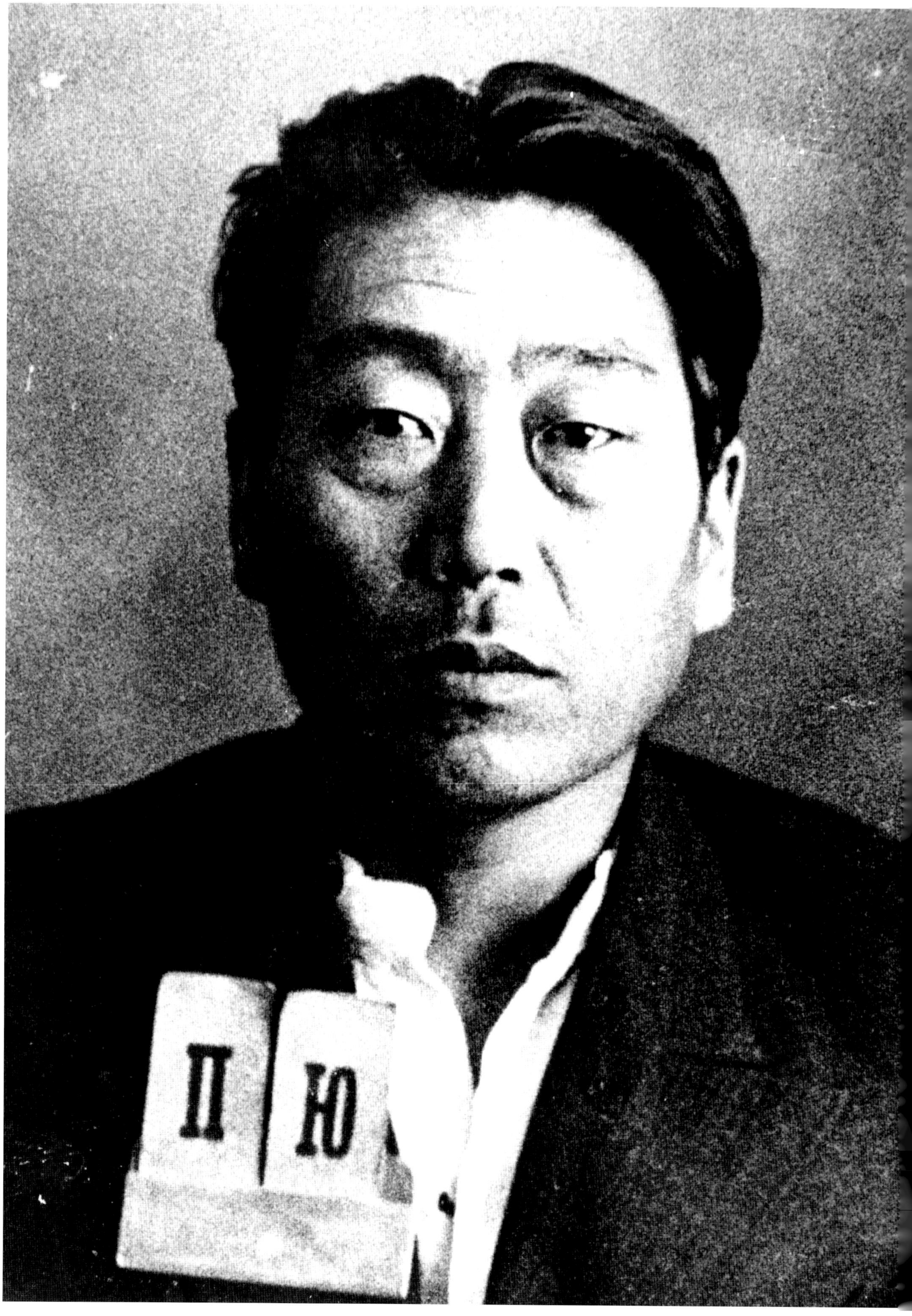

Grigori Wasiljewitsch Losew
Geboren 1880 in Krasnoslobodsk, Bezirk Pensa.
Kein Parteimitglied.
Wissenschaftler am Forschungsinstitut für Chemische Kriegsführung.
Wohnte an der Nagatinskoje Schnellstraße 9–45, Moskau.
Verhaftet am 25. April 1935.
Zum Tode verurteilt durch ein Militärgericht am 13. September 1935.
Angeklagt wegen Gründung konterrevolutionärer Zellen innerhalb des Instituts.
Erschossen am 27. November 1935.
Rehabilitiert 1956.

Wladimir Iwanowitsch Reschetnitschenko
Geboren 1894 in Tiraspol, Moldawien.
Ukrainer.
Kein Parteimitglied.
Ingenieur des Büros für Restaurants und Cafeterien
Wohnte an der Kostromskoi Allee 8–21, Archangelsk.
Verhaftet am 28. März 1936.
Zum Tode verurteilt am 7. Oktober 1936 und am folgenden Tag erschossen.
Anklage unbekannt.
Rehabilitiert 1958.

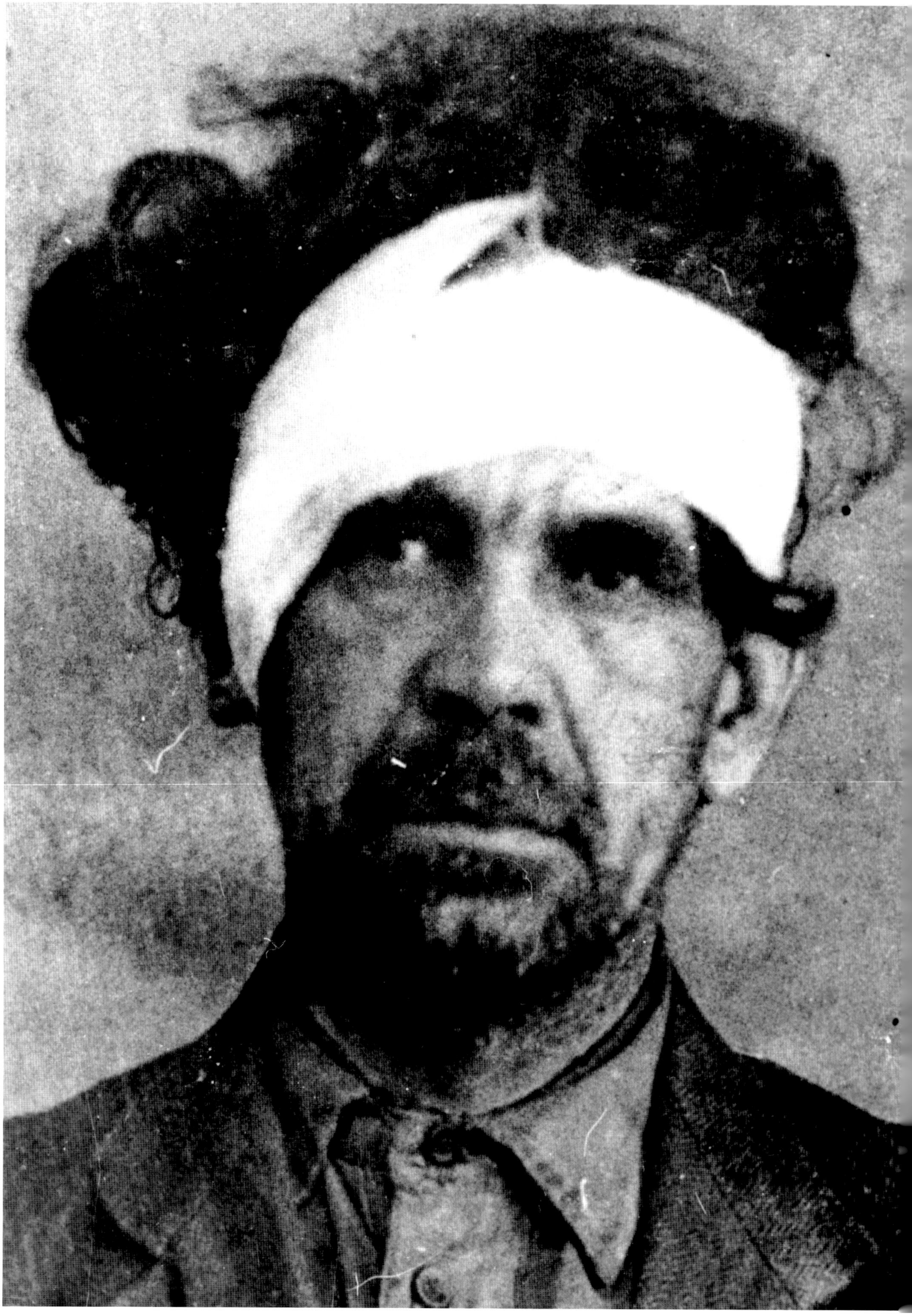

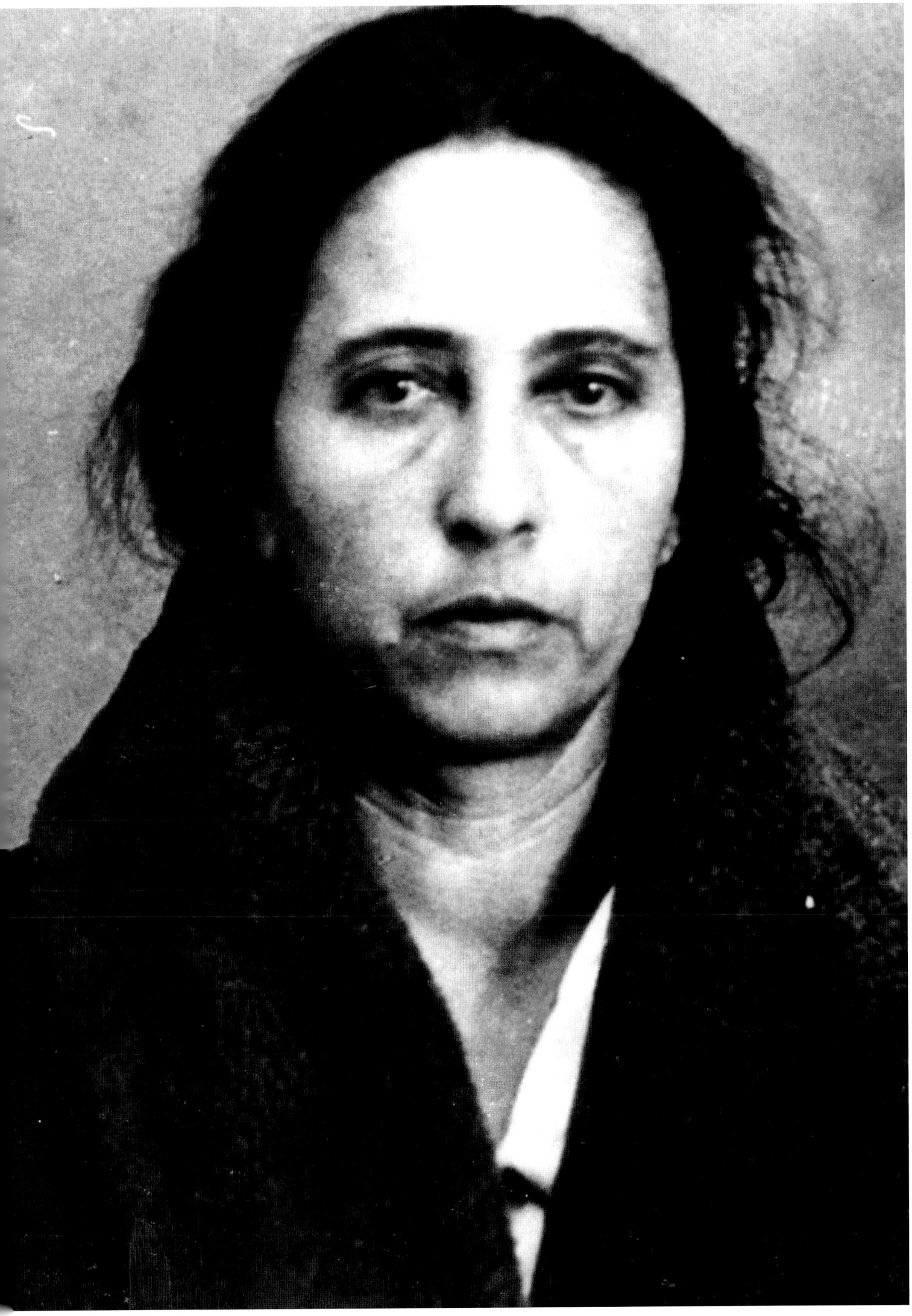

Maria Skibizkaja-Zeitlin
Geboren 1893 in Ulan-Ude, Autonome Rcpublik Burjaticn. Kein Parteimitglied. Ärztin.
Verhaftet am 19. Dezember 1936. Zum Tode verurteilt am 20. Juni 1937 und am folgenden Tag erschossen.
Anklage unbekannt.

Nikolai Michailowitsch Botscharow
Geboren 1910 in Moskau.
Kein Parteimitglied.
Techniker bei einem Wasserkraftwerks-Projekt.
Wohnte in der Krasnaja Presnja Straße 10–5, Moskau.
Verhaftet am 21. September 1936.
Zum Tode verurteilt durch das Militärkollegium des Obersten Gerichts der UdSSR am 19. Januar 1937.
Angeklagt wegen antisowjetischer Agitation, terroristischer Handlungen und illegalen Waffenbesitzes.
Erschossen am 10. Februar 1937.
Rehabilitiert 1958.

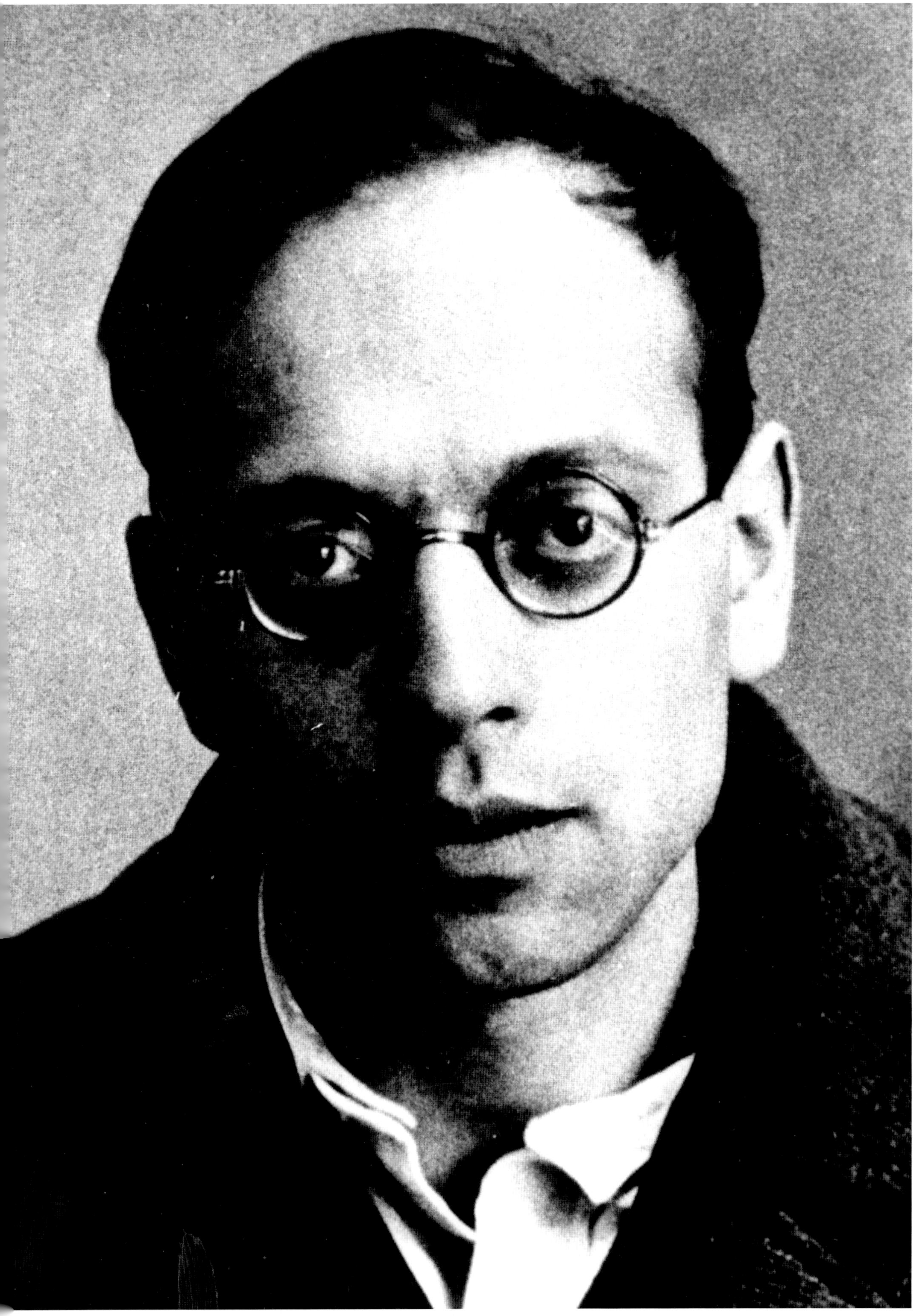

Semjon Fjodorowitsch Liwschiz
Geboren 1904 in Mogiljow, Weißrussland.
Kein Parteimitglied.
Leitender Forschungsassistent am Institut für Philosophie, UdSSR.
Wohnte in der Krasina Straße 17–1, Swiagino.
Verhaftet am 25. April 1936.
Mit drei anderen zum Tode verurteilt durch das Militärkollegium des Obersten Gerichts der UdSSR am 4. November 1936.
Angeklagt wegen konterrevolutionärer und terroristischer Handlungen.
Sie wurden alle am gleichen Tag erschossen.
Rehabilitiert 1956.

Alice Wenglosch
Geboren 1887 in Frankfurt am Main, Deutschland.
Kein Parteimitglied.
Schauspielerin.
Verhaftet am 22. Juli 1936 im Hotel Savoy, Moskau, während eines Russlandurlaubs.
Zum Tode verurteilt durch das Militärkollegium des Obersten Gerichts der UdSSR am 16. August 1937.
Angeklagt wegen Spionage.
Am gleichen Tag erschossen.
Rehabilitiert 1992.

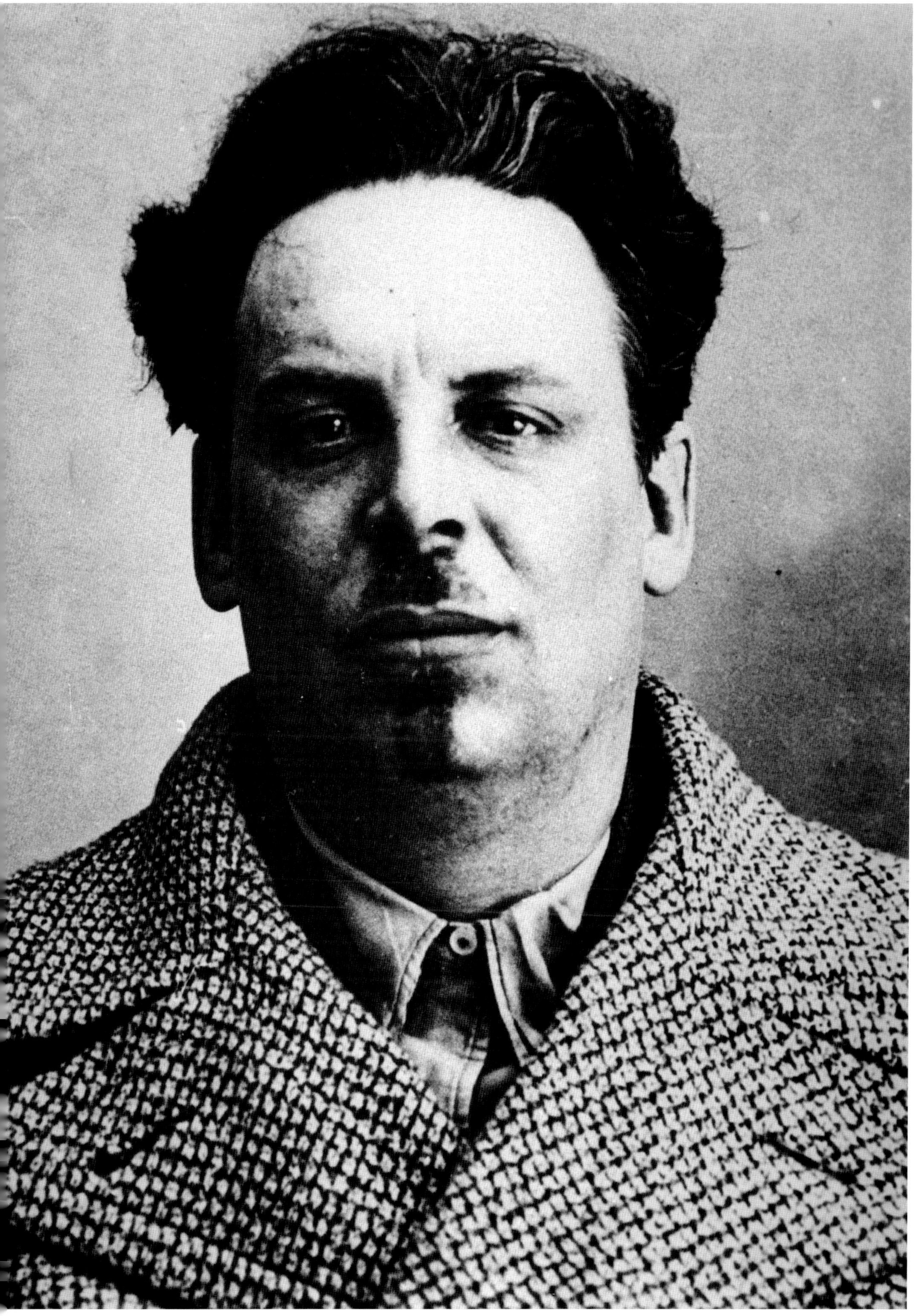

Wasili Wladimirowitsch Djakow
Geboren 1897 in Ostrogoschsk, Bezirk Woronesch.
Mitglied der Kommunistischen Partei bis 1935.
Arbeitslos.
Keinen festen Wohnsitz.
Verhaftet am 8. September 1936.
Zum Tode verurteilt durch das Militärkollegium des Obersten Gerichts der UdSSR am 4. Oktober 1936.
Angeklagt wegen konterrevolutionärer und terroristischer Tätigkeit.
Am folgenden Tag erschossen.
Rehabilitiert 1957.

Wasili Andrejewitsch Latse
Geboren 1886 in Riga, Lettland.
Kein Parteimitglied.
Wohnte am Bahnhof Dolgoprudnaja in Winogradowo.
Mechaniker am »Junge-Leninisten«-Sanatorium.
Verhaftet am 4. November 1936.
Zum Tode verurteilt durch die Militärkommission des Obersten Gerichts der UdSSR am 5. Februar 1937.
Angeklagt wegen Spionage und Zugehörigkeit zu einer konterrevolutionären Vereinigung.
Erschossen am 7. März 1937.
Rehabilitiert 1957.

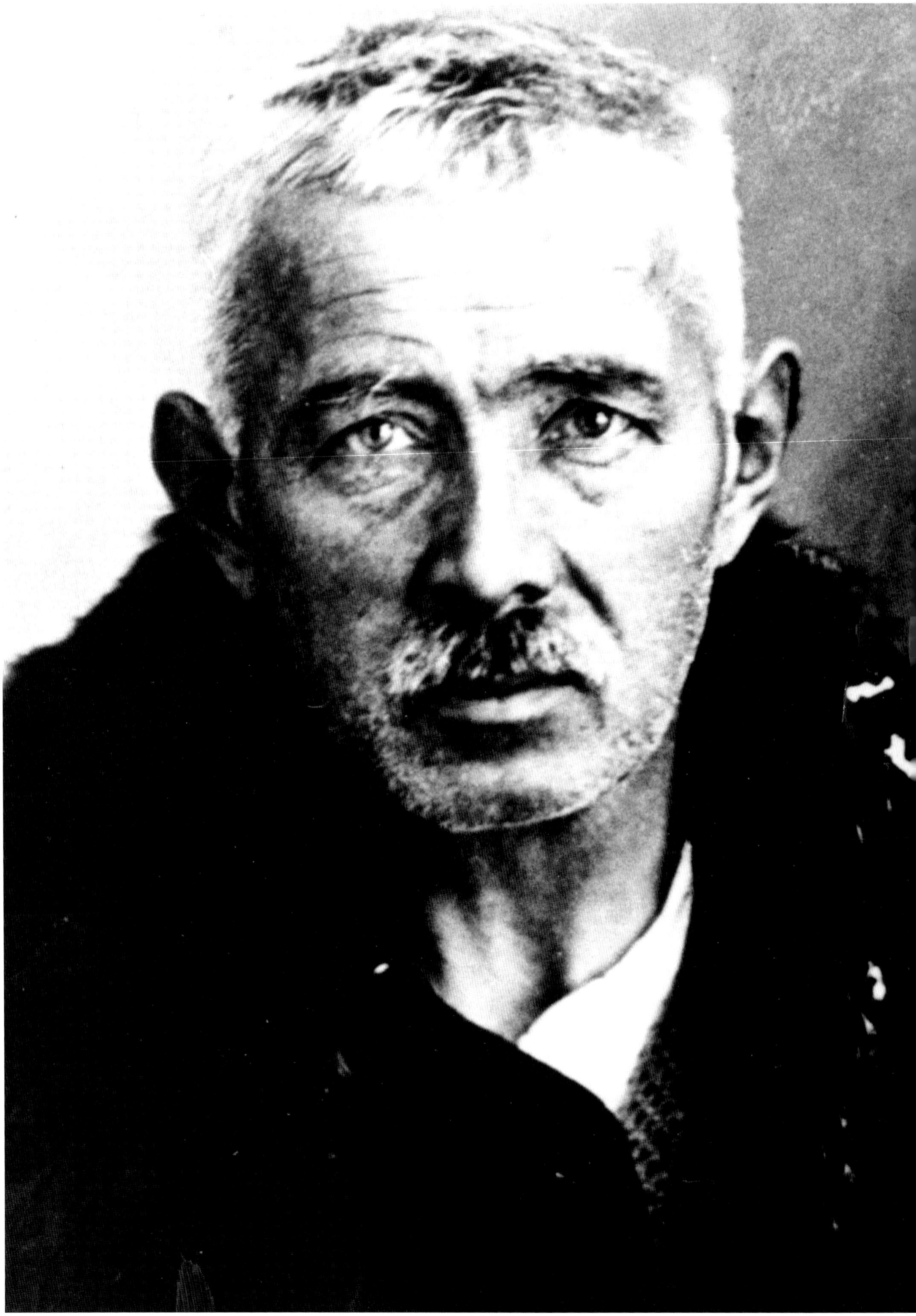

Solomon Michailowitsch Charin
Geboren 1897 in Grodno, Weißrussland.
Mitglied der Kommunistischen Partei.
Betriebswirt bei der Gosbank.
Wohnte in Apartment 36a, Durowa Straße 5, Moskau.
Verhaftet am 28. März 1936.
Zum Tode verurteilt durch das Militärkollegium des Obersten Gerichts der UdSSR am 4. November 1936.
Angeklagt wegen konterrevolutionärer und terroristischer Tätigkeit.
Am gleichen Tag erschossen.
Rehabilitiert 1956.
Charin war in den 1920er Jahren ein bekannter Trotzkist.
Im Jahr 1930 wurde er ein OGPU-Informant und übergab vertrauliche politische Dokumente Trotzkis an die Geheimpolizei.

Dmitri Alexandrowitsch Karpowitsch
Geboren 1882 in Wilno, Litauen.
Kein Parteimitglied.
Leitender Ingenieur am Karatscharowo-Kraftwerk.
Wohnte in Apartment 11, Sretenski Boulevard 6/1, Moskau.
Verhaftet am 18. Dezember 1936.
Zum Tode verurteilt durch das Militärkollegium des Obersten Gerichts der UdSSR am 4. August 1936.
Angeklagt wegen Spionage.
Am gleichen Tag erschossen.
Rehabilitiert 1958.

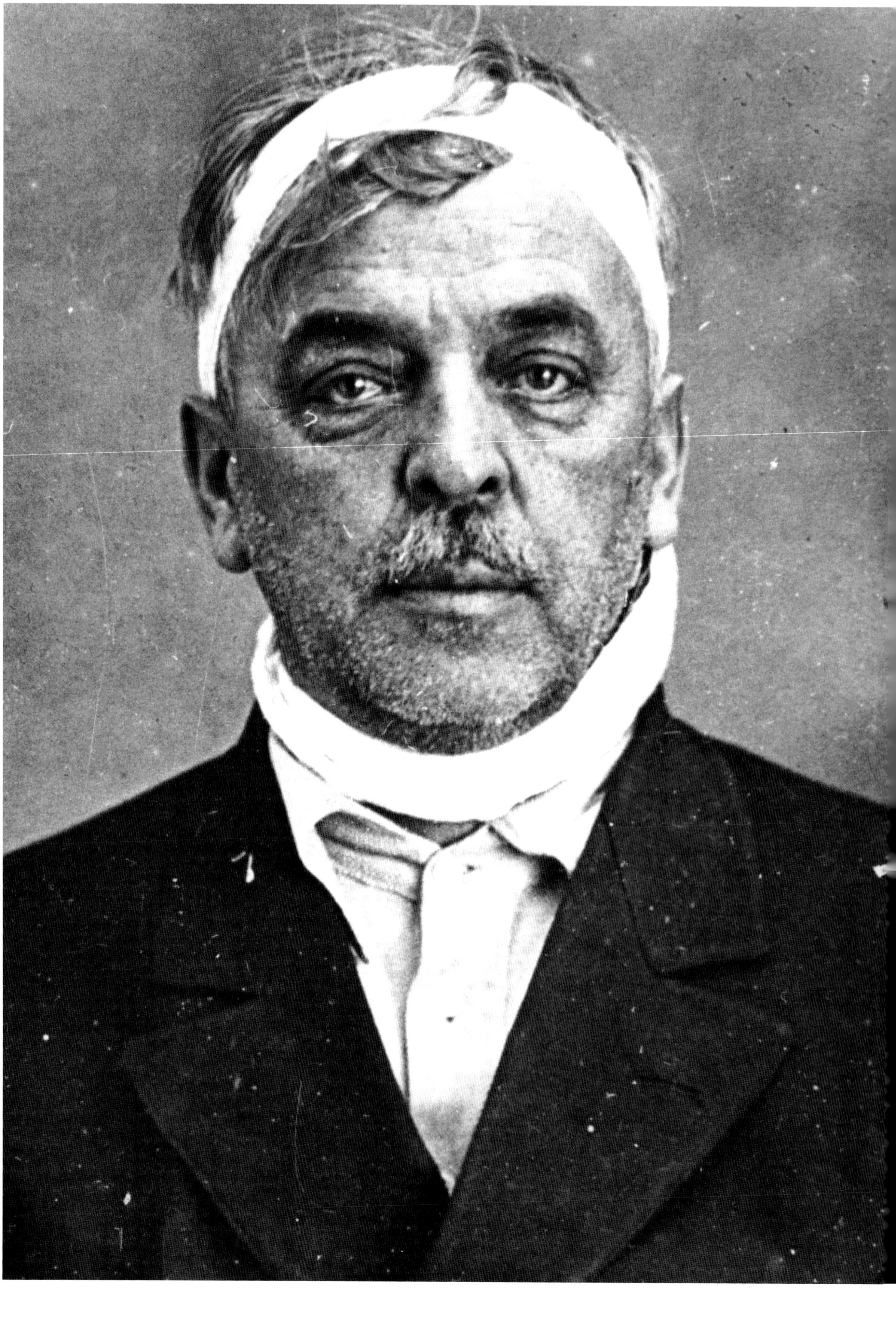

Karl Walterowitsch Cooper
Geboren 1912 in Metz, Frankreich.
Kein Parteimitglied.
Elektriker im Kreml.
Wohnte in Apartment 6, Prototschni Weg 10, Moskau.
Verhaftet am 1. November 1936.
Zum Tode verurteilt durch das Militärkollegium des Obersten Gerichts der UdSSR am 3. Oktober 1937.
Angeklagt wegen Spionage und terroristischer Tätigkeit.
Am gleichen Tag erschossen.
Rehabilitiert 1990.

Tamara Lizinskaja
Geboren 1910 in Moskau.
Kein Parteimitglied.
Studentin.
Adresse unbekannt.
Verhaftet am 8. Februar 1937.
Zum Tode verurteilt am 25. August 1937.
Anklage unbekannt.
Am gleichen Tag erschossen.

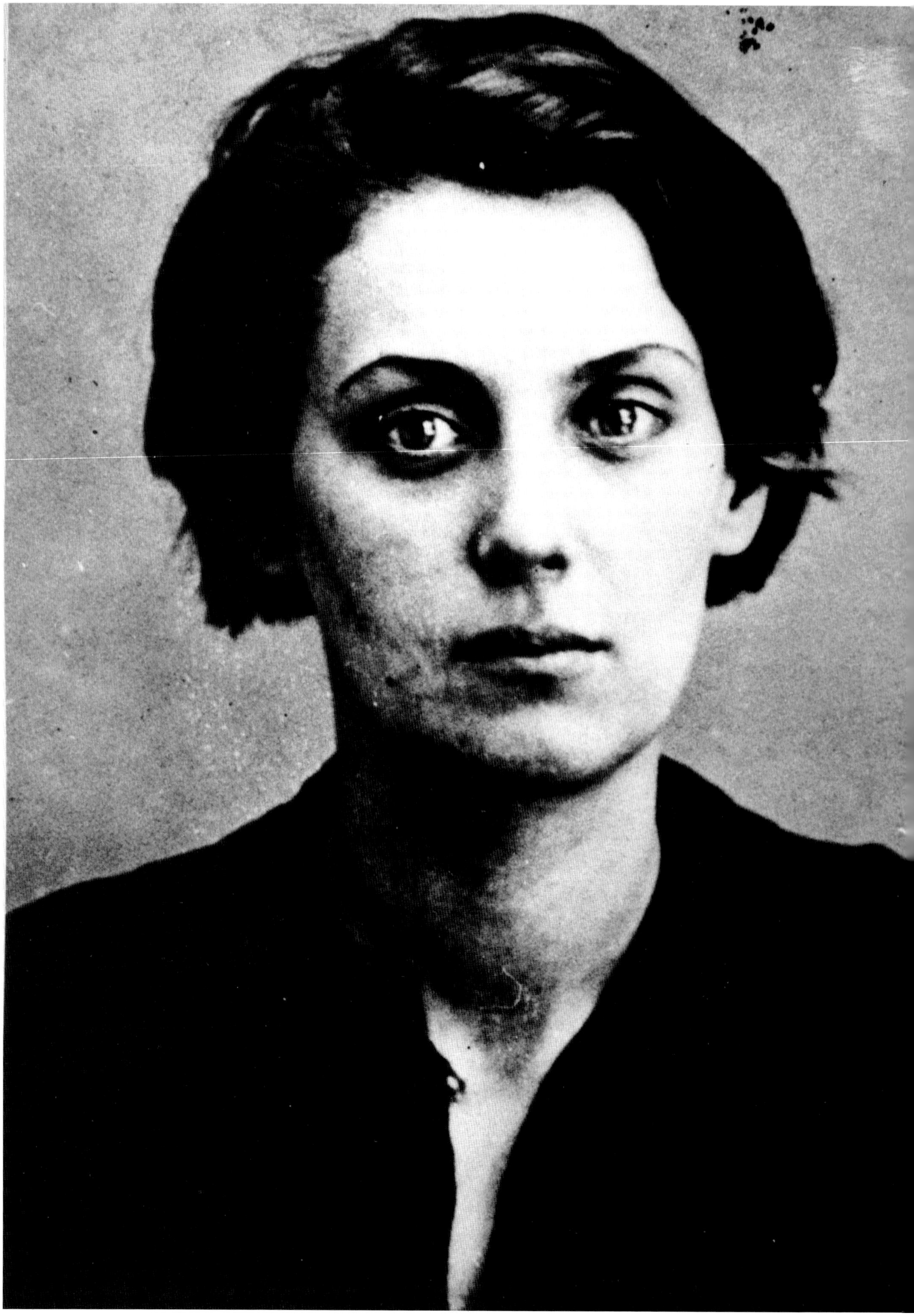

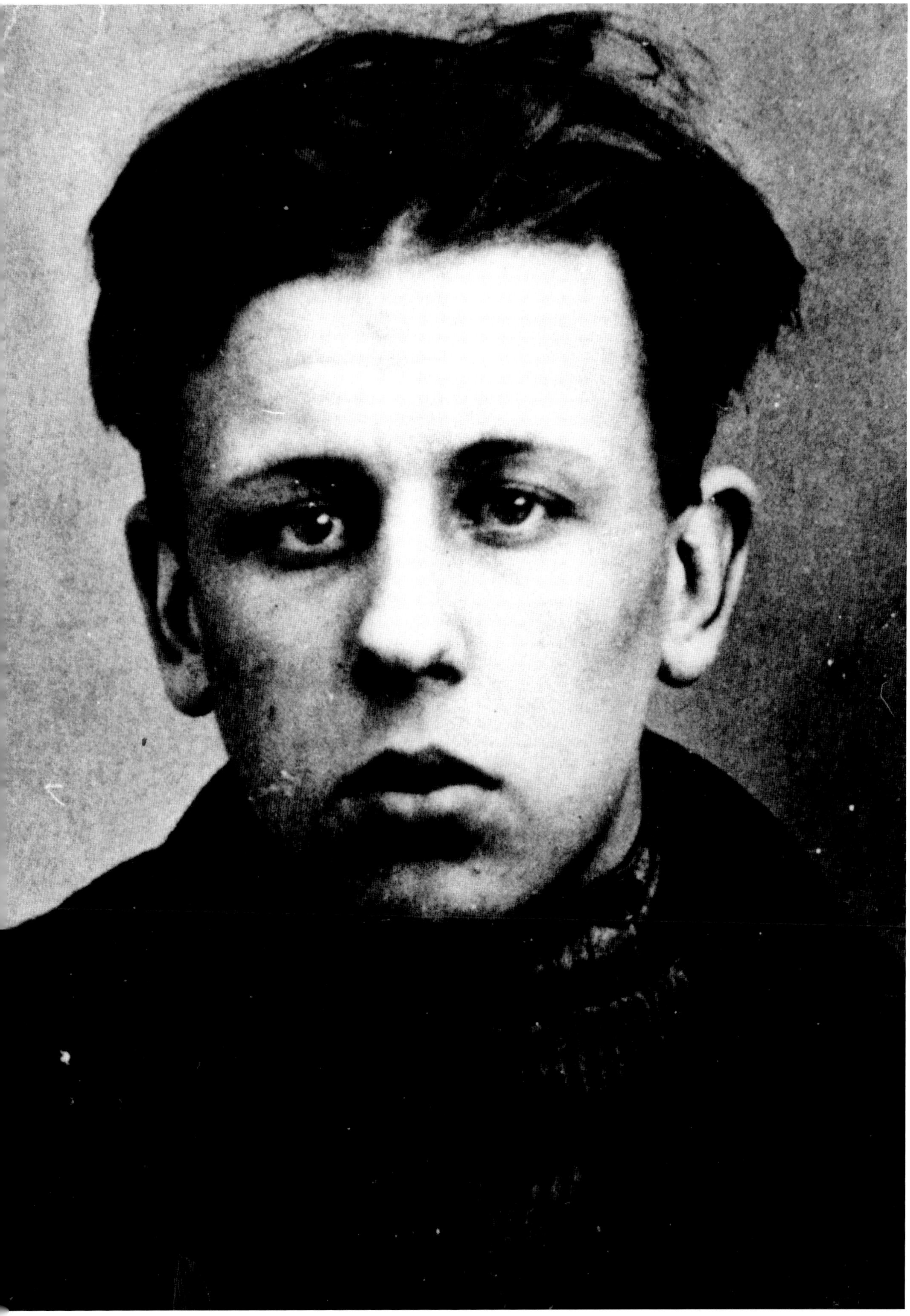

Boris Konstantinowitsch Wladimirow
Geboren 1918 in Gorki.
Kein Parteimitglied.
Transportarbeiter.
Wohnte am Roschdestwenski Boulevard 17–8, Moskau.
Verhaftet am 12. Januar 1937.
Zum Tode verurteilt durch das Militärkollegium des Obersten Gerichts der UdSSR am 21. Juli 1937.
Angeklagt wegen Zugehörigkeit zu antisowjetischen, terroristischen Vereinigungen.
Am gleichen Tag erschossen.
Rehabilitiert 1991.

Jan Josifowitsch Wisljak
Geboren 1877 in Warschau.
Mitglied der Polnischen Kommunistischen Partei.
Schrieb für die Literaturseiten der polnischen Zeitung *Trybuna Radziecka* in Moskau.
Wohnte in der Oktjabrskaja Straße 10, Stari-Bolschewik-Siedlung.
Verhaftet am 19. Januar 1937.
Zum Tode verurteilt durch das Militärkollegium des Obersten Gerichts der UdSSR am 2. September 1937.
Angeklagt wegen Verrats am Vaterland und Zugehörigkeit zu einer konterrevolutionären, terroristischen Vereinigung.
Am gleichen Tag erschossen.
Rehabilitiert 1955.

Pawel Ludwigowitsch Lapinski
Geboren 1879 in Plock, Polen.
Mitglied der Kommunistischen Partei.
Forscher am Institut für Weltwirtschaft, schrieb Leitartikel für die *Iswestija*.
Ein enger Freund von Nikolai Bucharin.
Wohnte in Apartment 9, Mochowaja Straße 13, Moskau.
Verhaftet am 9. Juni 1937.
Zum Tode verurteilt durch das Militärkollegium des Obersten Gerichts der UdSSR am 10. September 1937.
Angeklagt wegen Zugehörigkeit zu einer antisowjetischen, terroristischen Vereinigung.
Am gleichen Tag erschossen.
Rehabilitiert 1956.

Leonid Fomitsch Manziwodo
Geboren 1897 in Minsk, Weißrussland.
Mitglied der Kommunistischen Partei.
Abteilungsleiter für Seetransport.
Wohnte in Apartment 27a, Perwaja Meschtschanskaja 66/68, Moskau.
Verhaftet am 10. März 1937.
Zum Tode verurteilt am 15. Juli 1937.
Angeklagt wegen Zugehörigkeit zu einer konterrevolutionären, terroristischen Vereinigung.
Am gleichen Tag erschossen.
Rehabilitiert 1956.

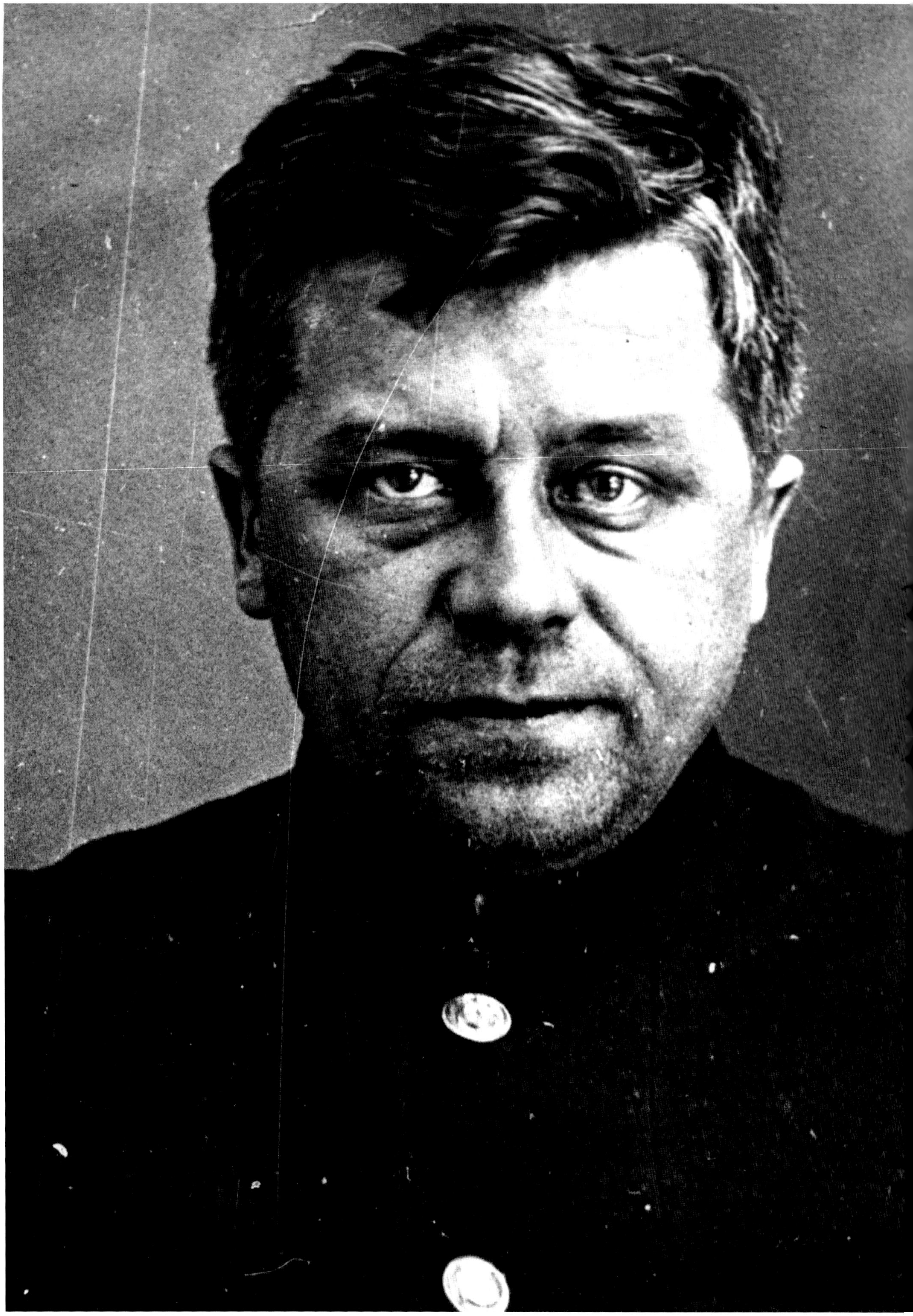

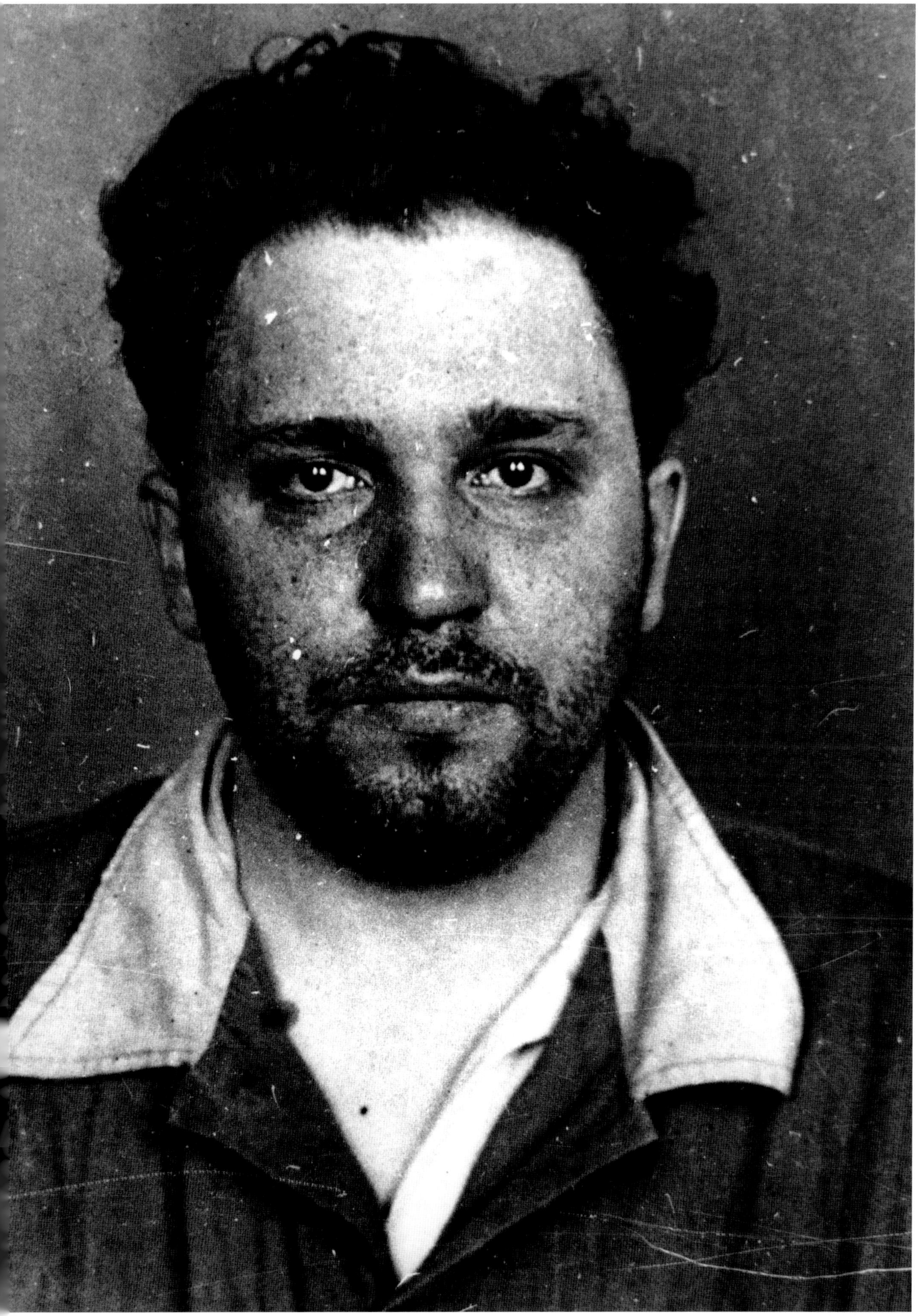

Michail Jewgenjewitsch Medwedew
Geboren 1898 in Dwinsk.
Kein Parteimitglied.
Bauleiter des Krankenhauses der Staatlichen Eisenbahn in Pokrowsko-Glebow.
Wohnte in Apartment 5, Siwzew Wraschek Weg 5, Moskau.
Verhaftet am 6. Mai 1937.
Zum Tode verurteilt am 16. Juni 1937.
Angeklagt wegen Zugehörigkeit zu einer konterrevolutionären, terroristischen Vereinigung.
Am folgenden Tag erschossen.
Rehabilitiert 1956.

Lydia Michailowna Dsbanowskaja-Schtokwisch
Geboren 1888 in Uman, Ukraine.
Kein Parteimitglied.
Buchhalterin in der Telefonzentrale des Bauman-Bezirks.
Wohnte in Apartment 4, Kirowa Straße 24, Moskau.
Verhaftet am 26. April 1937.
Zum Tode verurteilt und erschossen am 27. September 1937.
Angeklagt wegen Teilnahme an Fanny Kaplans Anschlag auf Lenin im Jahr 1918.
Rehabilitiert 1992.

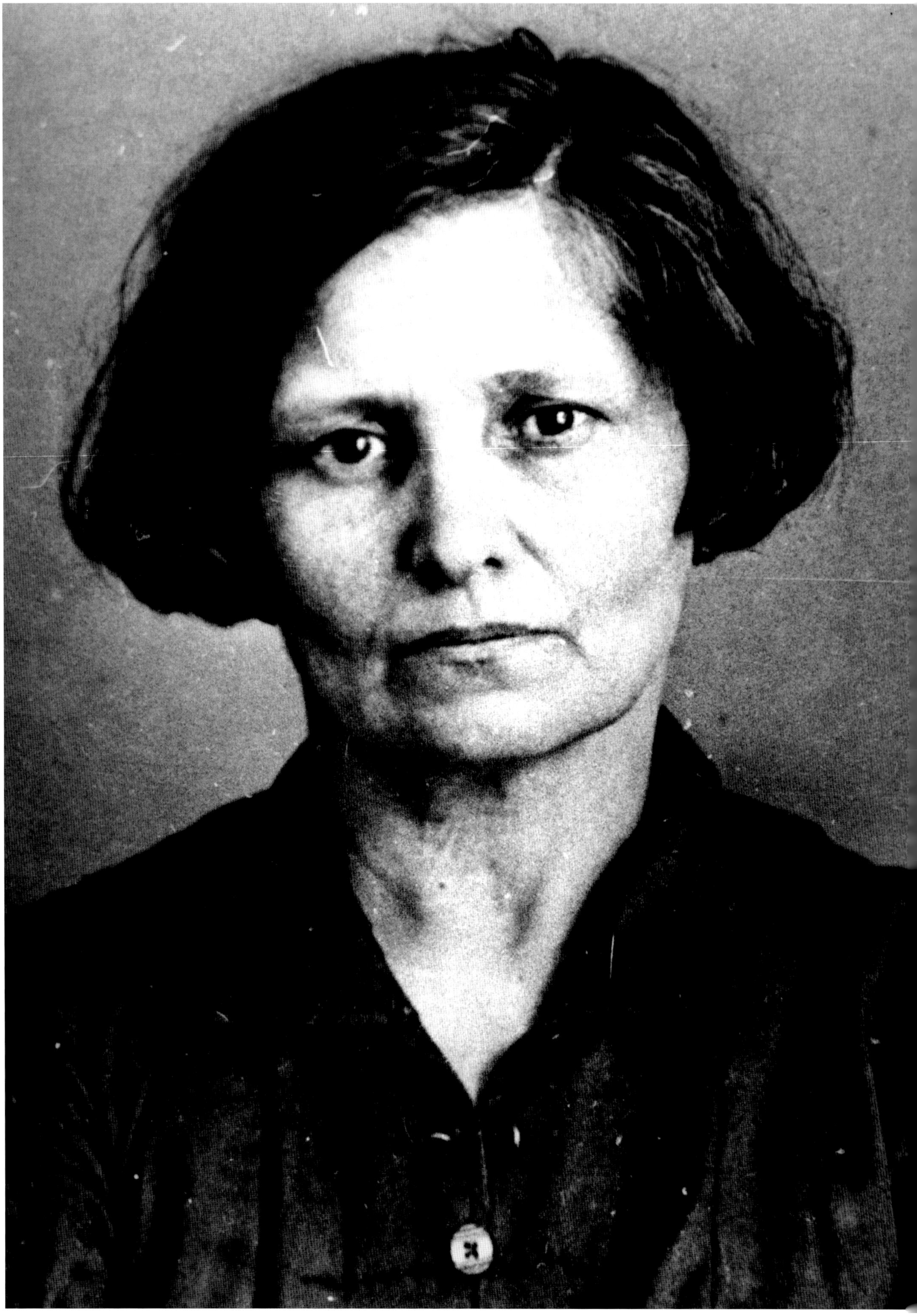

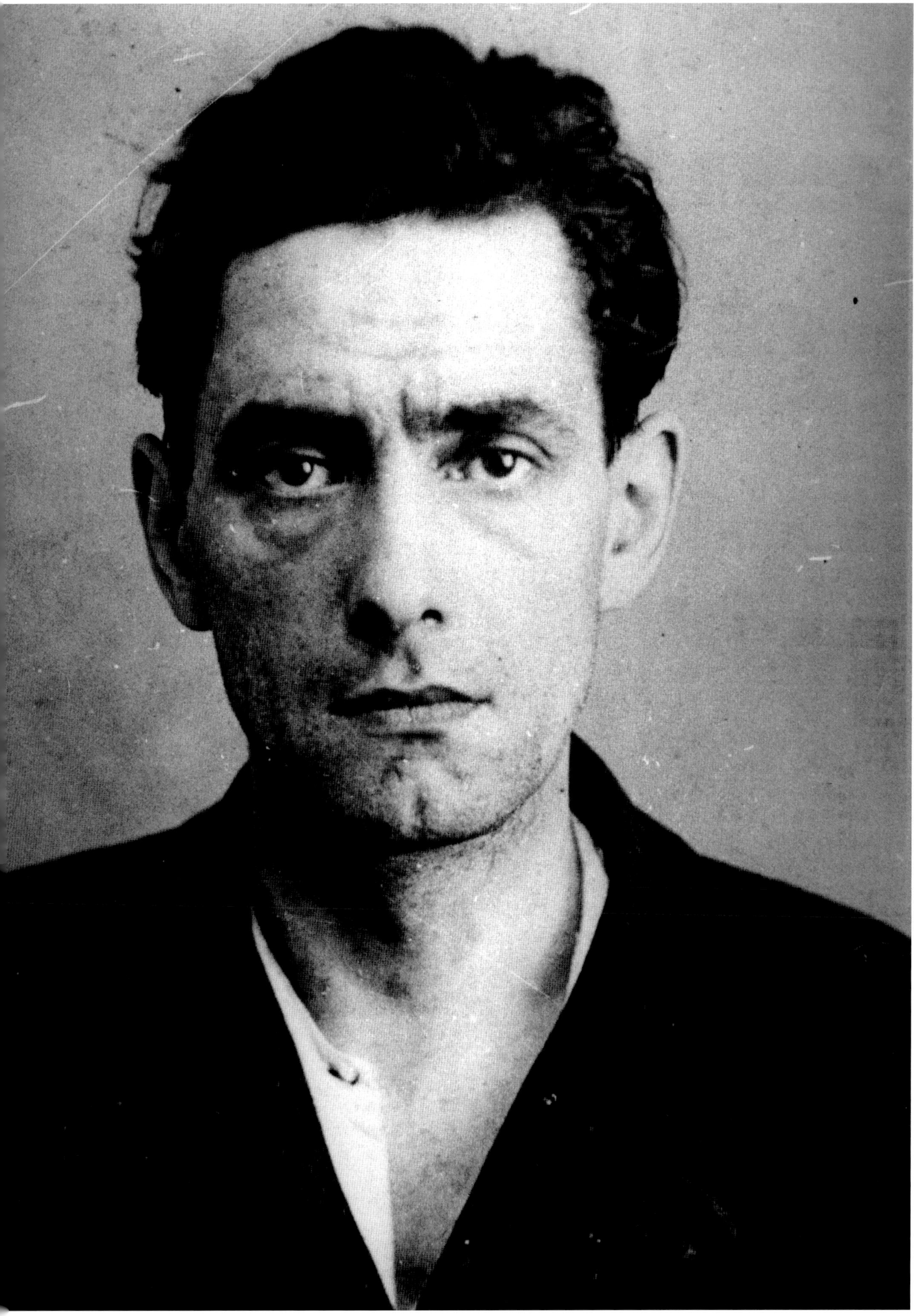

Anatoli Arturowitsch Beimelburg
Geboren 1897 in Alma-Ata, Kasachstan.
Kein Parteimitglied.
Ingenieur bei der Straßenbahn.
Wohnte in Apartment 72, Arbat 30, Moskau.
Verhaftet am 17. März 1937.
Zum Tode verurteilt am 9. September 1937.
Angeklagt wegen Zugehörigkeit zu einer konterrevolutionären Vereinigung.
Am gleichen Tag erschossen.
Rehabilitiert 1956.

Dmitri Petrowitsch Fedorow
Geboren 1903 in Karlisto, Karelien.
Kein Parteimitglied.
Regimentskommandant.
Verhaftet am 2. Juli 1937.
Zum Tode verurteilt am 4. September 1937.
Angeklagt wegen Zugehörigkeit zu einer antisowjetischen Vereinigung.
Am gleichen Tag erschossen.
Rehabilitiert 1956.

Fjodor Illarionowitsch Koslow
Geboren 1876 in Potschinki, Bezirk Moskau.
Kein Parteimitglied.
Kontrolleur in der Kuibyschew-Fabrik.
Wohnte in Apartment 18, Lewschin-Arbeitersiedlung 25, Kolomna.
Verhaftet am 15. April 1937.
Weitere Daten unbekannt, auch der Tag der Hinrichtung.

Emilia Markowna Schimkewitsch
Geboren 1902 in Warschau.
Kein Parteimitglied.
Schauspielerin.
Wohnte in Apartment 6, Stoleschnikow Weg 7, Moskau.
Verhaftet am 19. Januar 1937.
Zum Tode verurteilt durch das Militärkollegium des Obersten Gerichts der UdSSR am 22. August 1937.
Angeklagt wegen Zugehörigkeit zu einer antisowjetischen, terroristischen Vereinigung.
Am gleichen Tag erschossen.
Rehabilitiert 1956.

Robert Petrowitsch Eideman
Geboren 1895 in Livland, Lettland. Mitglied der Kommunistischen Partei Hochranginger Kommandeur im Bürgerkrieg. Leiter der Frunse-Militärakademie 1925–1932. Vorsitzender der Ossoawiachim (Gesellschaft der Freunde der Luftflotte und der Chemischen Verteidigung der UdSSR), 1932–1937. Wohnte in Apartment 2, Gorki Straße 109, Moskau.
Verhaftet am 22. Mai 1937.
Mit sieben anderen ranghohen Offizieren (darunter Marschall Tuchatschewski) von einem Sondergericht des Obersten Gerichts der UdSSR zum Tode verurteilt am 11. Juni 1937.
Angeklagt wegen Teilnahme an einem Militärputsch innerhalb der Roten Armee und wegen Kriegsvorbereitungen, um die Sowjetunion mittels eines Militärputsches in einem künftigen Krieg zu stürzen.
Alle sieben wurden am folgenden Tag erschossen.
Rehabilitiert 1957.

Michail Olschanski
Geboren 1895 in Kamenez-Podolsk.
Mitglied der Kommunistischen Partei.
Soldat.
Verhaftet am 15. April 1937.
Zum Tode verurteilt und erschossen am 20. September 1937.
Anklage unbekannt.

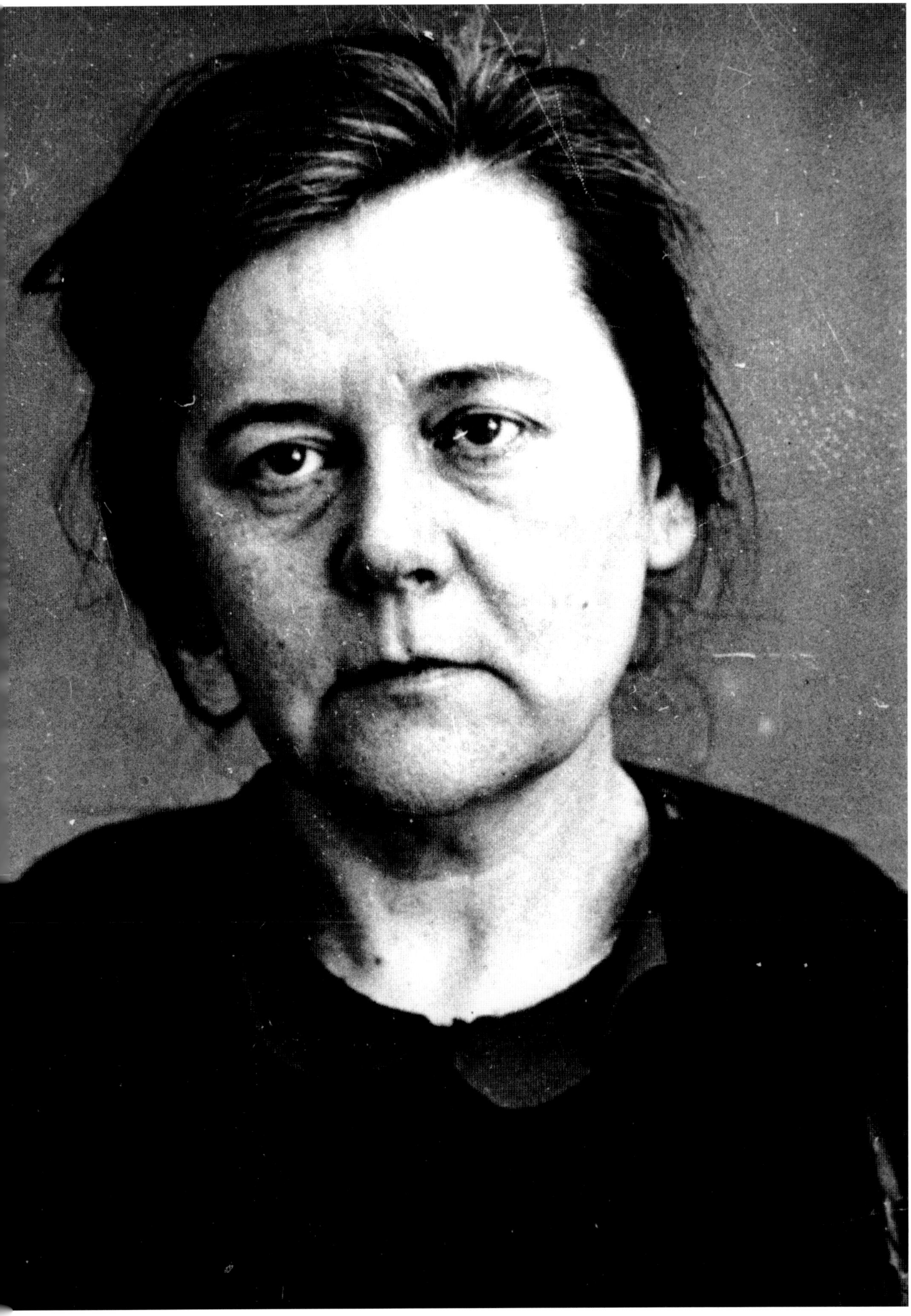

Sofia Metschislawowna Witkowskaja-Lianda
Geboren 1895 in Polen.
Kein Parteimitglied.
Hausfrau.
Wohnte in Apartment 44, Ananjewski Weg 5, Moskau.
Verhaftet am 3. März 1937.
Zum Tode verurteilt durch das Militärkollegium des Obersten Gerichts der UdSSR und erschossen am 2. September 1937.
Angeklagt wegen Zugehörigkeit zur konterrevolutionären, terroristischen Vereinigung »Polska Organizacja Wojskowa«.

Nikolai Iwanowitsch Gusew
Geboren 1905 in Gorkowski.
Kein Parteimitglied.
Assistent des Befehlshabers des Maschinengewehr-Regiments.
Wohnte in Apartment 3, Militärsiedlung 1, Chimki.
Verhaftet am 16. Mai 1937.
Zum Tode verurteilt durch das Militär kollegium des Obersten Gerichts der UdSSR am 16. Juni 1937.
Angeklagt wegen Zugehörigkeit zu einer konterrevolutionären, terroristischen Vereinigung.
Am folgenden Tag erschossen.
Rehabilitiert 1956.

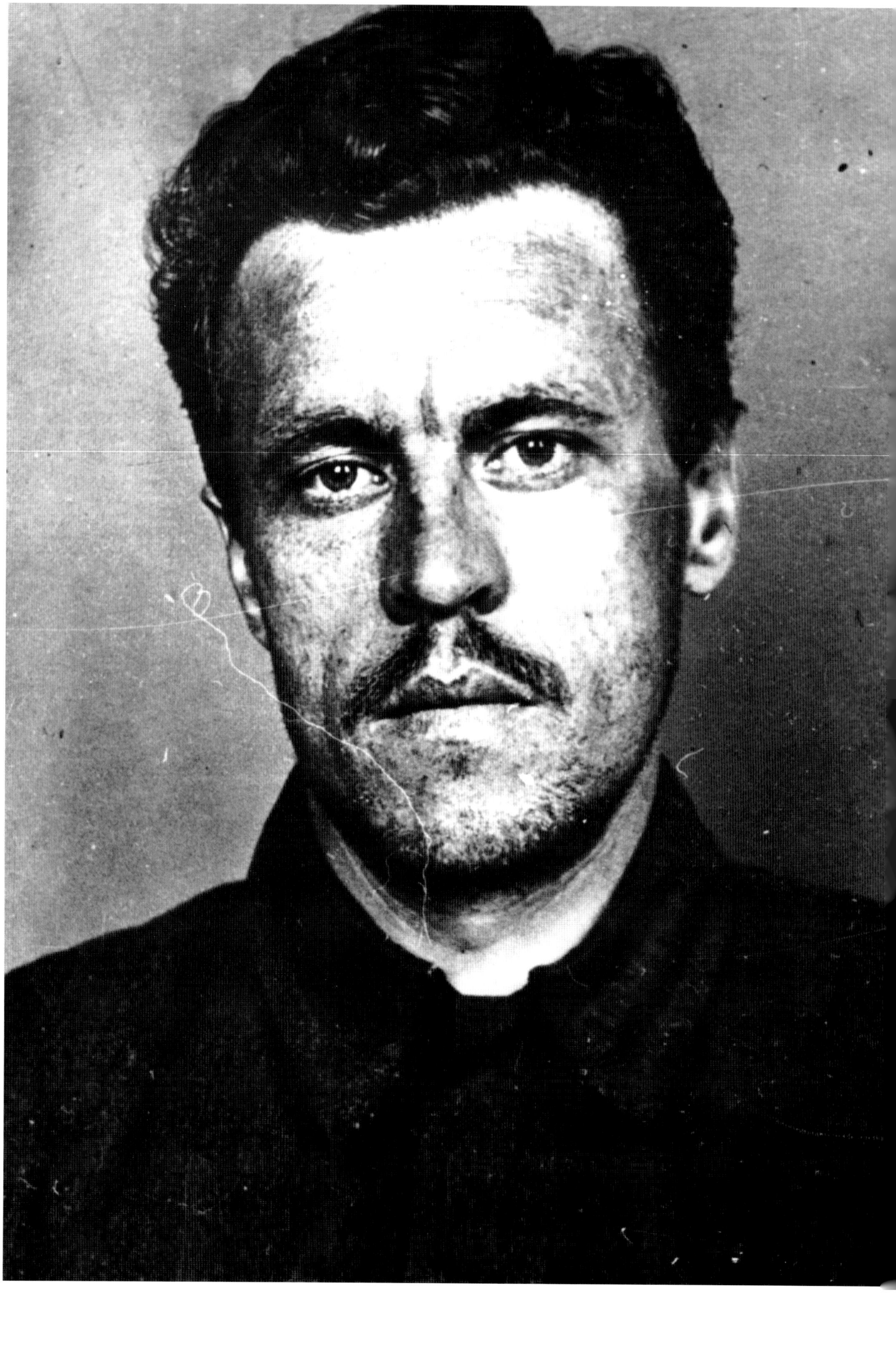

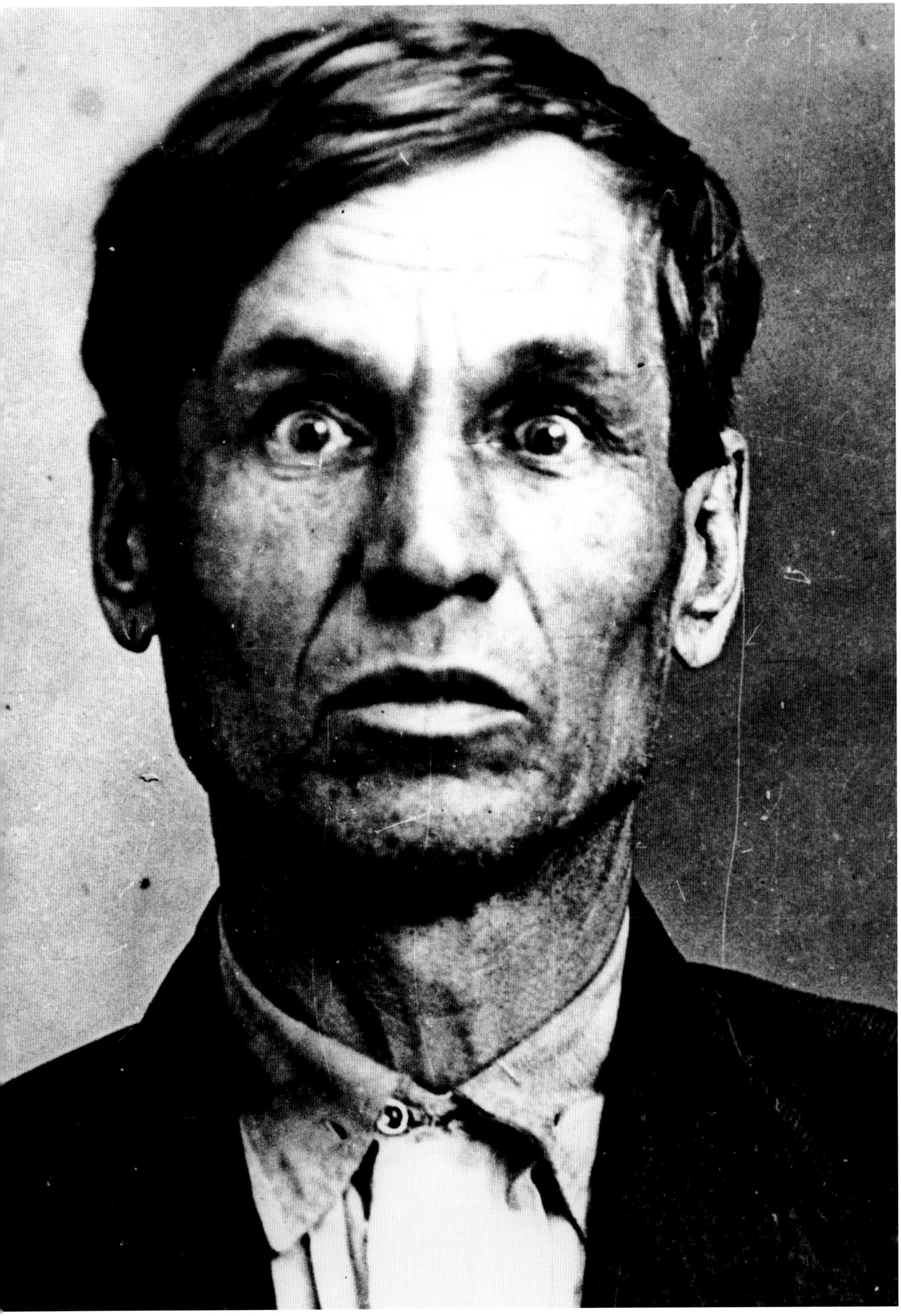

Alexej Grigorjewitsch Scheltikow
Geboren 1890 in Demkino, Bezirk Moskau.
Ehemaliges Parteimitglied.
Ausgetreten wegen Nichtübereinstimmung mit der Neuen Ökonomischen Politik von 1921.
Schlosser bei der Zentralen U-Bahn-Werkstatt.
Wohnte in Apartment 41, Sadowaja-Tschernogrjaskaja Straße 3, Moskau.
Verhaftet am 8. Juli 1937.
Zum Tode verurteilt am 31. Oktober 1937.
Angeklagt wegen Zugehörigkeit zu einer konterrevolutionären Vereinigung und Vorbereitung von terroristischen Handlungen.
Am folgenden Tag erschossen.
Rehabilitiert 1957.

Iwan Dmitriewitsch Lebedew
Geboren 1900 in Wladitschino, Bezirk Moskau.
Kein Parteimitglied.
Offizier der Roten Armee.
Wohnte in Apartment 2, Kommunalnaja Straße 25, Wolokolamsk.
Verhaftet am 9. Juli 1937.
Zum Tode verurteilt durch das Militärkollegium des Obersten Gerichts der UdSSR am 28. Oktober 1937.
Angeklagt wegen Zugehörigkeit zu einer konterrevolutionären, militärischen Vereinigung.
Am gleichen Tag erschossen.
Rehabilitiert 1958.

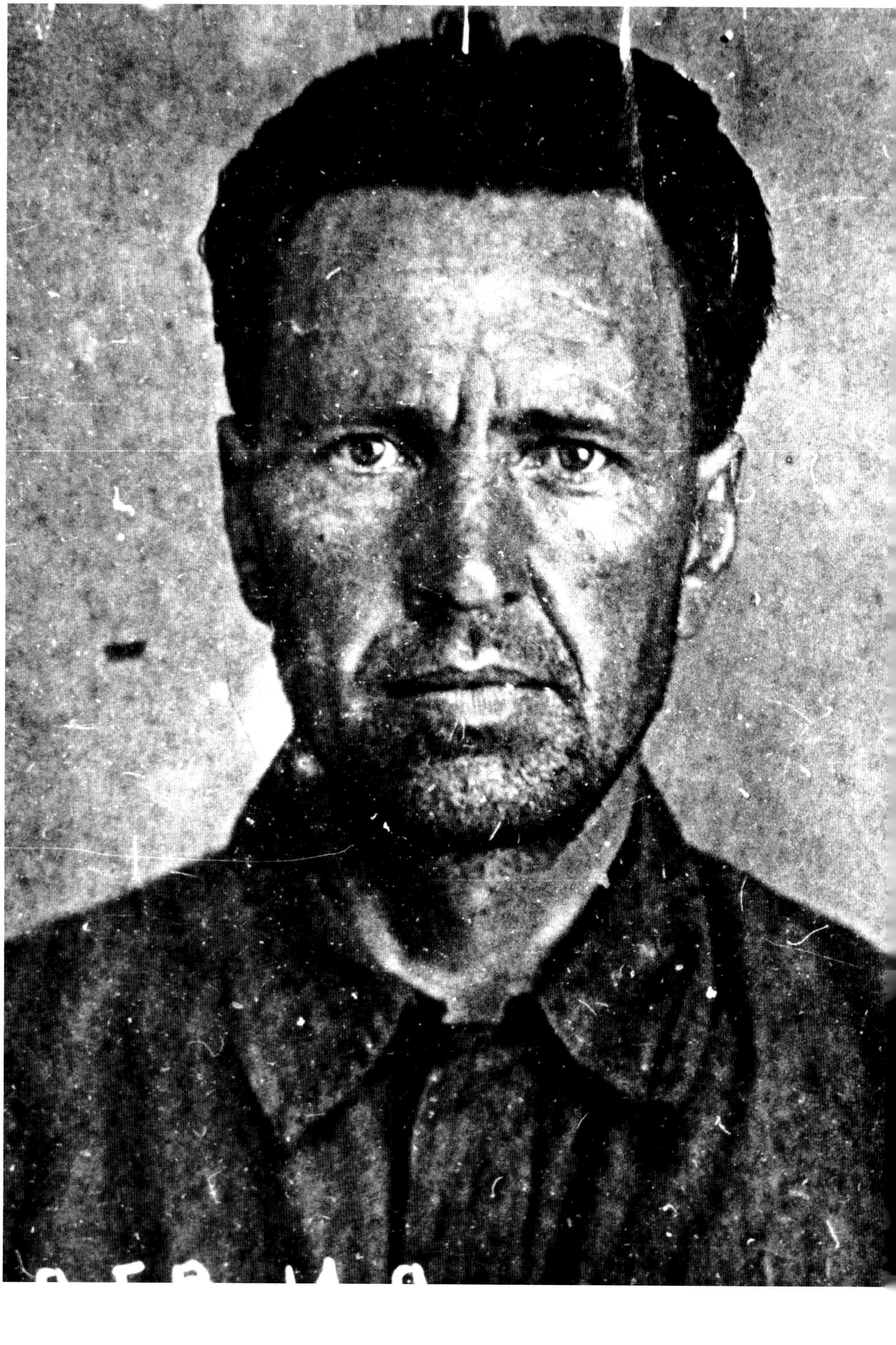

Semjon Semjonowitsch Batura
Geboren 1886 in Gorki, Weißrussland.
Kein Parteimitglied.
Schlosser bei der Ersten Eisenbahnabteilung, Dserschinski-Eisenbahn, Moskau.
Wohnte in Waggon Nummer 347387, Technische Station, Moskau.
Verhaftet am 30. Mai 1937.
Zum Tode verurteilt durch ein NKWD-Komitee am 14. Oktober 1937.
Angeklagt wegen Zugehörigkeit zu einer konterrevolutionären, terroristischen Vereinigung und Sabotage.
Erschossen am 21. Oktober 1937.
Rehabilitiert 1955.

Judif Gladschtein
Geboren 1898 in Rostow am Don.
Mitglied der Kommunistischen Partei.
Diente bei der Kontrollkommission.
Verhaftet am 28. Juni 1937.
Zum Tode verurteilt am 20. Juni 1938 und am gleichen Tag erschossen.
Anklage unbekannt.

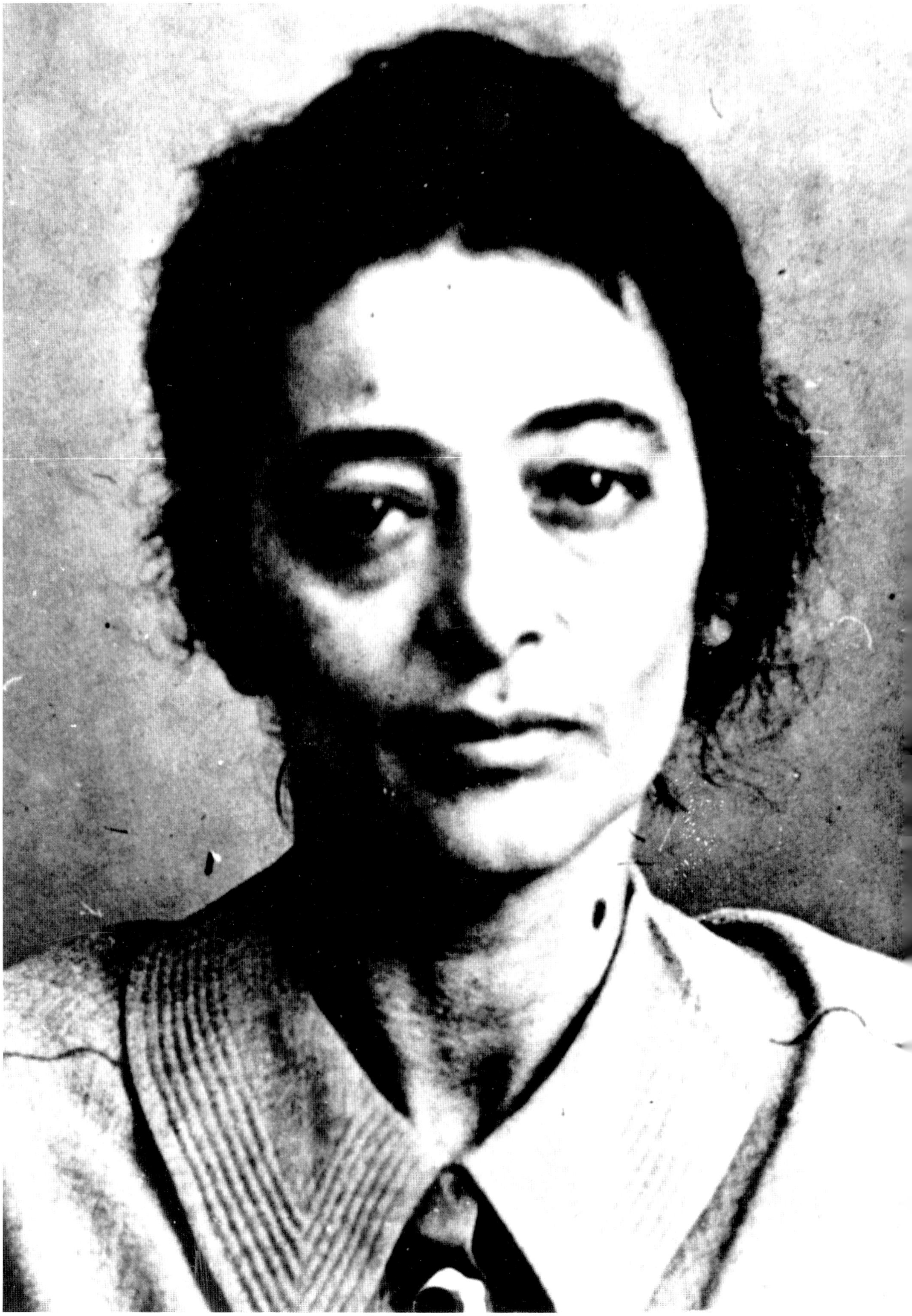

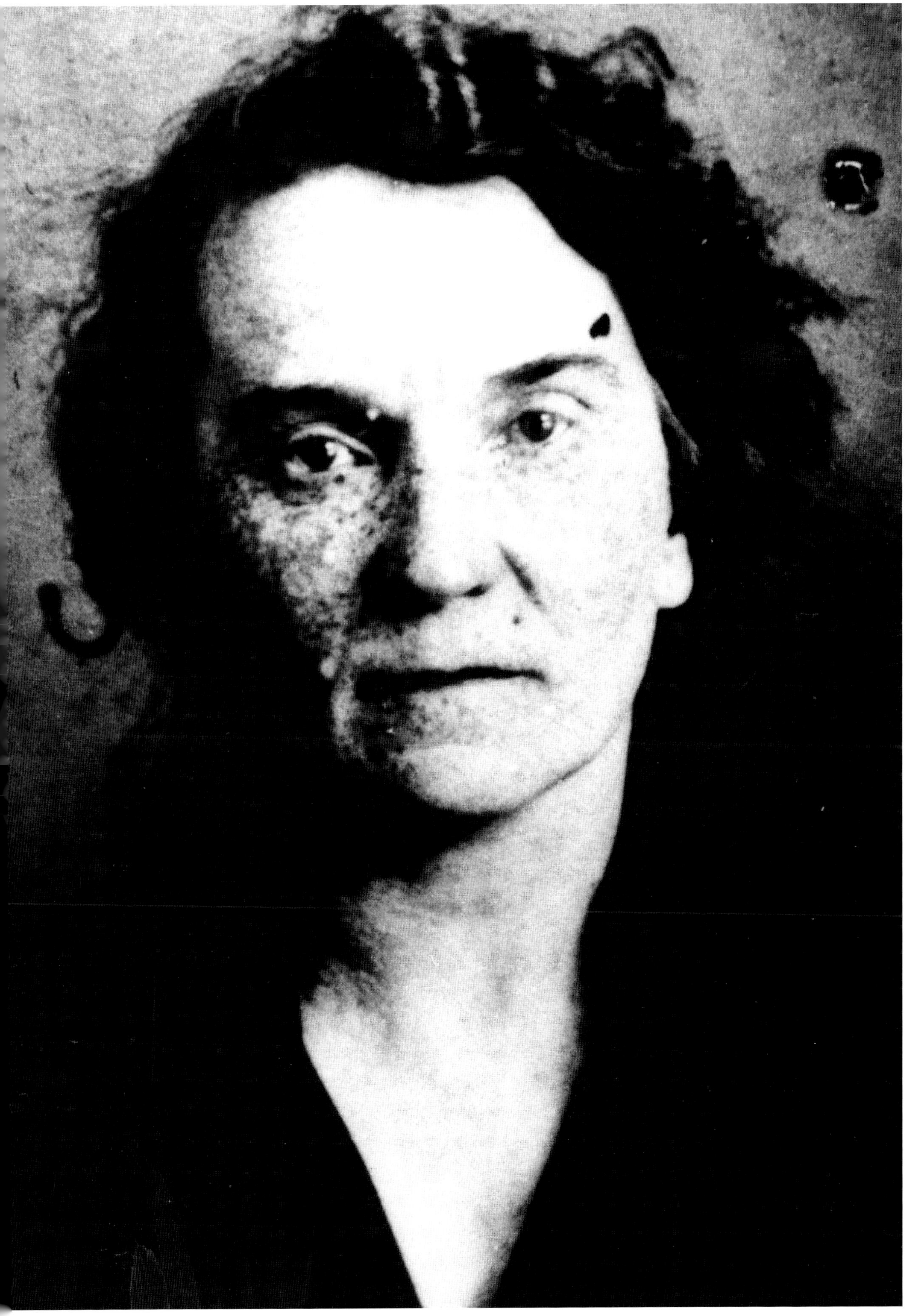

Agnessa Danilowna Dobrowolskaja
Geboren 1895 in Gatschina, Bezirk Leningrad.
Mitglied der Kommunistischen Partei.
Referentin des Sekretärs des Exekutivkomitees der Kommunistischen Internationale.
Wohnte im Degtjarni Weg 6–13, Moskau.
Verhaftet am 26. Mai 1937.
Zum Tode verurteilt durch das Militärkollegium des Obersten Gerichts der UdSSR am 14. September 1937.
Angeklagt wegen Zugehörigkeit zu antisowjetischen, konterrevolutionären, terroristischen Vereinigungen.
Sie wurde am gleichen Tag erschossen.
Rehabilitiert 1957.

Sergej Sergejewitsch Sawolgin-Awdejew
Geboren 1889 in Tschamsinka, Autonome Republik Mordwinien.
Kein Parteimitglied.
Leiter der Wirtschaftsplanung beim Holzverarbeitungskombinat Siawski.
Wohnte in Apartment 16, Kolodesni Weg 2, Moskau.
Verhaftet am 13. Juni 1937.
Zum Tode verurteilt durch das Militärkollegium des Obersten Gerichts der UdSSR am 3. September 1937.
Angeklagt wegen Verrats am Vaterland und Zugehörigkeit zu einer konterrevolutionären, terroristischen Vereinigung.
Am gleichen Tag erschossen.
Rehabilitiert 1957.

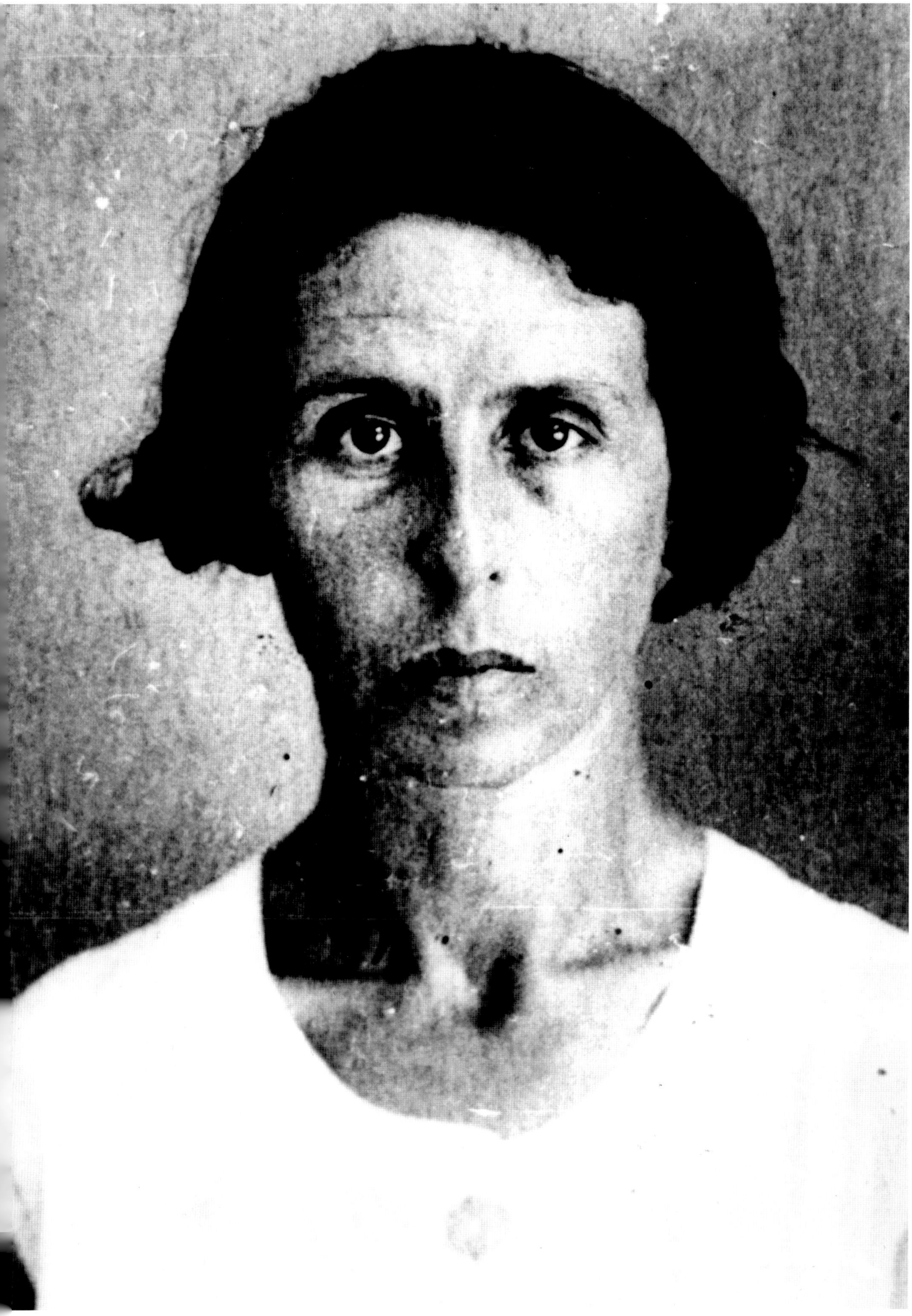

Bronislawa Josifowna Schmoisch-Bronskaja
Geboren 1899 in Lodz, Polen.
Mitglied der Kommunistischen Partei.
Funktionärin beim Volkskommissariat für Auswärtige Angelegenheiten.
Wohnte in Apartment 5, Spiridonowskaja Straße 17, Moskau.
Verhaftet am 28. Juni 1937.
Zum Tode verurteilt durch das Militärkollegium des Obersten Gerichts der UdSSR am 14. September 1937.
Angeklagt wegen Spionage.
Am gleichen Tag erschossen.
Rehabilitiert 1957.

Alexander Iwanowitsch Dogadow
Geboren 1888 in Kasan. Mitglied der Kommunistischen Partei.
Leiter der Kontrollkommission, Volkskommissariat Bezirk Swerdlowsk.
Wohnte in Apartment 29, WZIK-Wohnkomplex (WZIK, Allrussisches Zentrales Exekutivkomitee), Serafimowitscha Straße 2, Moskau.
Verhaftet am 21. Juni 1937.
Zum Tode verurteilt durch das Militärkollegium des Obersten Gerichts der UdSSR am 26. Oktober 1937.
Angeklagt wegen Zugehörigkeit zu einer antisowjetischen, terroristischen Vereinigung.
Am gleichen Tag erschossen.
Rehabilitiert 1956.
Dogadow wurde in den 1920er Jahren von den Stalinisten als rechtsgerichtet beschimpft. Er war ein enger Freund von Gewerkschaftsführer Michail Tomski und war der einzige Vertreter der Arbeiterklasse im Politbüro.
Tomski entging den Säuberungen der 1930er Jahre, indem er Selbstmord beging.

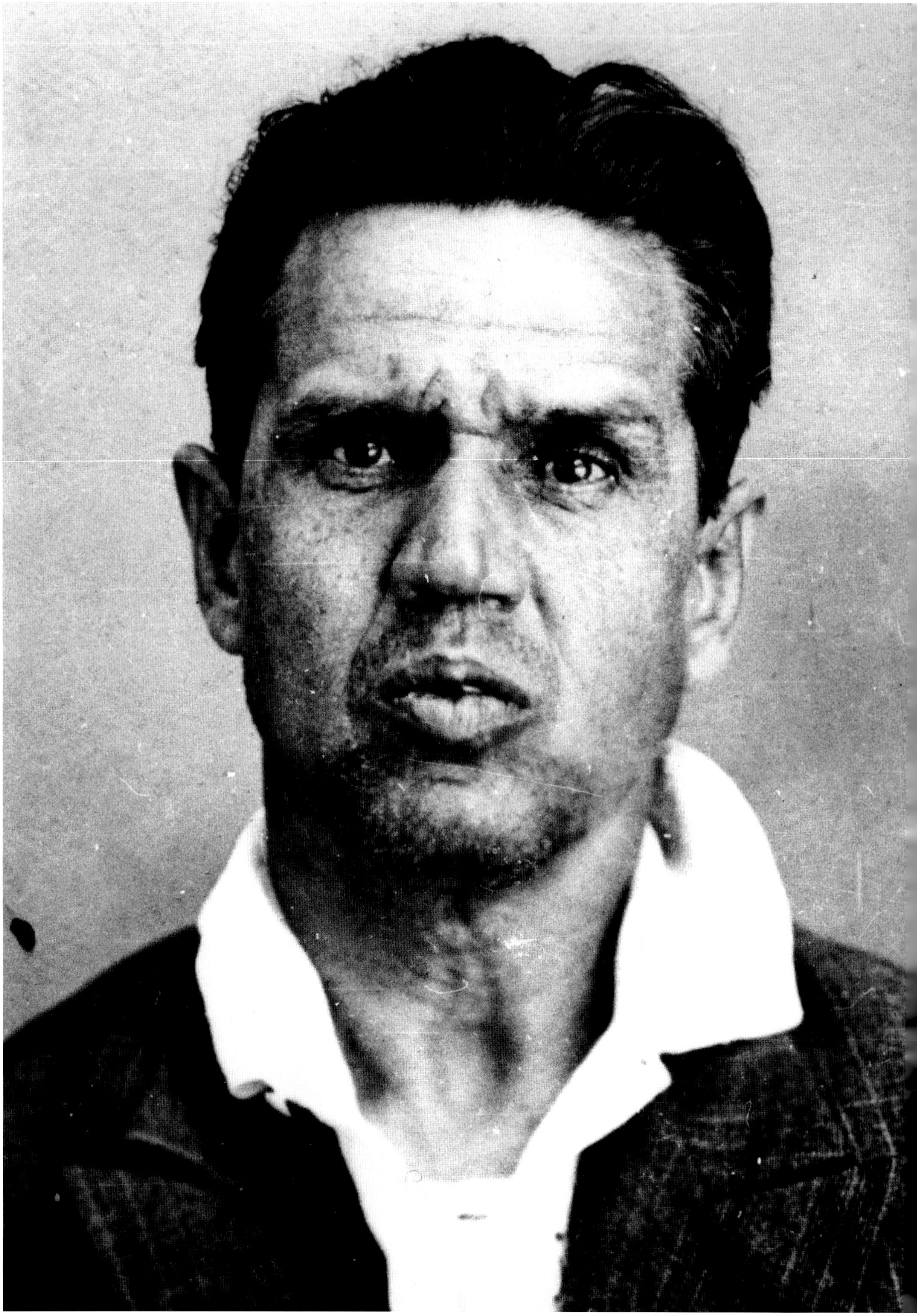

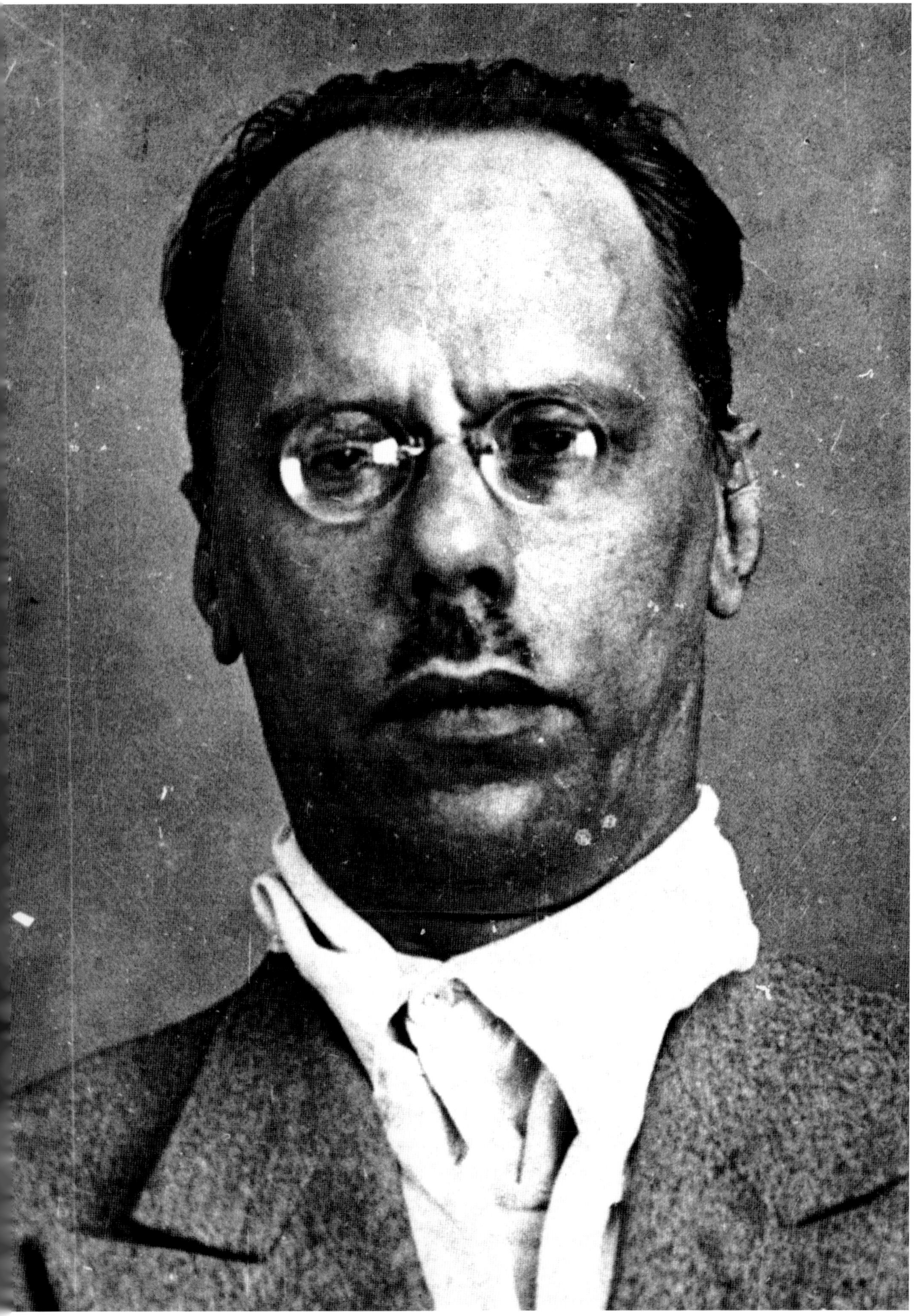

Wladimir Pawlowitsch Miljutin
Geboren 1884 in Kursk.
Mitglied der Kommunistischen Partei seit 1910 und ein enger Freund Lenins nach der Revolution.
Vorsitzender des Allrussischen Zentralen Exekutivkomitees für Wissenschaftler und für wissenschaftliche Institutionen.
Wohnte in Apartment 163, WZIK-Wohnkomplex, Serafimowitscha Straße 2, Moskau.
Verhaftet am 26. Juli 1937.
Zum Tode verurteilt durch das Militärkollegium des Obersten Gerichts der UdSSR am 29. Oktober 1937.
Angeklagt wegen Teilnahme an konterrevolutionären, terroristischen Handlungen.
Am folgenden Tag erschossen.
Rehabilitiert 1956.

Vera Semjonowna Sawitsch
Geboren 1898 in Warschau.
Mitglied der Kommunistischen Partei.
Journalistin bei der Zeitung *Trybuna Radziecka*.
Wohnte in Apartment 3, Komintern Straße 4/7, Moskau.
Verhaftet am 23. Juli 1937.
Zum Tode verurteilt durch das Militärkollegium des Obersten Gerichts der UdSSR am 20. September 1937.
Angeklagt wegen Zugehörigkeit zu einer terroristischen Vereinigung.
Am gleichen Tag erschossen.
Rehabilitiert 1955.

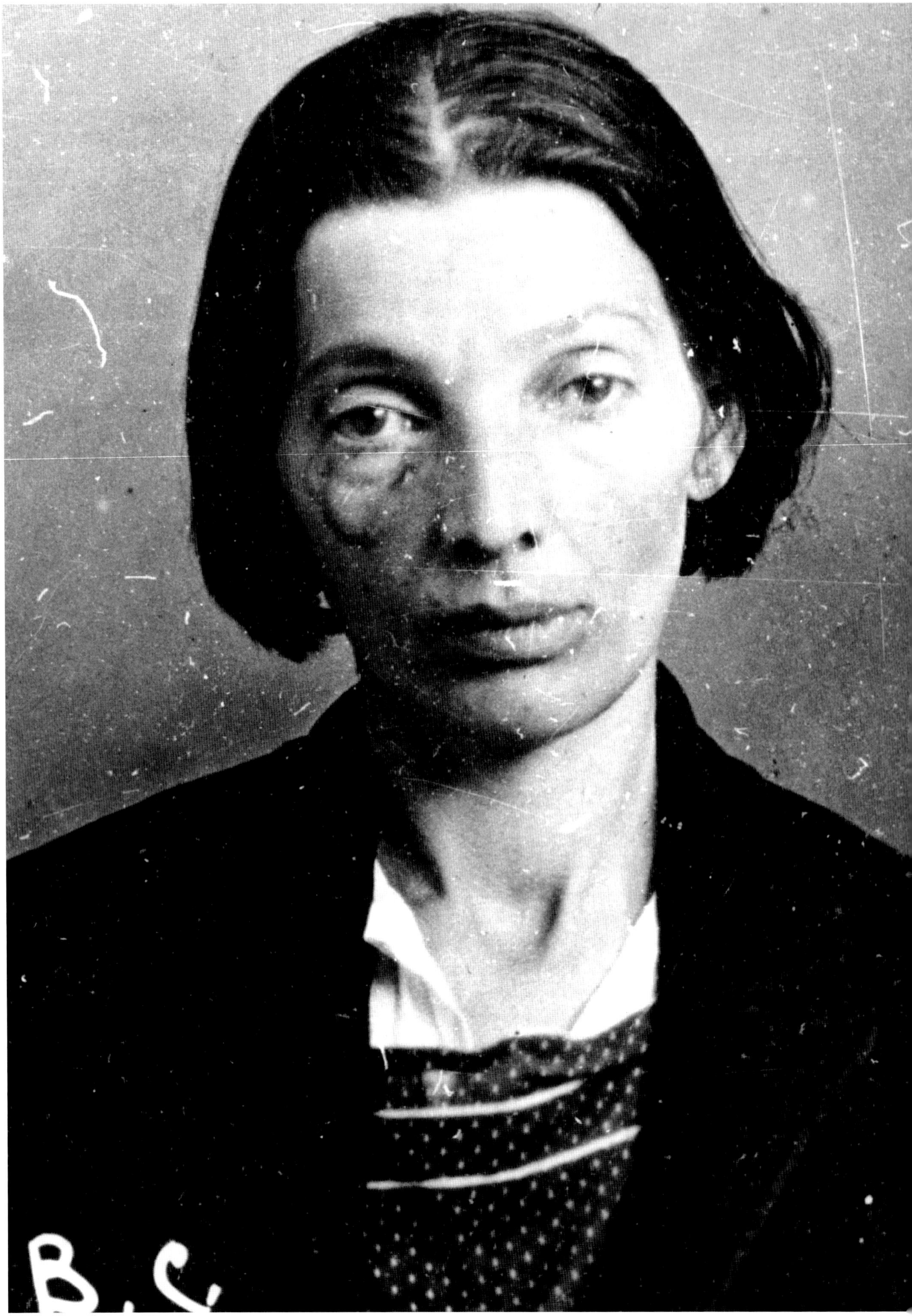

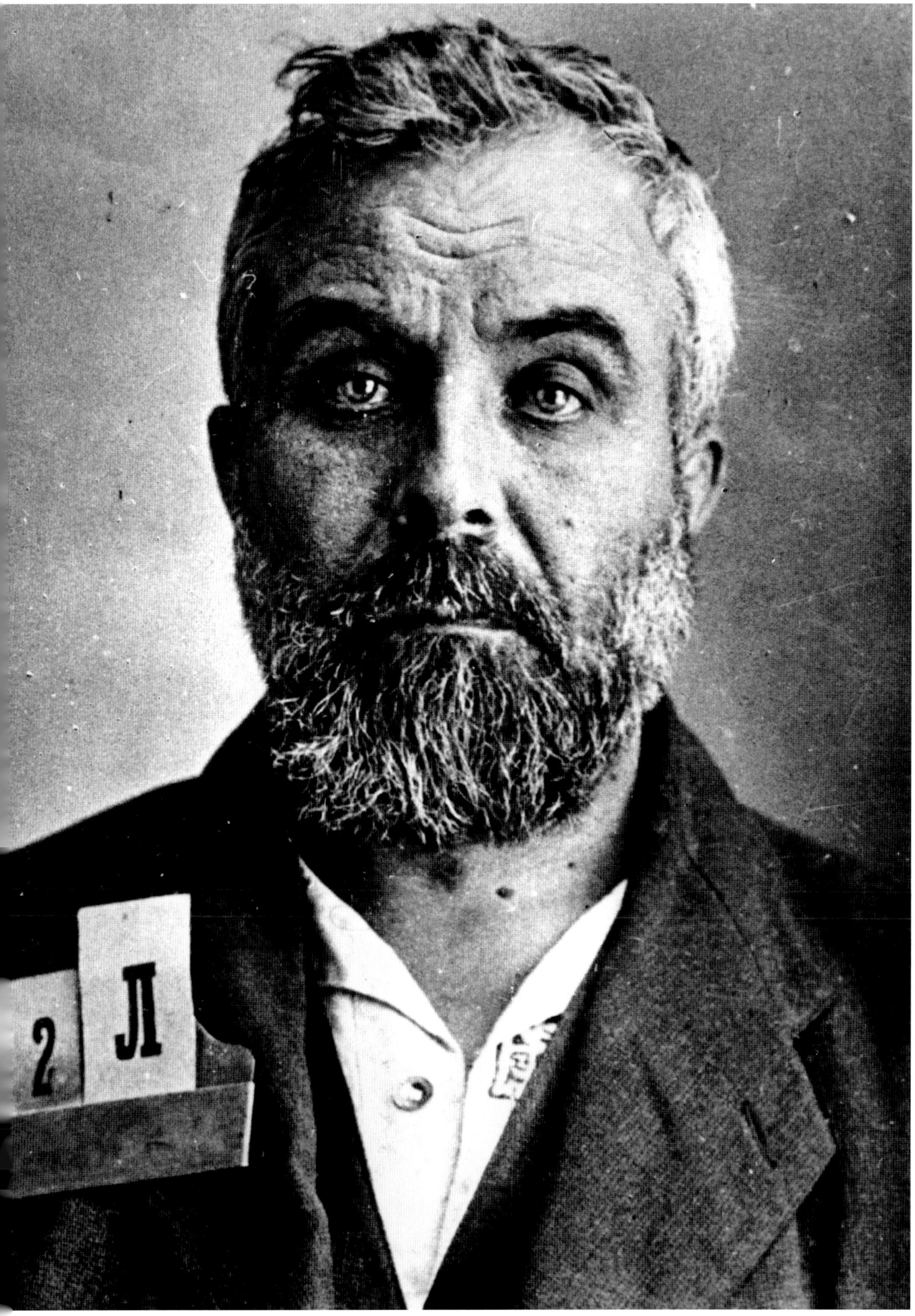

Kusma Semjonowitsch Lunew
Geboren 1884 in Bachmetewo, Bezirk Rjasan.
Kein Parteimitglied.
Stellvertretender Leiter der Dserschinski-Eisenbahn.
Wohnte in der Sowjetskaja Straße 13, Losinoostrowsk, Bezirk Moskau.
Verhaftet am 9. Mai 1937.
Verurteilt durch das Militärkollegium des Obersten Gerichts der UdSSR am 1. November 1937.
Angeklagt wegen Wirtschaftssabotage für eine terroristische Vereinigung.
Am gleichen Tag erschossen.
Rehabilitiert 1957.

Stanislaw Richardowitsch Budkewitsch
Geboren 1887 in Lodz, Polen.
Mitglied der Kommunistischen Partei.
Redaktionssekretär der Sowjetischen Militärenzyklopädie, herausgegeben vom Volkskommissariat für Verteidigung.
Wohnte in Apartment 15, Puschkin Platz 6, Moskau.
Verhaftet am 9. Juni 1937.
Zum Tode verurteilt durch das Militärkollegium des Obersten Gerichts der UdSSR am 21. September 1937.
Angeklagt wegen Zugehörigkeit zu einer antisowjetischen, terroristischen Vereinigung.
Am gleichen Tag erschossen.
Rehabilitiert 1953.

Warwara Edmundowna Budkewitsch
Geboren 1886 in Gluchowka, Bezirk Mszislau.
Mitglied der Kommunistischen Partei.
Rechercheurin des fünfbändigen Mammut-Werks *Geschichte des Bürgerkriegs in der UdSSR*, erste Auflage, Moskau 1935.
Wohnte in Apartment 124, Tschisti-Prudi-Gebäude D, Moskau.
Verhaftet am 14. Juni 1937.
Zum Tode verurteilt durch das Militärkollegium des Obersten Gerichts der UdSSR am 21. August 1937.
Angeklagt wegen Zugehörigkeit zu einer antisowjetischen, konterrevolutionären Vereinigung.
Sie wurde am gleichen Tag erschossen.
Rehabilitiert 1956.

Sinaida Antonowna Prischeptschik
Geboren 1899 in Minsk, Weißrussland.
Sekretärin des Bezirkskomitees der Kommunistischen Partei Jegoriew.
Verhaftet am 22. Juni 1937.
Zum Tode verurteilt durch das Militärkollegium des Obersten Gerichts der UdSSR am 9. Oktober 1937.
Angeklagt wegen Zugehörigkeit zu einer antisowjetischen, terroristischen Vereinigung.
Am gleichen Tag erschossen.
Rehabilitiert 1955.

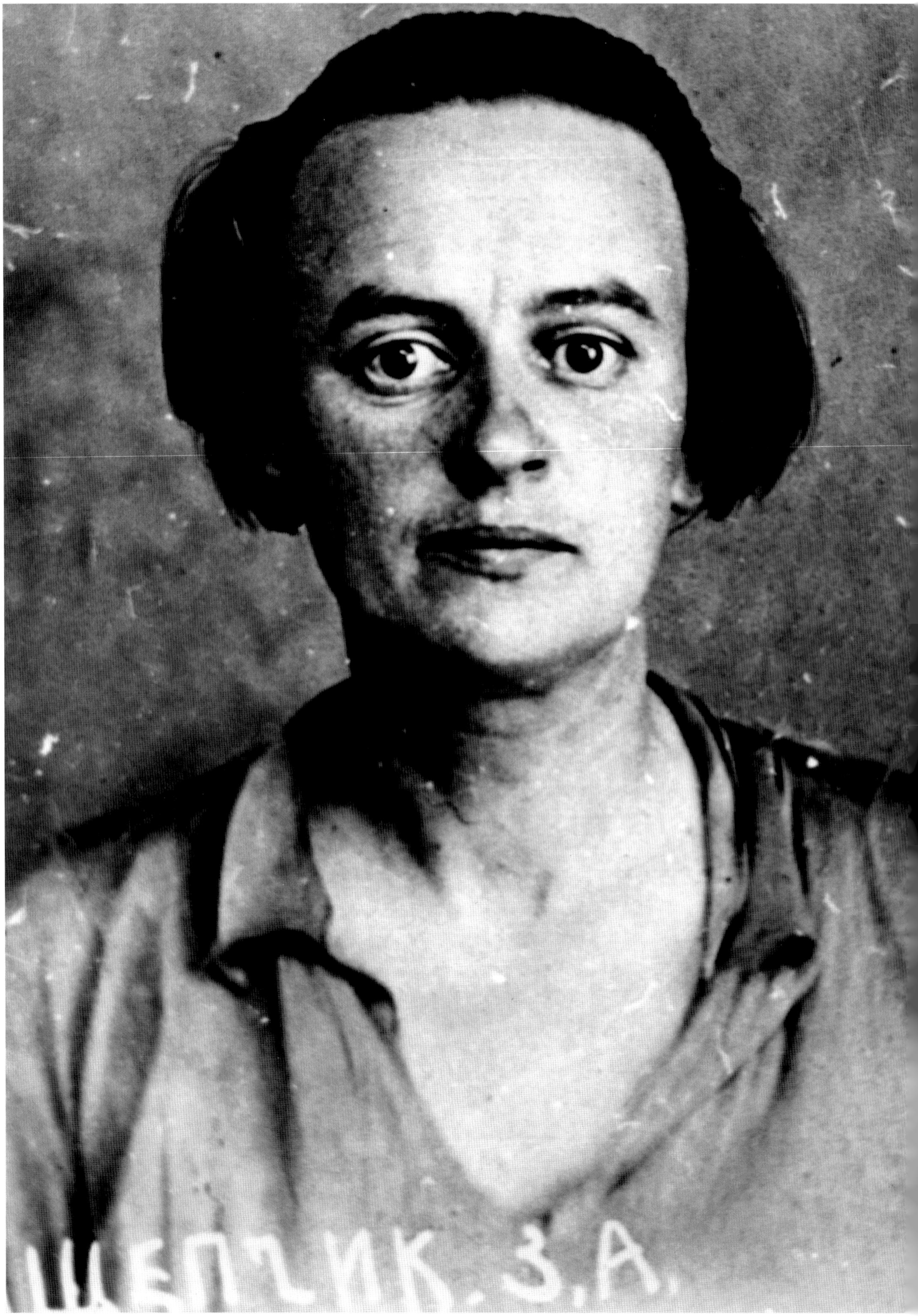

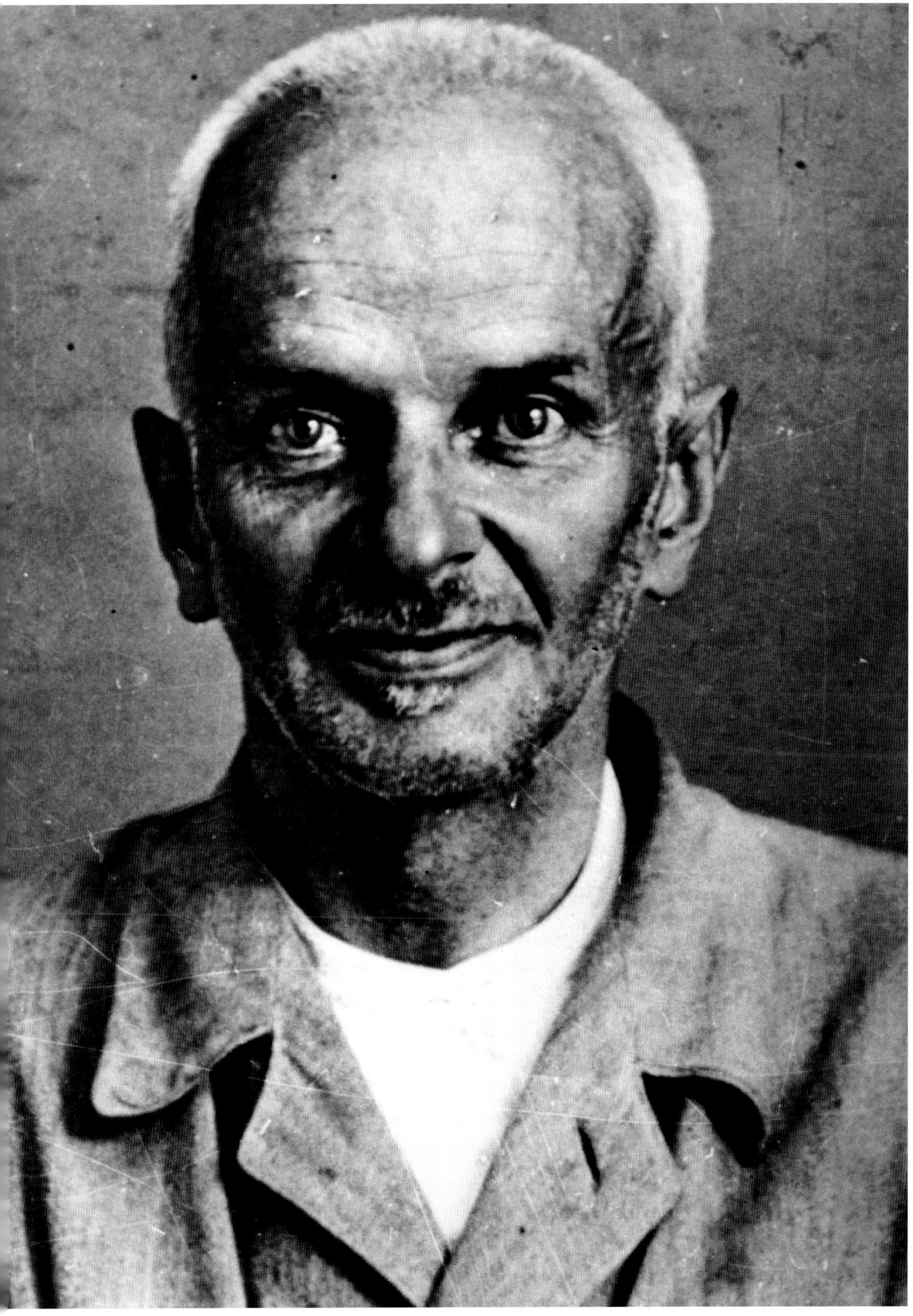

Emerik Witoldowitsch Roschen-Andrejew
Geboren 1878 in Krischopol, Bezirk Podolsk.
Mitglied der Kommunistischen Partei.
Forschungsstipendiat der Lenin-Bibliothek.
Wohnte in Apartment 31, Puschetschnaja Straße 4, Moskau.
Verhaftet am 8. Juli 1937.
Zum Tode verurteilt durch das Militärkollegium des Obersten Gerichts der UdSSR am 21. August 1937.
Angeklagt wegen Zugehörigkeit zu einer konterrevolutionären, terroristischen Vereinigung.
Am gleichen Tag erschossen.
Rehabilitiert 1956.

Rusja Josifowna Todorskaja
Geboren 1900 in Lodz, Polen.
Mitglied der Kommunistischen Partei.
Technikerin.
Verhaftet am 11. Juli 1937.
Zum Tode verurteilt durch das Militärkollegium des Obersten Gerichts der UdSSR am 9. Oktober 1937.
Angeklagt wegen Zugehörigkeit zu einer antisowjetischen, trotzkistischen Vereinigung, Sabotage und Spionage.
Sie wurde am gleichen Tag erschossen.
Rehabilitiert 1956.

Nikolai Otschkow
Geboren 1905 in Almora, Indien.
Mitglied der Kommunistischen Partei.
Assistent der Gewerkschaftsvertretung.
Verhaftet am 8. Juli 1937.
Zum Tode verurteilt und erschossen am 10. September 1937.
Anklage unbekannt.

Genrich Samuilowitsch Genrichowski-Amsterdam
Geboren 1898 in Polen.
Mitglied des Zentralkomitees der Polnischen Kommunistischen Partei.
Wohnte in Apartment 157, Gorki Straße 36, Moskau.
Verhaftet am 25. April 1937.
Zum Tode verurteilt durch das Militärkollegium des Obersten Gerichts der UdSSR am 1. November 1937.
Angeklagt wegen Zugehörigkeit zu einer konterrevolutionären Vereinigung.
Am gleichen Tag erschossen.
Rehabilitiert 1955.

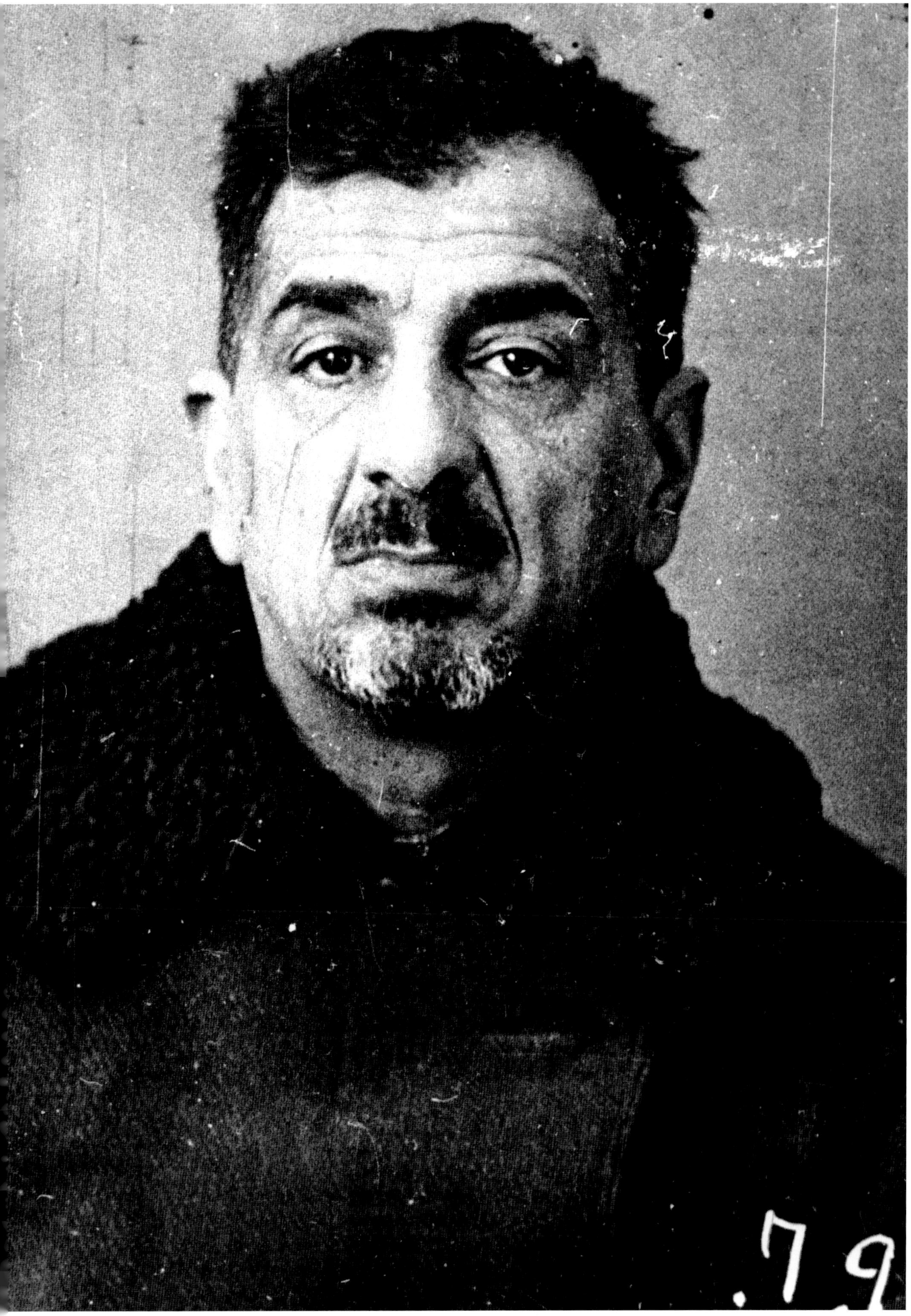

Ruben Grigorjewitsch Tschalchuschian
Geboren 1886 in Nachitschewan Donskaja.
Kein Parteimitglied.
Leitender Ökonom an der Akademie der Wissenschaften der UdSSR.
Wohnte in Apartment 16, Mali Rschewski Weg 6, Moskau.
Verhaftet am 29. November 1937.
Zum Tode verurteilt durch das Militärkollegium des Obersten Gerichts der UdSSR am 21. Februar 1939.
Angeklagt wegen Zugehörigkeit zu einer konterrevolutionären, terroristischen Vereinigung.
Am gleichen Tag erschossen.
Rehabilitiert 1956.

Wladimir Arkadjewitsch Wolkow
Geboren 1919 in Moskau.
Junger Kommunist.
Student am Moskauer Luftfahrtinstitut.
Wohnte in Apartment 89, Granowski Straße 3, Moskau.
Verhaftet am 13. April 1937.
Zum Tode verurteilt durch das Militärkollegium des Obersten Gerichts der UdSSR am 13. Juli 1937.
Angeklagt wegen Zugehörigkeit zu einer konterrevolutionären, terroristischen Vereinigung.
Am gleichen Tag erschossen.

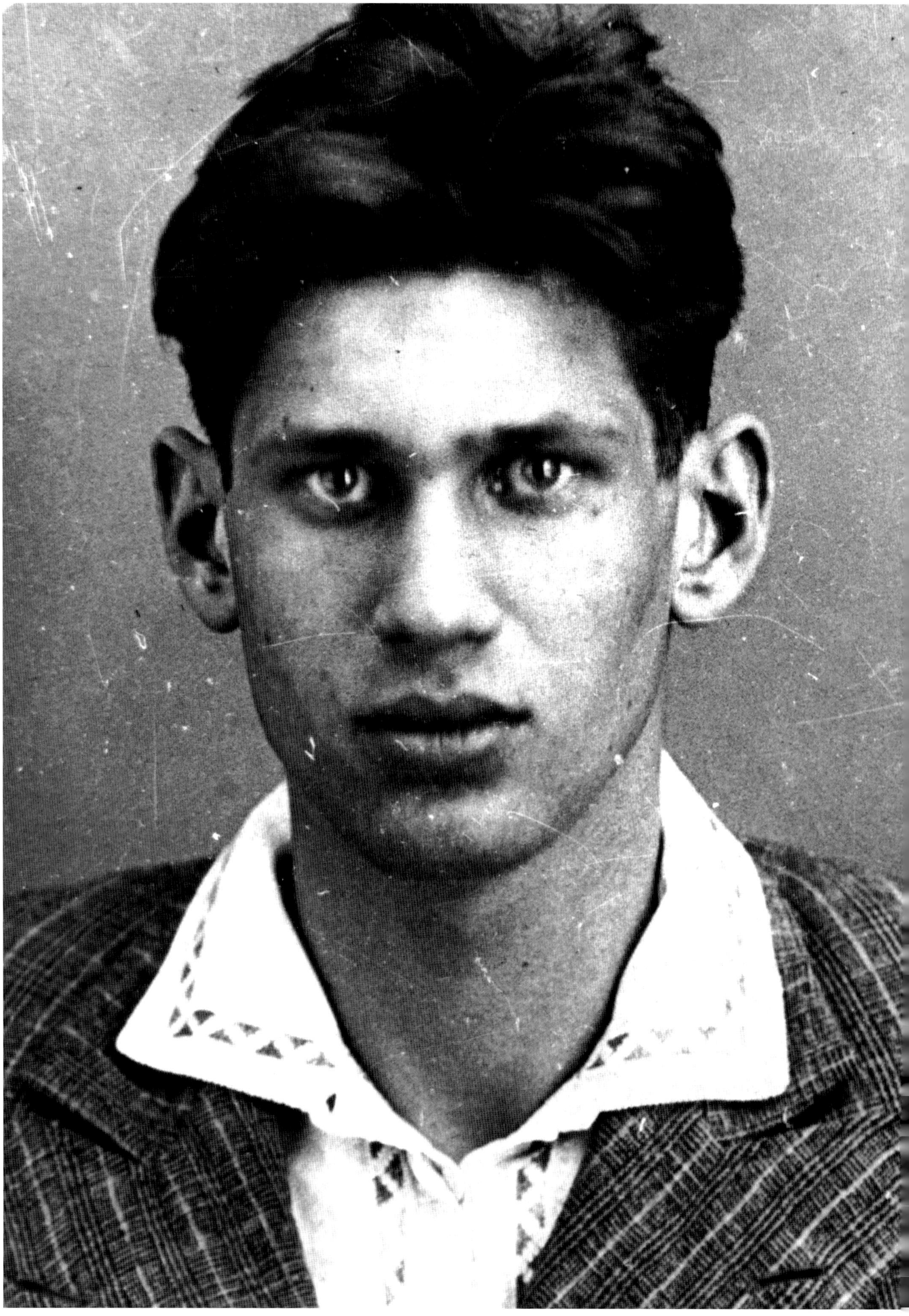

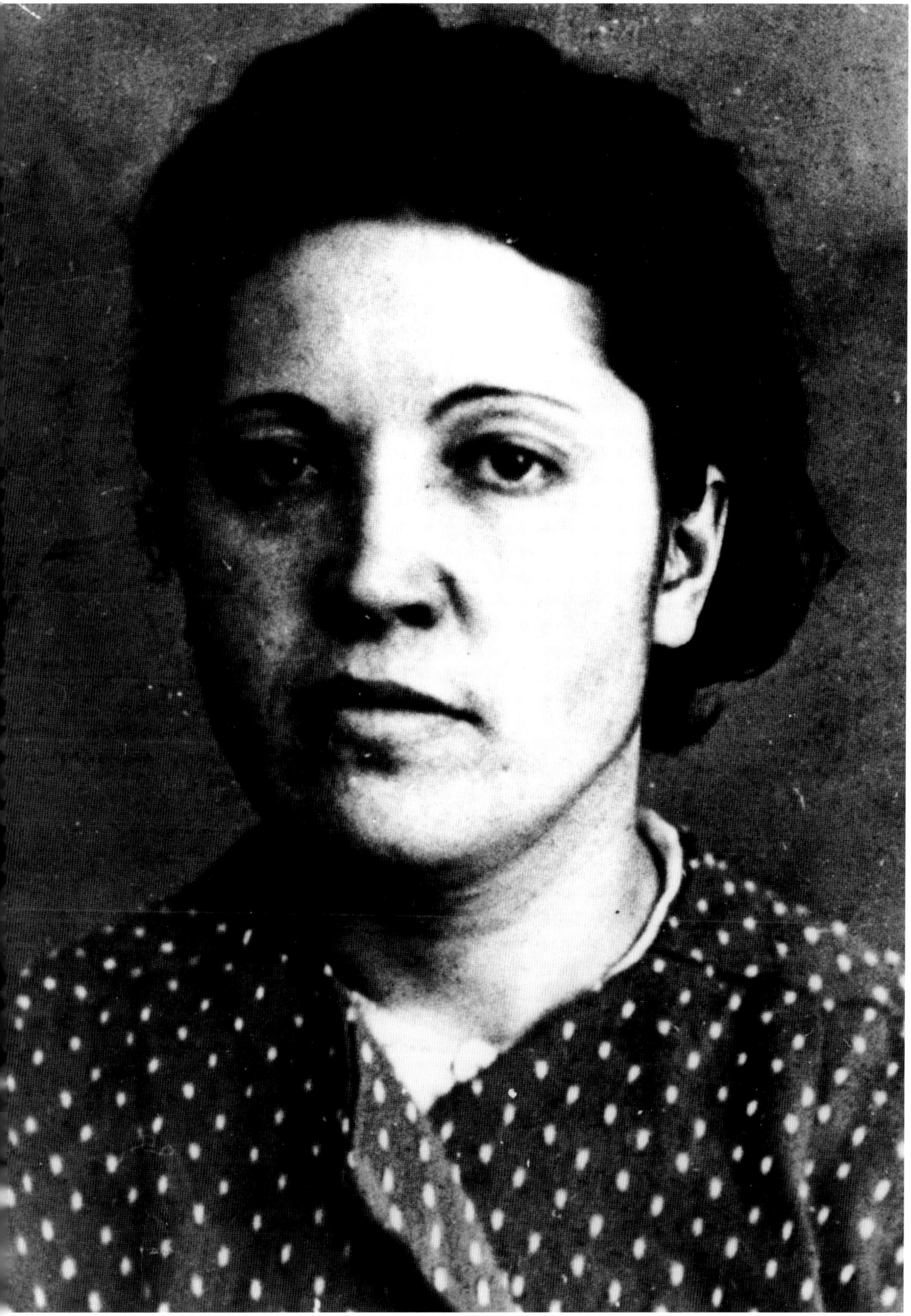

Walentina Dybenko-Sedjakina
Geboren 1898 in Iwanowo-Wosnessensk.
Kein Parteimitglied.
Hausfrau.
Verhaftet am 2. Dezember 1937.
Zum Tode verurteilt am 26. August 1938.
Anklage unbekannt.
Am gleichen Tag erschossen.

Jelena Ternowskaja
Geboren 1901 in Werchojansk. Mitglied der Kommunistischen Partei. Zeitungsredakteurin. Verhaftet am 1. November 1937. Zum Tode verurteilt am 9. Februar 1938. Anklage unbekannt. Am folgenden Tag erschossen.

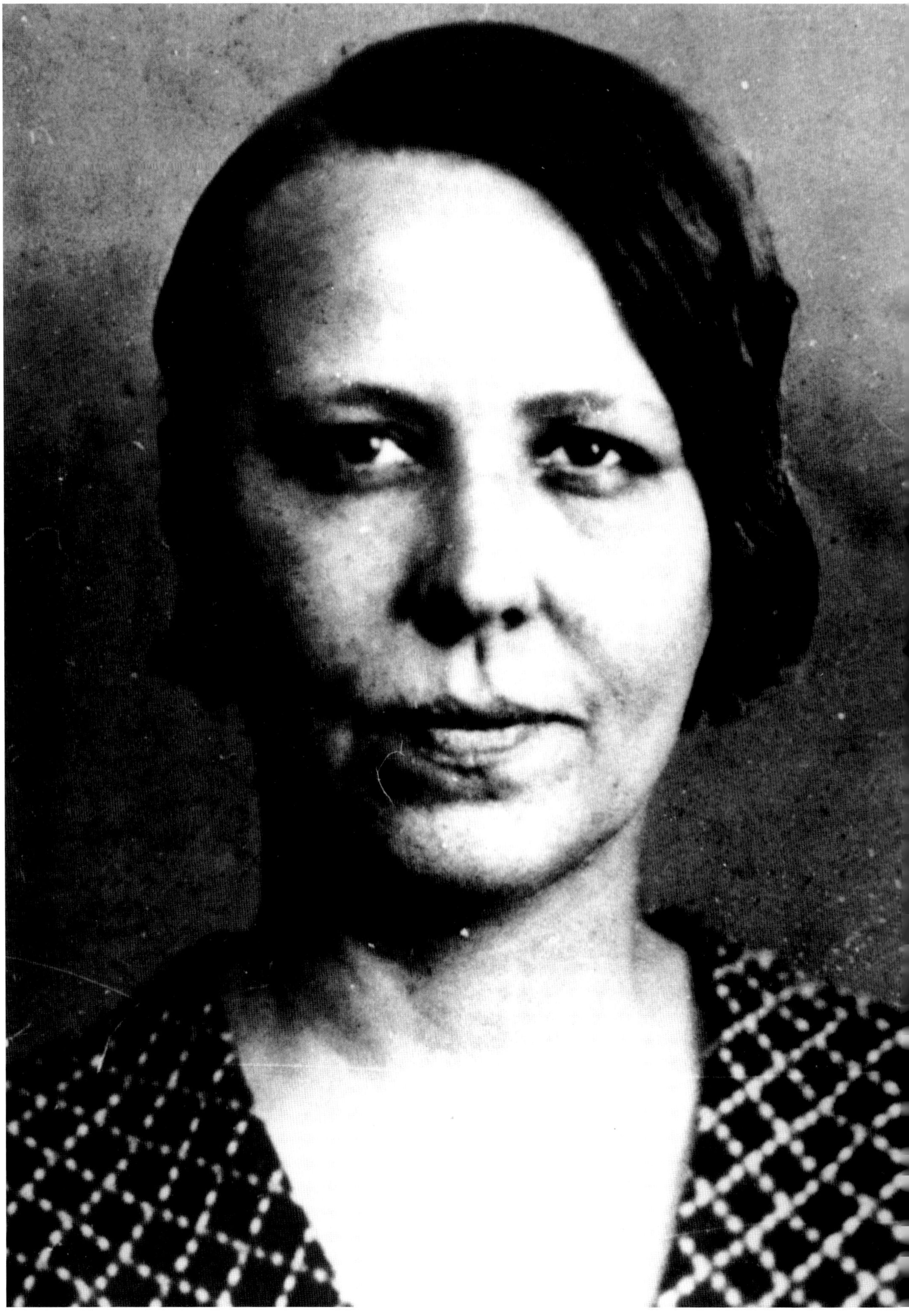

Jakow Kusmitsch Goljajew
Geboren 1896 in Schichani, Bezirk Saratow.
Mitglied der Kommunistischen Partei.
Kommissar der Roten Armee.
Wohnte in Apartment 40, Nastasinski Weg 2, Moskau.
Verhaftet am 10. September 1937.
Zum Tode verurteilt durch das Militärkollegium des Obersten Gerichts der UdSSR am 31. Oktober 1937.
Angeklagt wegen Zugehörigkeit zu einer konterrevolutionären, terroristischen Vereinigung.
Am folgenden Tag erschossen.
Rehabilitiert 1957.

Antonina Bersina
Geboren 1886 in Riga,
Lettland.
Kein Parteimitglied.
Bibliothekarin.
Verhaftet am
12. Dezember 1937.
Zum Tode verurteilt
und erschossen am
26. April 1938.
Anklage unbekannt.

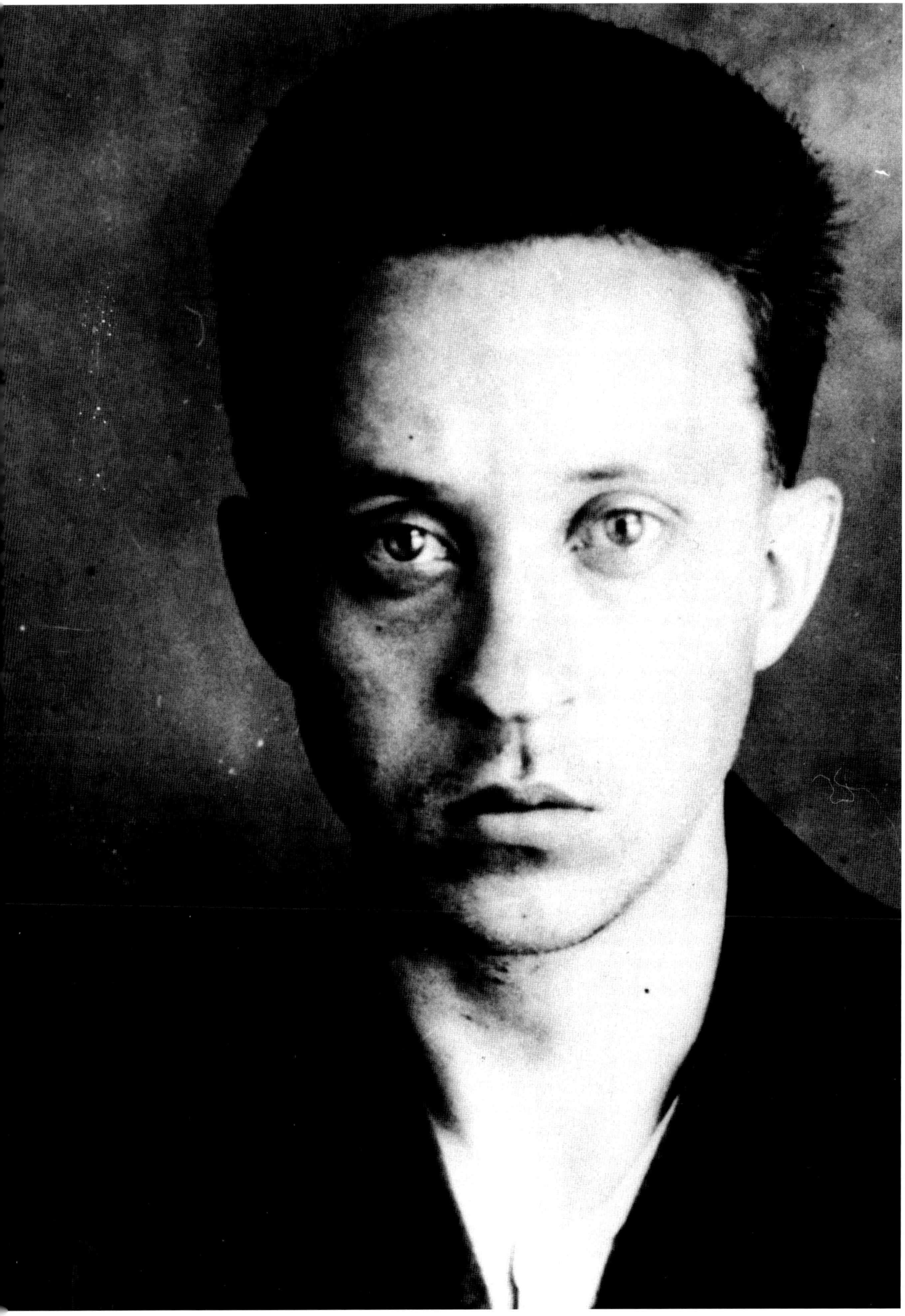

Pawel Lwowitsch Bekin
Geboren 1907 in Moskau.
Kein Parteimitglied.
Ingenieur, Leiter des Technischen Büros der Moskauer Straßenbahngesellschaft.
Wohnte in der Wolodarski Straße 12–30, Moskau.
Verhaftet am 9. September 1937.
Zum Tode verurteilt durch das Militärkollegium des Obersten Gerichts der UdSSR am 31. Oktober 1937.
Angeklagt wegen Zugehörigkeit zu einer konterrevolutionären, terroristischen Vereinigung.
Am folgenden Tag erschossen.
Rehabilitiert 1957.

Teruko Biritsch
Geboren 1912 in Tokio.
Kein Parteimitglied.
Verhaftet am
25. Dezember 1937.
Zum Tode verurteilt
und erschossen am
14. März 1938.
Anklage unbekannt.

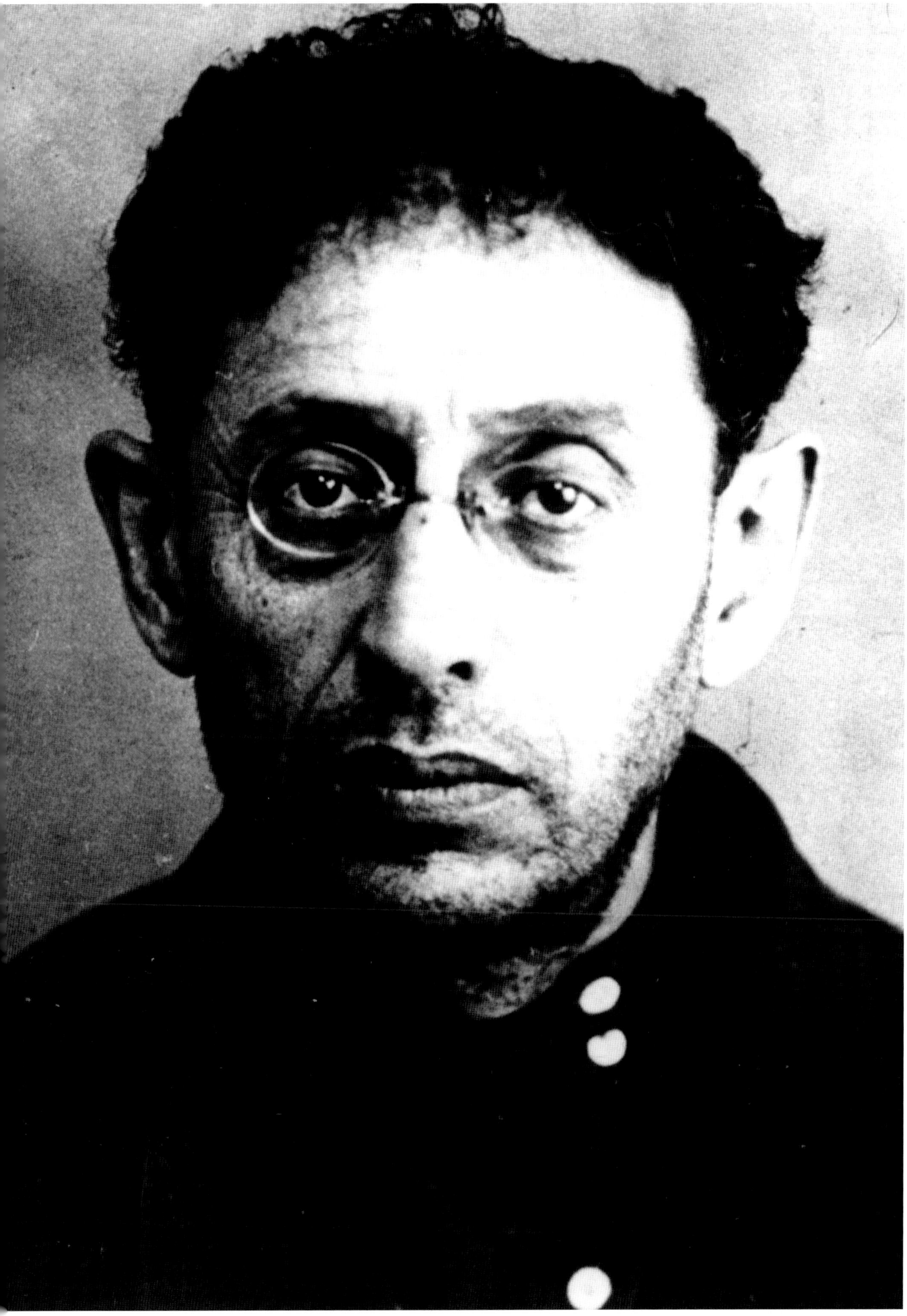

Jakow Liberfort
Geboren 1885 in Kuibyschew.
Kein Parteimitglied.
Ingenieur.
Verhaftet am 27. Oktober 1937.
Zum Tode verurteilt und erschossen am 14. März 1938.
Anklage unbekannt.

Wladimir Ort
Geboren 1900 in Moskau.
Kein Parteimitglied.
Künstler.
Verhaftet am 16. Januar 1938.
Zum Tode verurteilt und erschossen am 25. April 1938.
Anklage unbekannt.

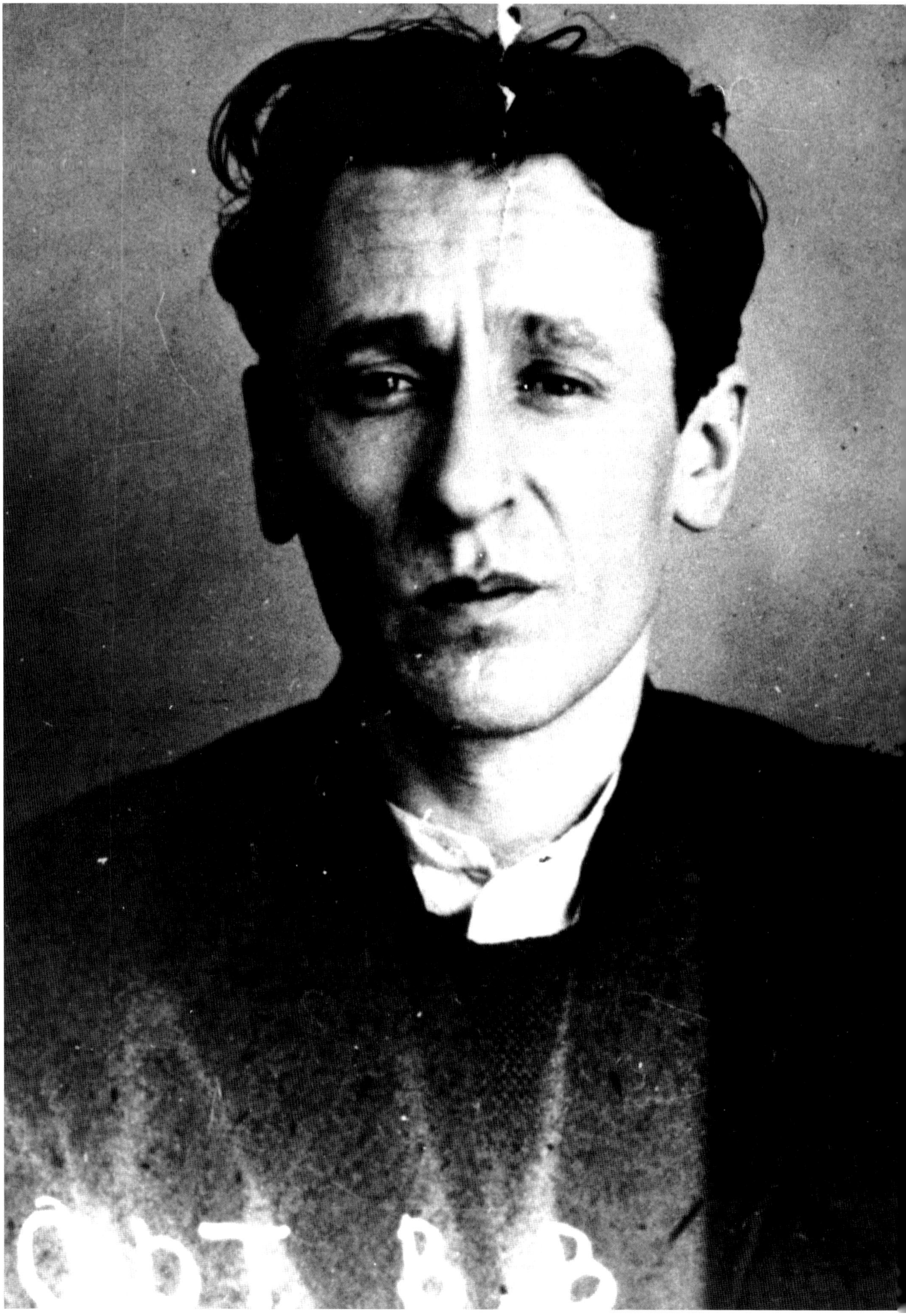

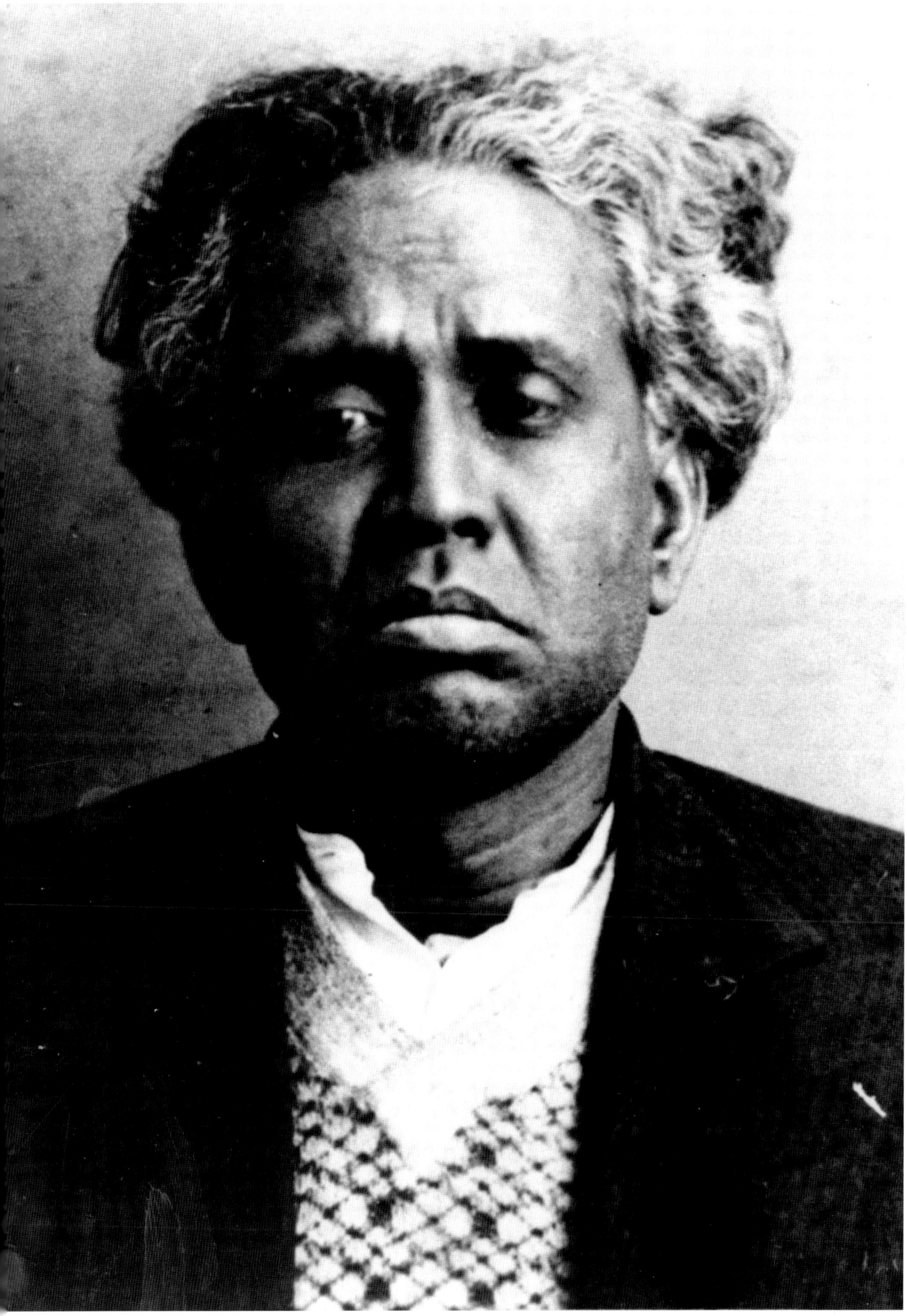

Guliam Lugani
Geboren 1892 in Indien.
Mitglied der Kommunistischen Partei.
Übersetzer.
Verhaftet am 27. Februar 1938.
Zum Tode verurteilt und erschossen am 17. September 1938.
Anklage unbekannt.

Michail Fjodorowitsch Filippow
Geboren 1901 in Klimentjewo, Bezirk Iwanowo.
Mitglied der Kommunistischen Partei.
Leiter einer geheimen Kodierungsgruppe beim Volkskommissariat für Wasserwesen.
Wohnte in Apartment 22, Pjatnizkaja Straße 37, Moskau.
Verhaftet am 2. Juli 1938.
Zum Tode verurteilt am 23. Februar 1939.
Angeklagt wegen Zugehörigkeit zu einer konterrevolutionären Vereinigung und Planung einer terroristischen Handlung.
Am folgenden Tag erschossen.
Rehabilitiert 1956.

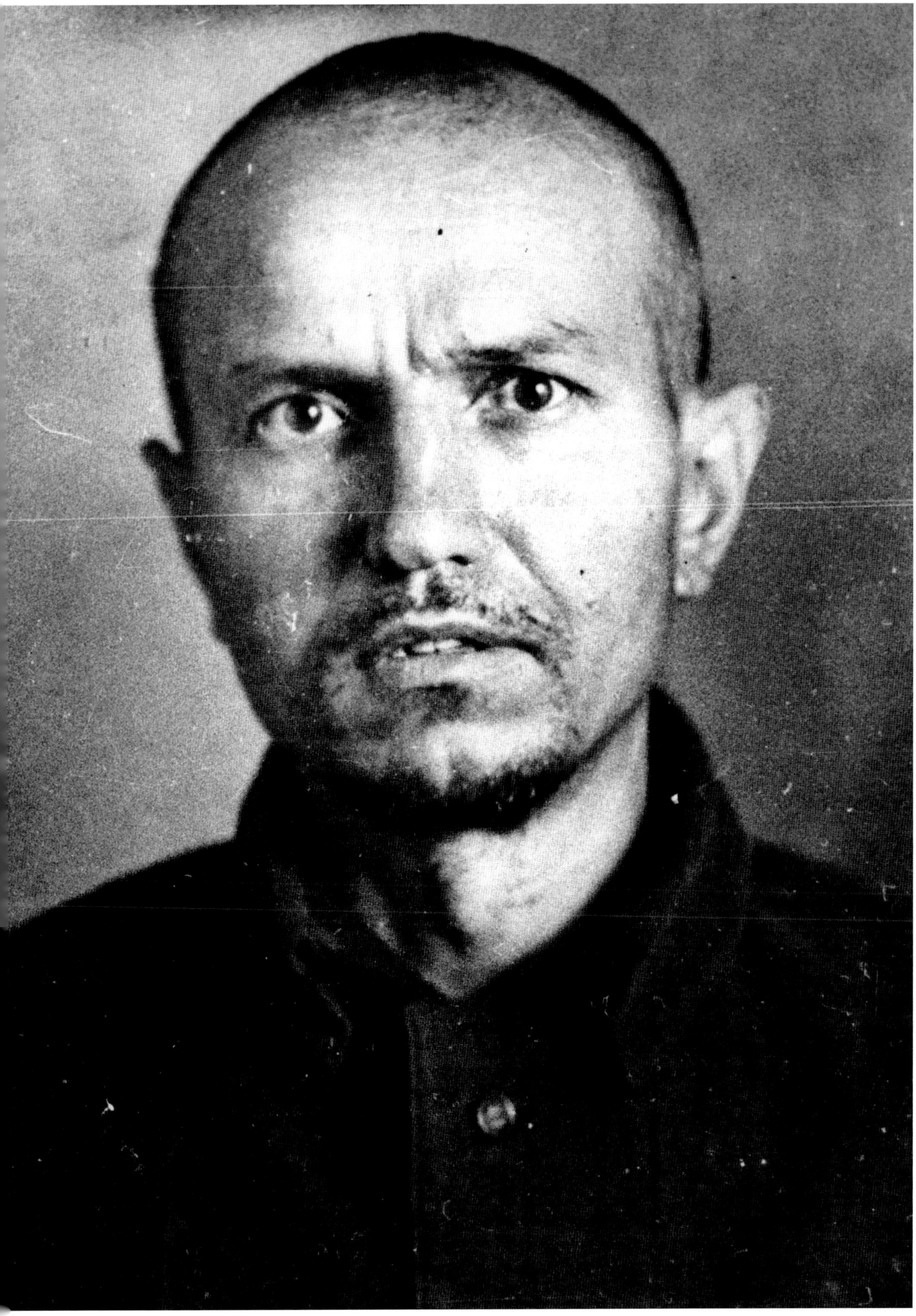

Pawel Jefimowitsch Neuniwako
Geboren 1897 in Kjuntaugan, Krim. Mitglied der Kommunistischen Partei. Kaufmännischer Angestellter einer Asphalt-Instandhaltungsfirma. Wohnte in Alma-Ata. Verhaftet am 11. April 1938. Zum Tode verurteilt am 8. Februar 1940. Angeklagt wegen Zugehörigkeit zu einer konterrevolutionären Vereinigung und terroristischer Handlungen. Am gleichen Tag erschossen. Rehabilitiert 1963.

Mathilda Pramnek
Geboren 1904 in Riga, Lettland.
Mitglied der Kommunistischen Partei.
Leiterin einer Süßwarenfabrik. Ehefrau eines bekannten Partei-Apparatschiks, der ebenfalls verhaftet und umgebracht wurde.
Verhaftet am 15. April 1938.
Zum Tode verurteilt und erschossen am 26. August 1938.
Anklage unbekannt.

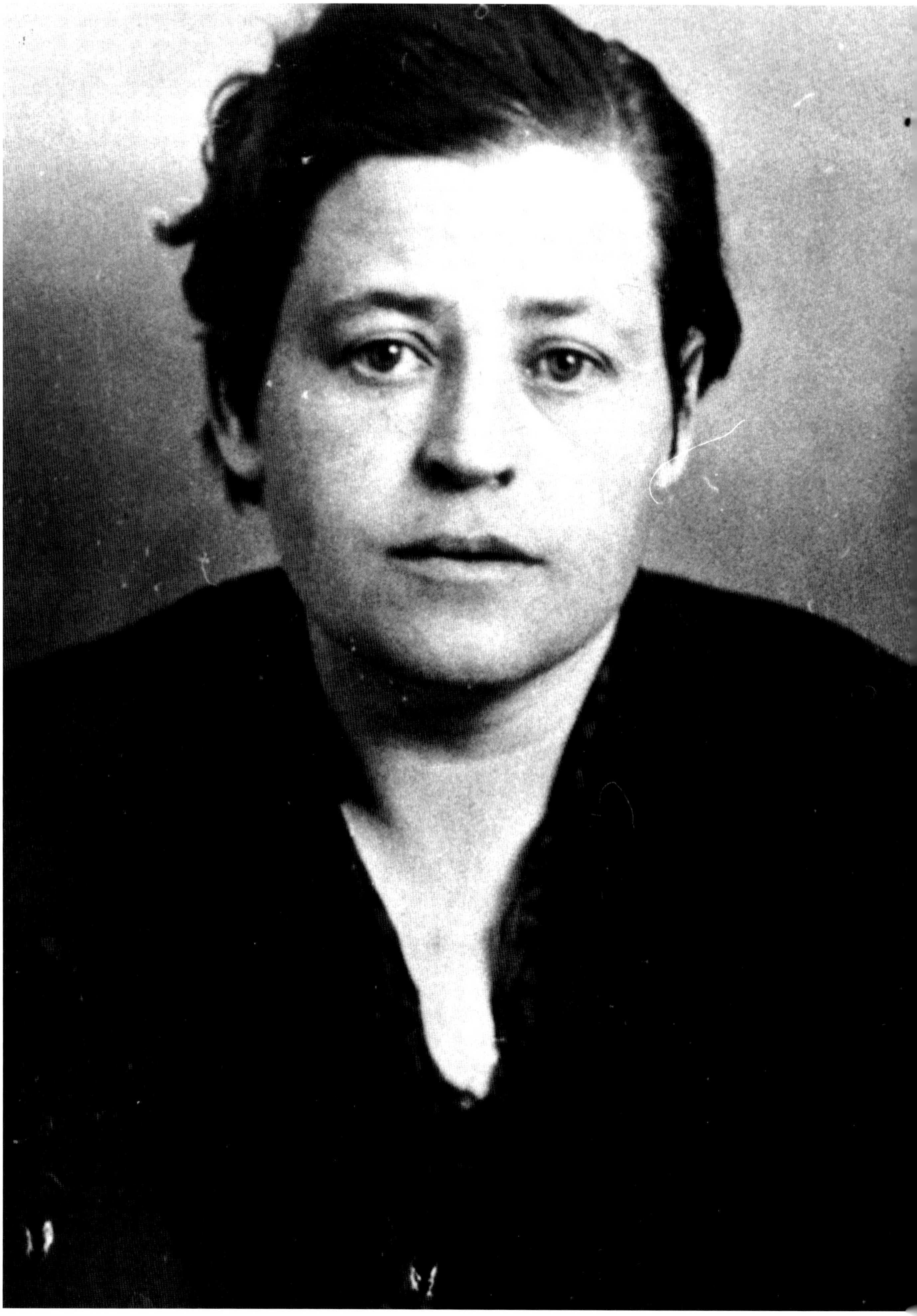

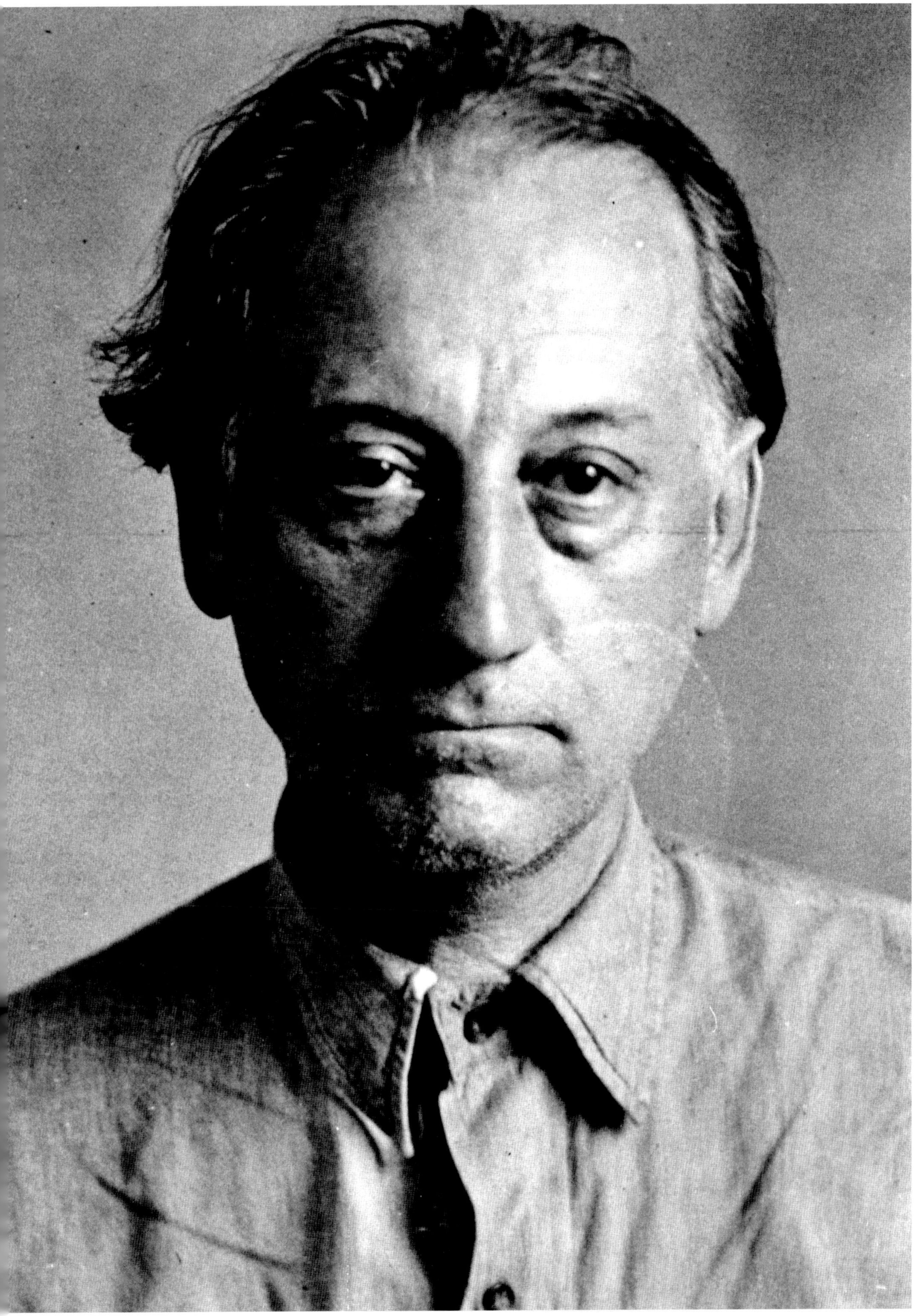

Pjotr Petrowitsch Dragaschewaz
Geboren 1886 in Jugoslawien.
Mitglied sowohl der jugoslawischen, als auch der russischen Kommunistischen Partei. Lithograph.
Wohnte in der Pechotnaja Straße 24–1, Moskau.
Verhaftet am 19. Juli 1938.
Mit zehn Weiteren zum Tode verurteilt durch das Militärkollegium des Obersten Gerichts der UdSSR am 19. April 1939.
Angeklagt wegen antisowjetischer Spionage und terroristischer Handlungen.
Alle zehn wurden am gleichen Tag erschossen.
Rehabilitiert 1958.

Alexander Tamarin
Geboren 1882 in der Provinz Tawritscheskaja. Kein Parteimitglied. Leiter einer Station für experimentellen Pflanzenanbau. Verhaftet am 10. Mai 1938. Zum Tode verurteilt und erschossen am 16. September 1938. Anklage unbekannt.

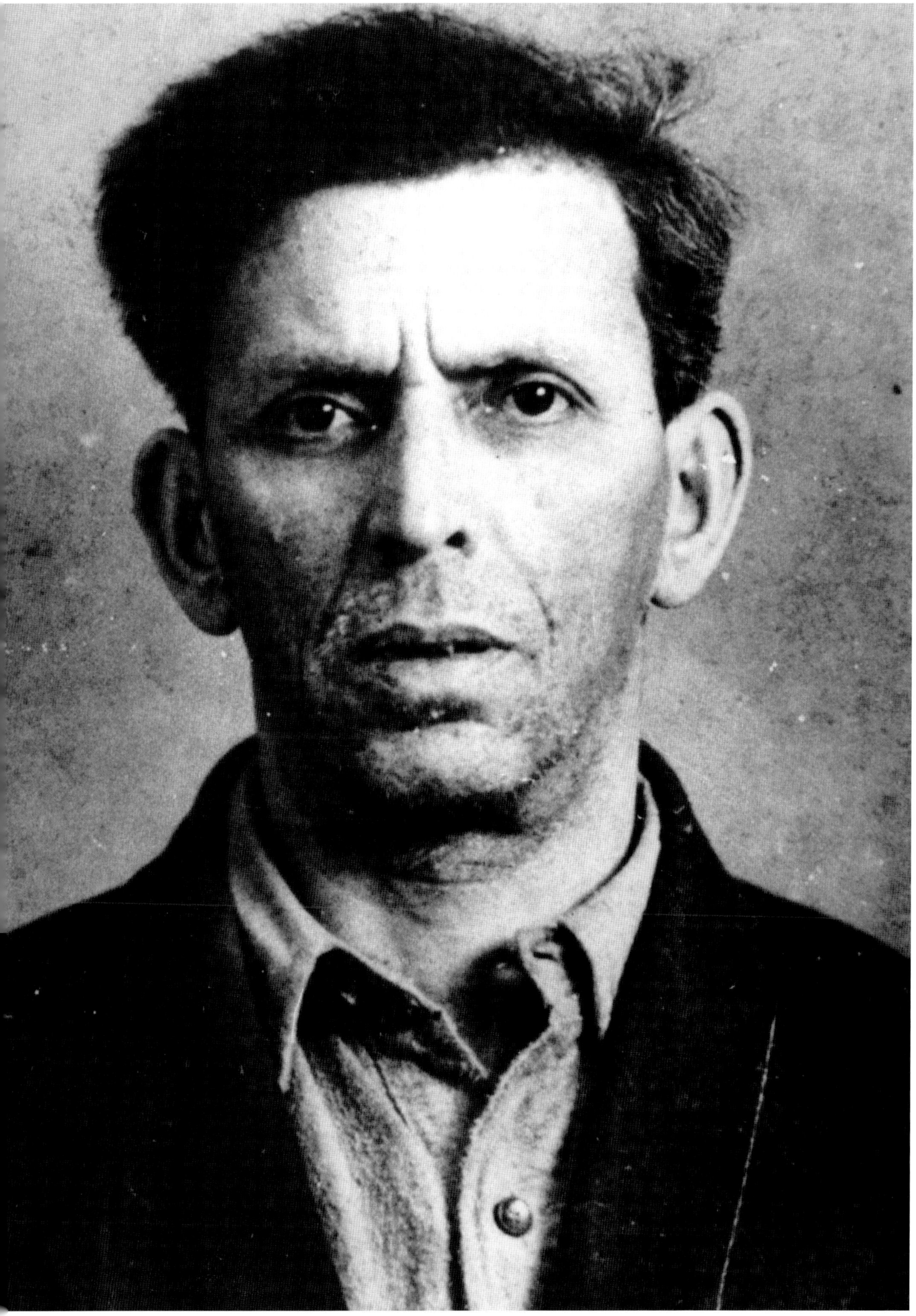

Abram Okun
Geboren 1892 in Orscha, Weißrussland. Mitglied der Kommunistischen Partei. Bauunternehmer. Verhaftet am 11. März 1938. Zum Tode verurteilt und erschossen am 25. April 1938. Anklage unbekannt.

Lilja Grigoriewna Jagoda
Geboren 1902 in Gorki.
Mitglied der Kommunistischen Partei.
Inspektorin für das Komitee für Kunstangelegenheiten.
Schwester des OGPU-Chefs Genrich Jagoda.
Verhaftet am 7. Mai 1937.
Zum Tode verurteilt am 16. Juli 1937.
Am gleichen Tag erschossen.
Anklage unbekannt.

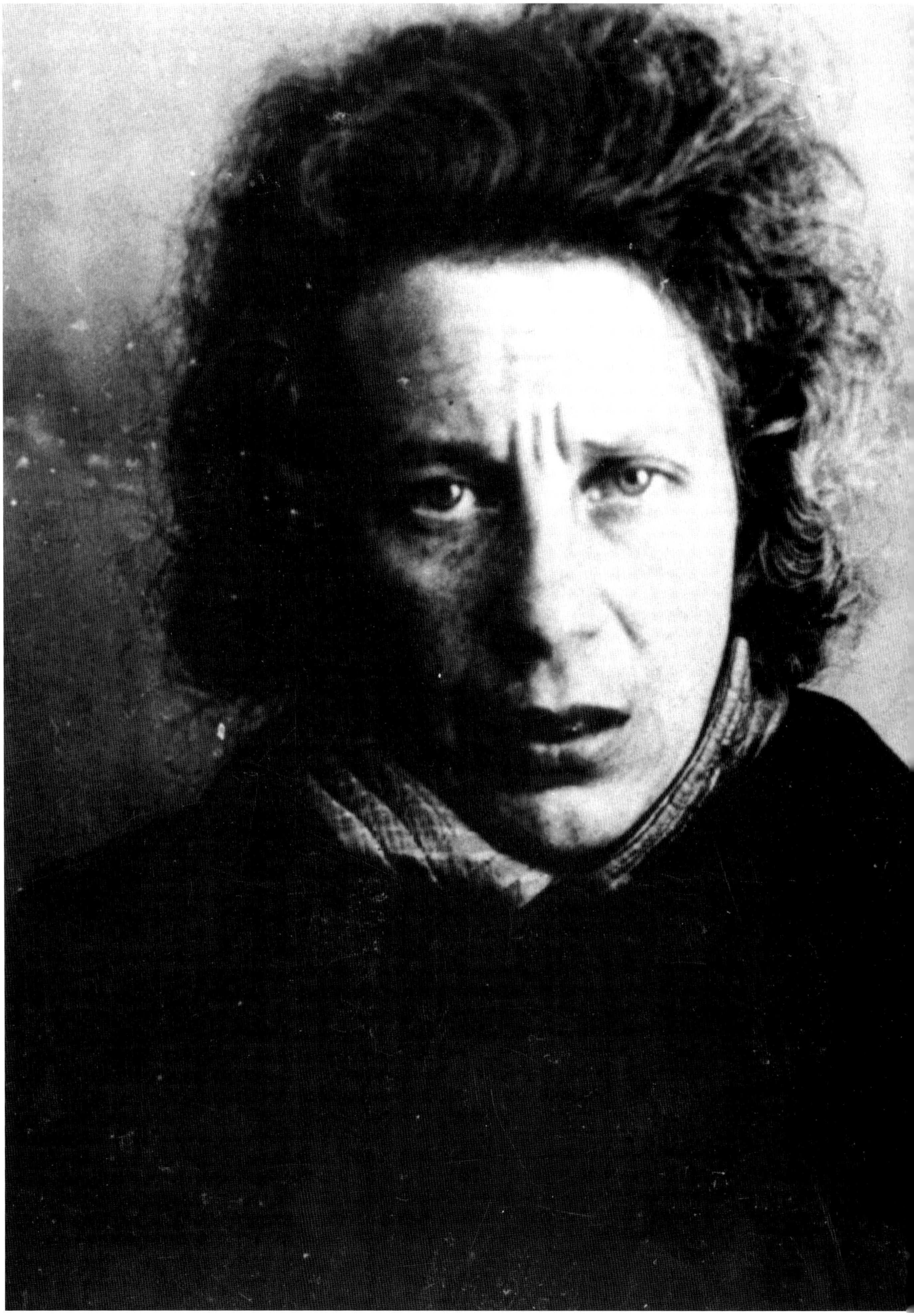

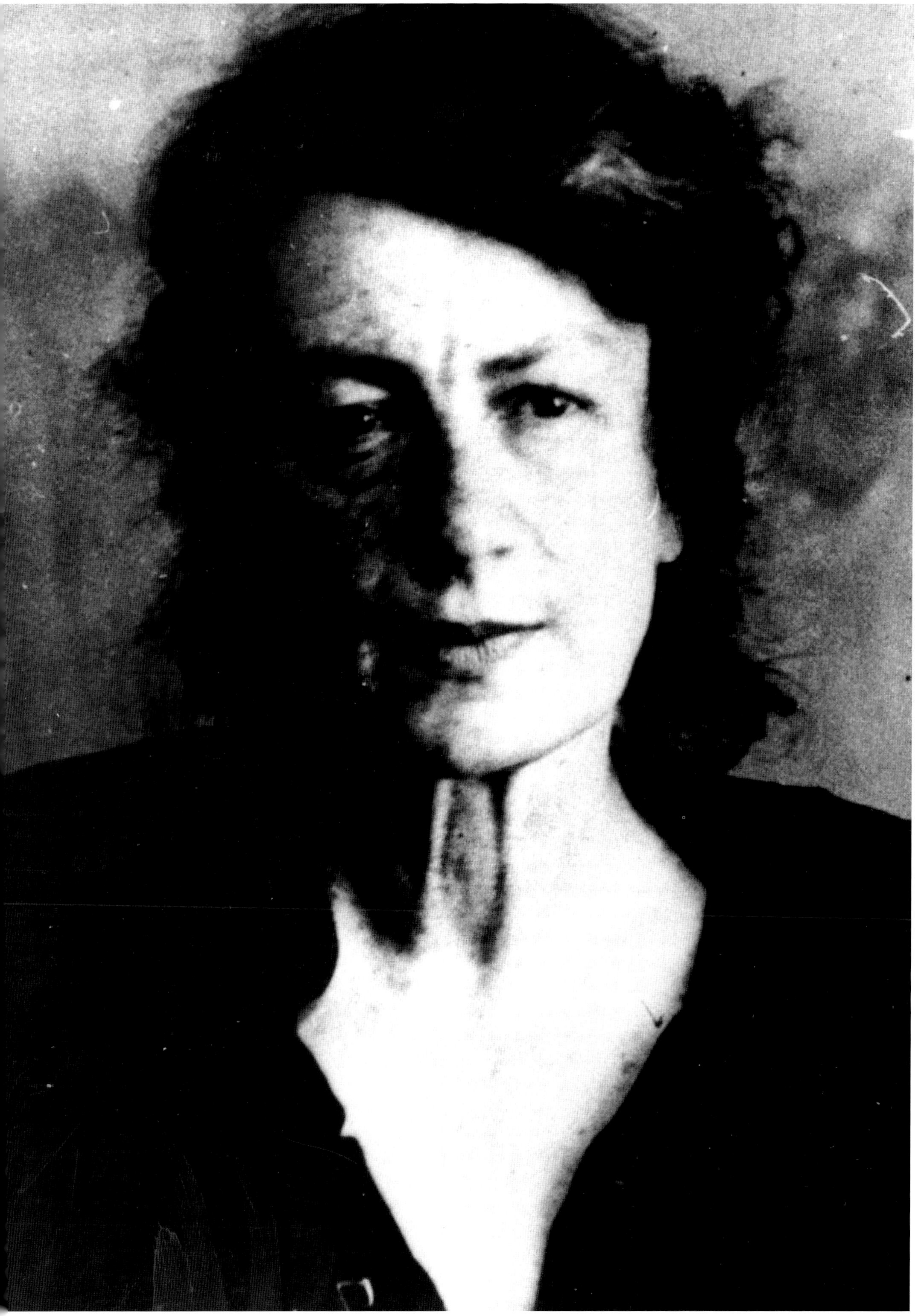

Esfir Jagoda-Snamenskaja
Geboren 1896 in Uljanowsk.
Kein Parteimitglied.
Hausfrau.
Verhaftet am 6. Mai 1938.
Zum Tode verurteilt am 16. Juli 1938.
Am gleichen Tag erschossen.
Anklage unbekannt.

Kusma Petrowitsch Antonow
Geboren 1900 in Swistunowo, Bezirk Kalinin.
Mitglied der Kommunistischen Partei.
Berater in einer Lederfabrik.
Wohnte in Apartment 7, Luschnikowski Straße 1/7, Moskau.
Verhaftet am 26. September 1938.
Zum Tode verurteilt am 19. April 1939.
Angeklagt wegen Zugehörigkeit zu einer konterrevolutionären, terroristischen Vereinigung.
Am gleichen Tag erschossen.
Rehabilitiert 1956.

Alexej Odinzow
Geboren 1882 in Ustjuschno.
Kein Parteimitglied.
Ehemaliger zaristischer Oberst
Gruppenleiter bei den Chladokombinat-Industrieanlagen.
Verhaftet am 19. Mai 1938.
Zum Tode verurteilt und erschossen am 16. September 1938.
Anklage unbekannt.

Boris Dmitriewitsch Niwinski
Geboren 1901 in Leningrad.
Mitglied der Kommunistischen Partei.
Funktionär beim Geheimdienst der Roten Armee.
Wohnte in Apartment 34, Kusnezki Most 21/5, Moskau.
Verhaftet am 3. März 1938.
Zum Tode verurteilt durch das Militärkollegium des Obersten Gerichts der UdSSR am 4. März 1939.
Angeklagt wegen Spionage und Zugehörigkeit zu einer militärisch-faschistischen Verschwörung.
Am gleichen Tag erschossen.
Rehabilitiert 1957.

Suren Bogdanowitsch Balajan
Geboren 1907 in Baku, Aserbaidschan.
Armenier.
Mitglied der Kommunistischen Partei.
Hauptmann des sowjetischen Geheimdienstes.
Stellvertretender Leiter der Kader-Abteilung des NKWD.
Wohnte in Apartment 196, Serafimowitscha Straße 2, Moskau.
Verhaftet am 3. September 1938.
Zum Tode verurteilt durch das Militärkollegium des Obersten Gerichts der UdSSR am 22. Februar 1939.
Angeklagt wegen Zugehörigkeit zu einer konterrevolutionären, terroristischen Vereinigung.
Am folgenden Tag erschossen.
Rehabilitiert 1955.

Alexandra Tschubar
Geboren 1903 in Artemowsk, Ukraine. Kein Parteimitglied. Ingenieurin. Verhaftet am 4. Juli 1938. Zum Tode verurteilt und erschossen am 28. August 1938. Anklage unbekannt. Eine Verwandte von Wlas Tschubar, Politbüro-Mitglied und ehemaliger Vorsitzender des Volkskommissariats der Ukraine. Im Jahr 1938 wurde er verhaftet und gefoltert, im Jahr 1939 erschossen.

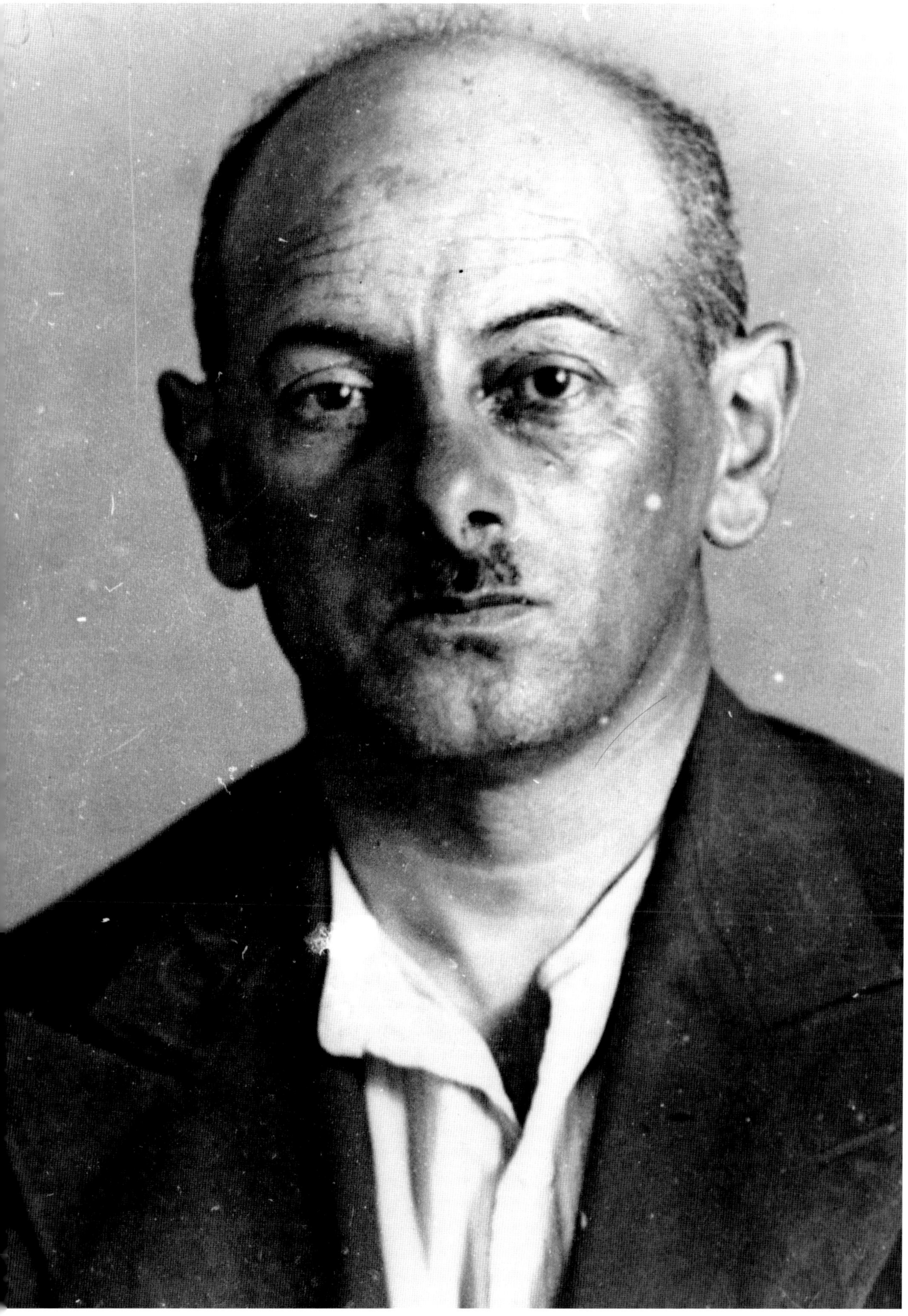

Alexander Borisowitsch Genkin
Geboren 1890 in Simferopol, Krim.
Mitglied der Kommunistischen Partei.
Leiter einer Fabrik.
Wohnte in Apartment 115, Pankratjewski Straße 6, Moskau.
Verhaftet am 16. Juli 1938.
Zum Tode verurteilt durch das Militärkollegium des Obersten Gerichts der UdSSR am 26. Februar 1939 und am gleichen Tag erschossen.
Angeklagt wegen konterrevolutionärer und terroristischer Handlungen.
Rehabilitiert 1956.

Alexej Wenediktowitsch Bakulin
Geboren 1899 in Leningrad.
Mitglied der Kommunistischem Partei.
Straßenbauer.
Wohnte in Apartment 99, Granowski Straße 3, Moskau.
Verhaftet am 23. Juli 1938.
Zum Tode verurteilt durch das Militärkollegium des Obersten Gerichts der UdSSR am 7. März 1939.
Angeklagt wegen Spionage, Zugehörigkeit zu einer konterrevolutionären Vereinigung und Planung einer terroristischen Handlung.
Am gleichen Tag erschossen.
Rehabilitiert 1956.

Afraim Michailowitsch Schalito
Geboren 1890 in Orscha, Weißrussland. Mitglied der Kommunistischen Partei. Stellvertretender Leiter der TASS-Redaktion. Wohnte in Apartment 7, Gorki Straße 81, Moskau. Verhaftet am 23. Juni 1938. Zum Tode verurteilt durch das Militärkollegium des Obersten Gerichts der UdSSR am 2. Juli 1938. Angeklagt wegen Spionage. Erschossen am 31. Juli 1939. Rehabilitiert 1957.

Rafail Maruches
Geboren 1895 in Uljanowsk.
Kein Parteimitglied.
Rechtsberater.
Verhaftet am 14. Juli 1938.
Zum Tode verurteilt und erschossen am 17. September 1938.
Anklage unbekannt.

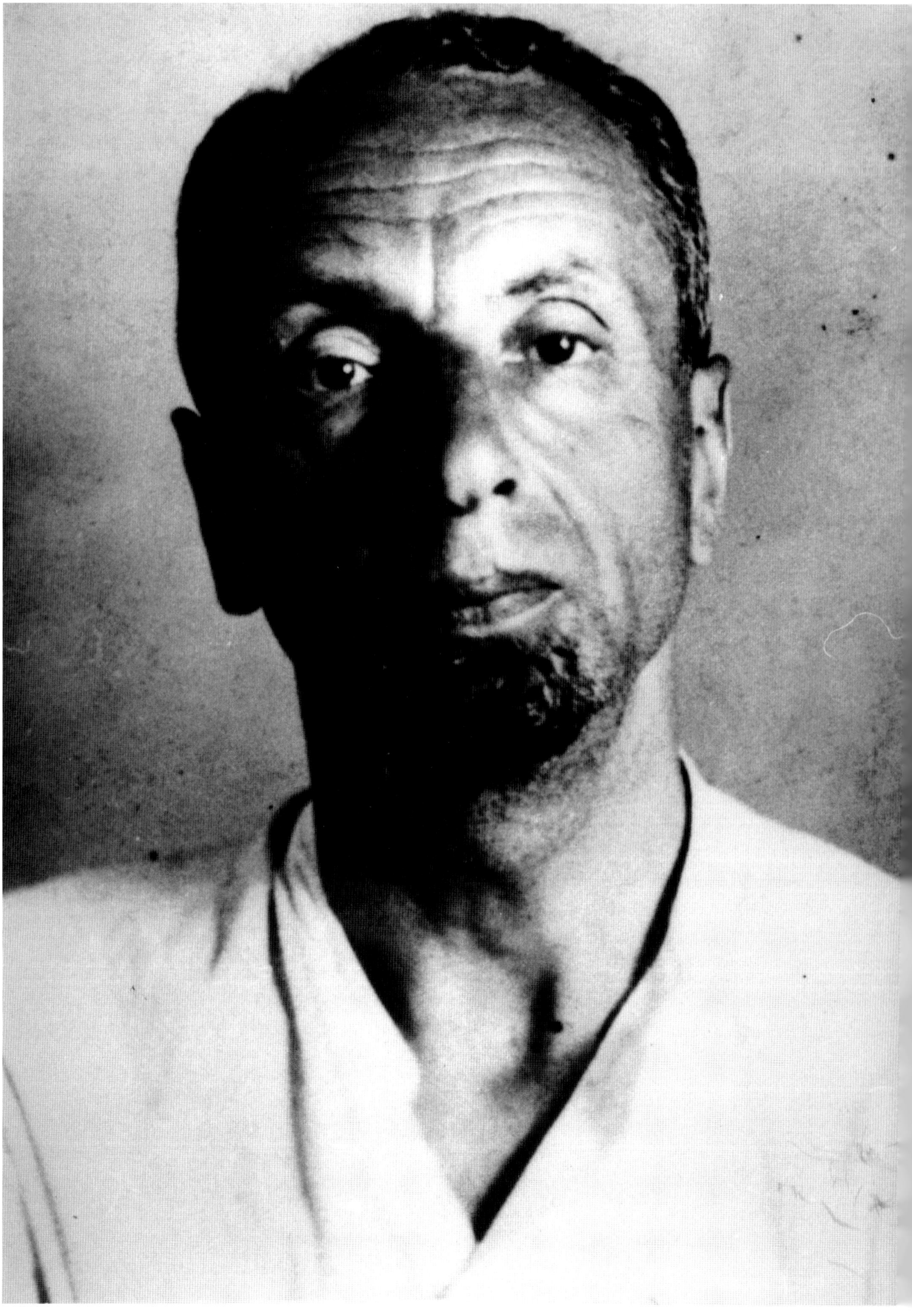

Grigori Alexandrowitsch Mutschnik
Geboren 1888 in Kasatschinskoje, Bezirk Krasnojarsk.
Mitglied der Kommunistischen Partei seit 1904.
Journalist und Beauftragter der Glawlit, Hauptverwaltung der Angelegenheiten der Literatur und des Verlagswesens.
Wohnte in Apartment 4, Semljanoi Wall 6, Moskau.
Verhaftet am 27. Juli 1938.
Zum Tode verurteilt durch das Militärkollegium des Obersten Gerichts der UdSSR am 20. Februar 1939.
Angeklagt wegen Spionage und terroristischer Handlungen.
Rehabilitiert 1960.

Wladimir Diasamidse
Geboren 1916 in Tiflis,
Georgien.
Kein Parteimitglied.
Student.
Verhaftet am
3. März 1938.
Zum Tode verurteilt
und erschossen am
21. April 1938.
Anklage unbekannt.

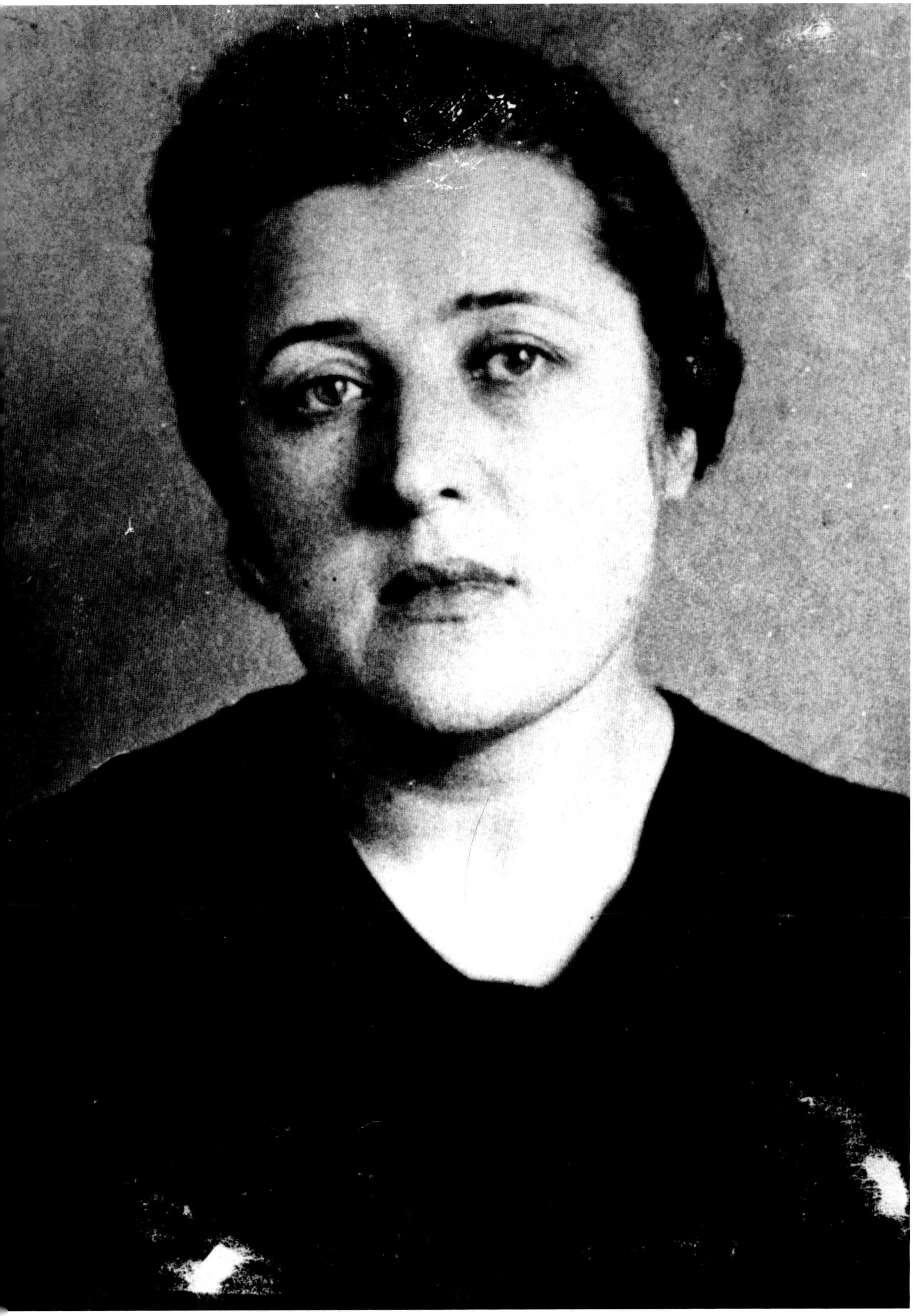

Sinaida Aweljewna Koriman
Geboren 1899 in Kremenez, Bezirk Wolinsk.
Kein Parteimitglied.
Technische Sekretärin des monatlich erscheinenden Fotomagazins *USSR im Bau.*
Wohnte in Apartment 25, Gerzena Straße 22, Moskau.
Verhaftet am 15. November 1938.
Zum Tode verurteilt durch das Militärkollegium des Obersten Gerichts der UdSSR am 24. Januar 1940.
Angeklagt wegen Spionage.
Am folgenden Tag erschossen.
Rehabilitiert 1991.

Wiktor Alexandrowitsch Pawlow
Geboren 1902 in Alma-Ata, Kasachstan.
Mitglied der Kommunistischen Partei.
Maschinenführer des Prägestempels in der Kaganowitsch-Fabrik.
Wohnte in Apartment 39, Lobkowski Weg 2, Moskau.
Verhaftet am 16. September 1938.
Zum Tode verurteilt durch das Militärkollegium des Obersten Gerichts der UdSSR am 19. April 1939.
Angeklagt wegen Zugehörigkeit zu einer konterrevolutionären Vereinigung und Planung einer terroristischen Handlung.
Am gleichen Tag erschossen.
Rehabilitiert 1956.

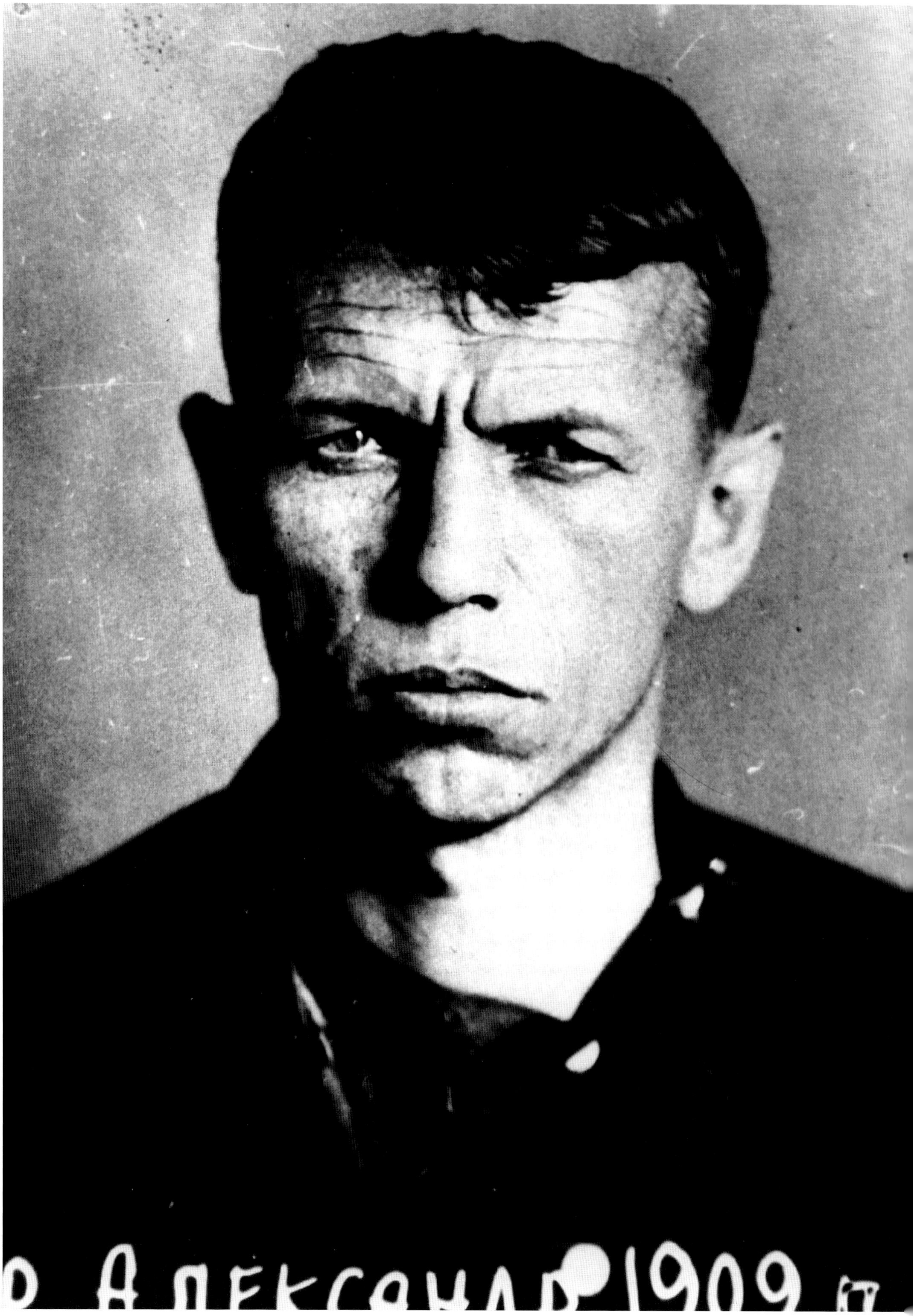

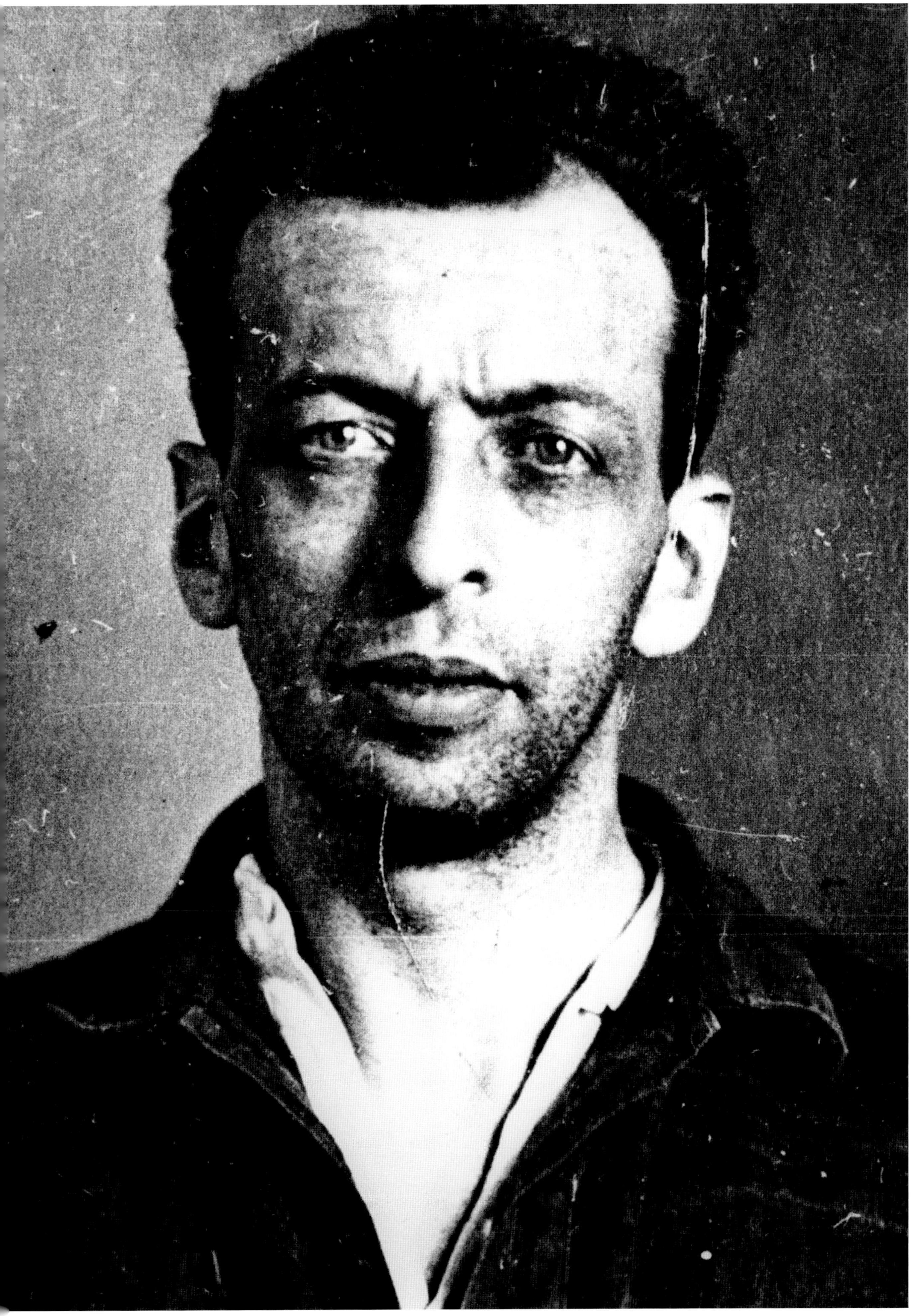

Albert Jochimowitsch Sirkin-Bernardi
Geboren 1895 in Wilno, Litauen.
Mitglied der Kommunistischen Partei seit 1911.
Wohnte in Apartment 29, Troizki Weg 6, Moskau.
Verhaftet am 10. November 1938.
Zum Tode verurteilt durch das Militärkollegium des Obersten Gerichts der UdSSR am 8. März 1940.
Angeklagt wegen Zugehörigkeit zu einer konterrevolutionären, terroristischen Vereinigung.
Am folgenden Tag erschossen.
Rehabilitiert 1969.

Nina Stepanowna Frinowskaja
Geboren 1903 in Rjasan.
Kein Parteimitglied.
Absolventin der Geschichtswissenschaft.
Verheiratet mit Michail Frinowski, stellvertretender Leiter des NKWD.
Wohnte in Apartment 77, Kropotkinskaja Straße 31, Moskau.
Verhaftet am 12. April 1939.
Zum Tode verurteilt durch das Militärkollegium des Obersten Gerichts der UdSSR am 2. Februar 1940.
Sie wurde am folgenden Tag erschossen.
Angeklagt als Feindin des Volkes und wegen Gewährens von Unterschlupf für einen konterrevolutionären Kriminellen.
Rehabilitiert 1966.

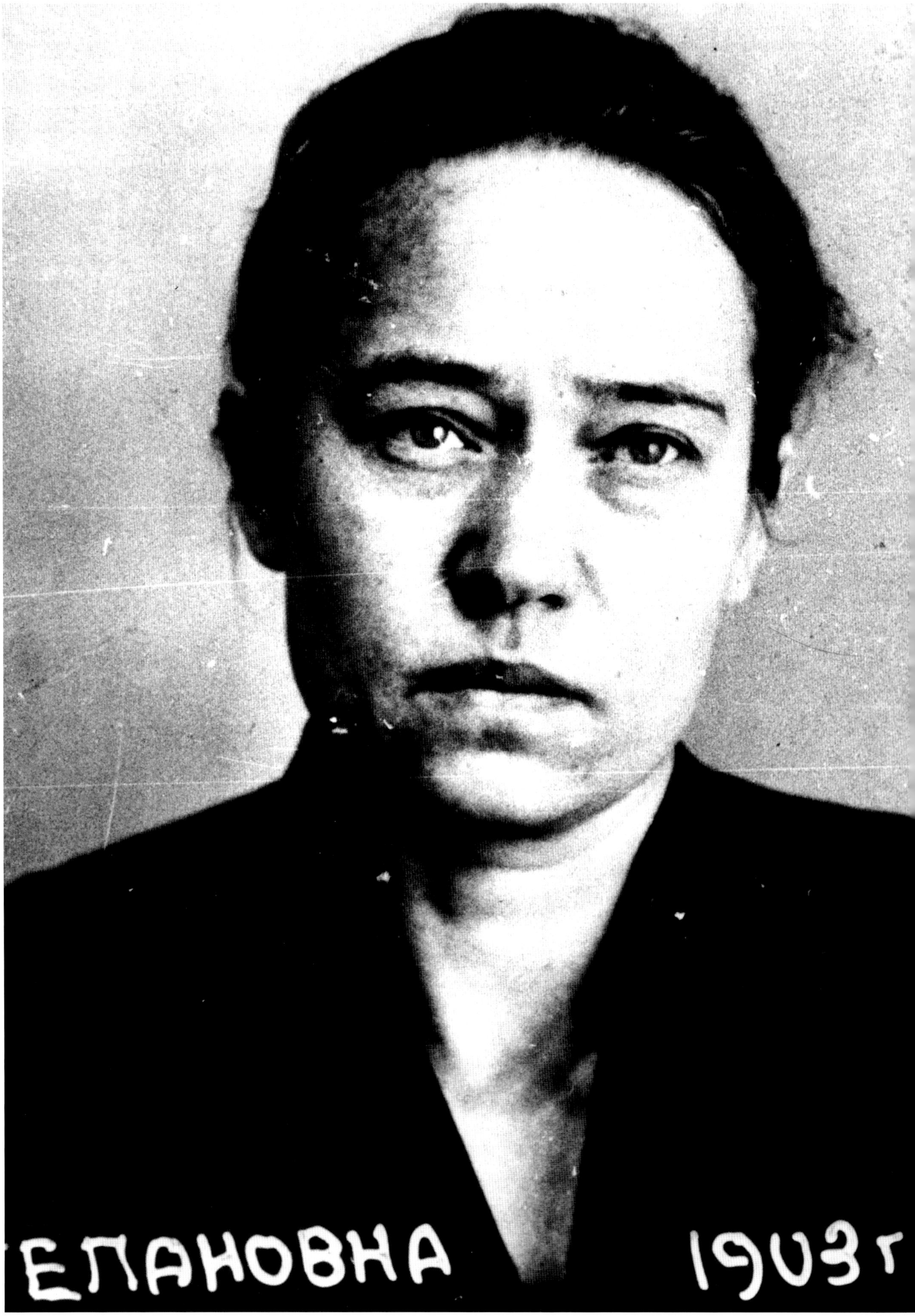

Oleg Michailowitsch Frinowski
Geboren 1922 in Charkow. Junger Kommunist. Schüler. Sohn von Michail Frinowski, stellvertretender Leiter des NKWD. Wohnte mit seiner Mutter, Nina (*gegenüberliegende Seite*), in Apartment 77, Kropotkinskaja Straße 31, Moskau. Verhaftet am 12. April 1939. Zum Tode verurteilt durch das Militärkollegium des Obersten Gerichts der UdSSR und ein paar Tage vor seiner Mutter erschossen, am 21. Januar 1940. Angeklagt wegen Zugehörigkeit zu einer konterrevolutionären Jugendvereinigung. Rehabilitiert 1966.

Wsewolod Emiljewitsch Meyerhold
Geboren 1874 in Pensa.
Mitglied der Kommunistischen Partei.
Leiter des Stanislawski-Musiktheaters.
Wohnte in Apartment 11, Briusowski Weg 12, Moskau.
Verhaftet am 20. Juni 1939.
Zum Tode verurteilt durch das Militärkollegium des Obersten Gerichts der UdSSR am 1. Februar 1940.
Angeklagt wegen antisowjetischer, trotzkistischer Tätigkeit.
Er wurde am folgenden Tag erschossen.
Rehabilitiert 1955.

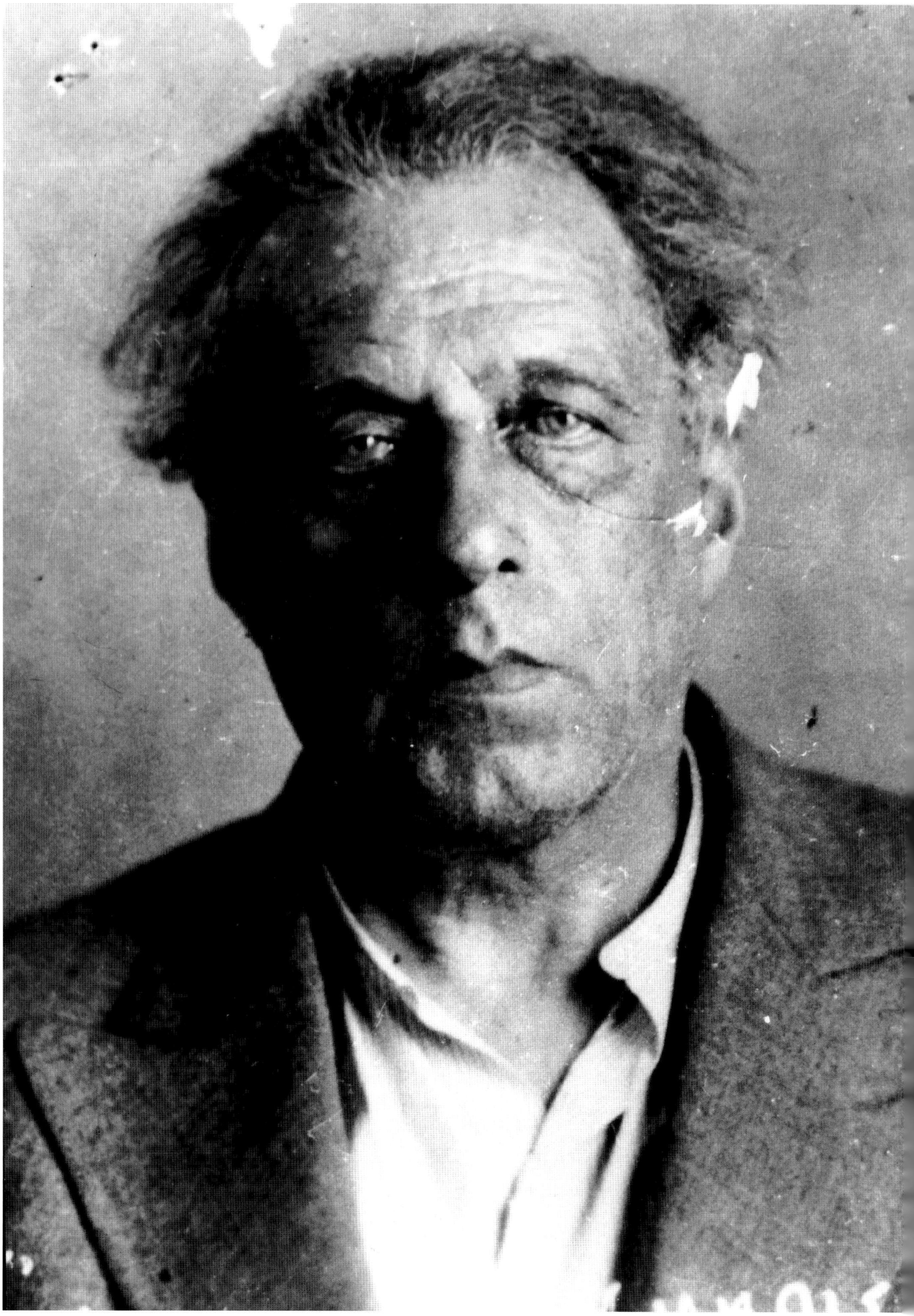

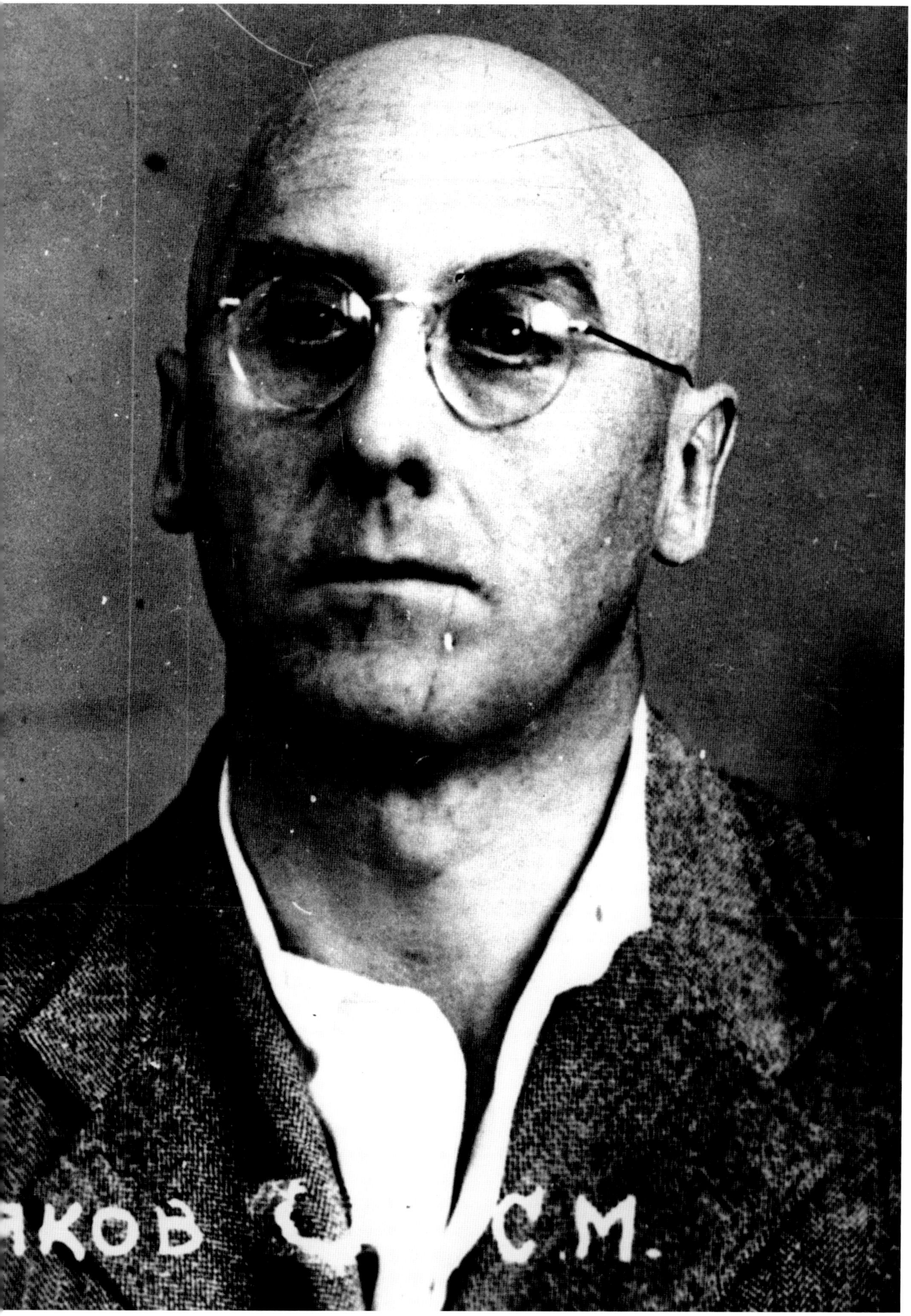

Sergej Michailowitsch Tretjakow
Geboren 1892 in Riga. Kein Parteimitglied. Schriftsteller und Kunstkritiker. Sonderkorrespondent der Zeitung *Prawda*. Wohnte in Apartment 25, Malaja Bronnaja Straße 21/13, Moskau. Verhaftet am 25. Juli 1937. Zum Tode verurteilt durch das Militärkollegium des Obersten Gerichts der UdSSR am 10. September 1937. Angeklagt wegen Spionage. Er wurde am gleichen Tag erschossen. Rehabilitiert 1956.

Michail Wasiljewitsch Djatschuk
Geboren 1902 in Gatna, Ukraine.
Mitglied der Rumänischen Kommunistischen Partei.
Landwirtschaftlicher Arbeiter in Landau, Deutschland.
Verhaftet am 4. Juni 1939.
Zum Tode verurteilt am 3. Februar 1940.
Angeklagt wegen Überschreitung der sowjetischen Staatsgrenze mit der Absicht, Spionage in der Sowjetunion zu betreiben.
Er wurde am folgenden Tag erschossen.
Rehabilitiert 1958.

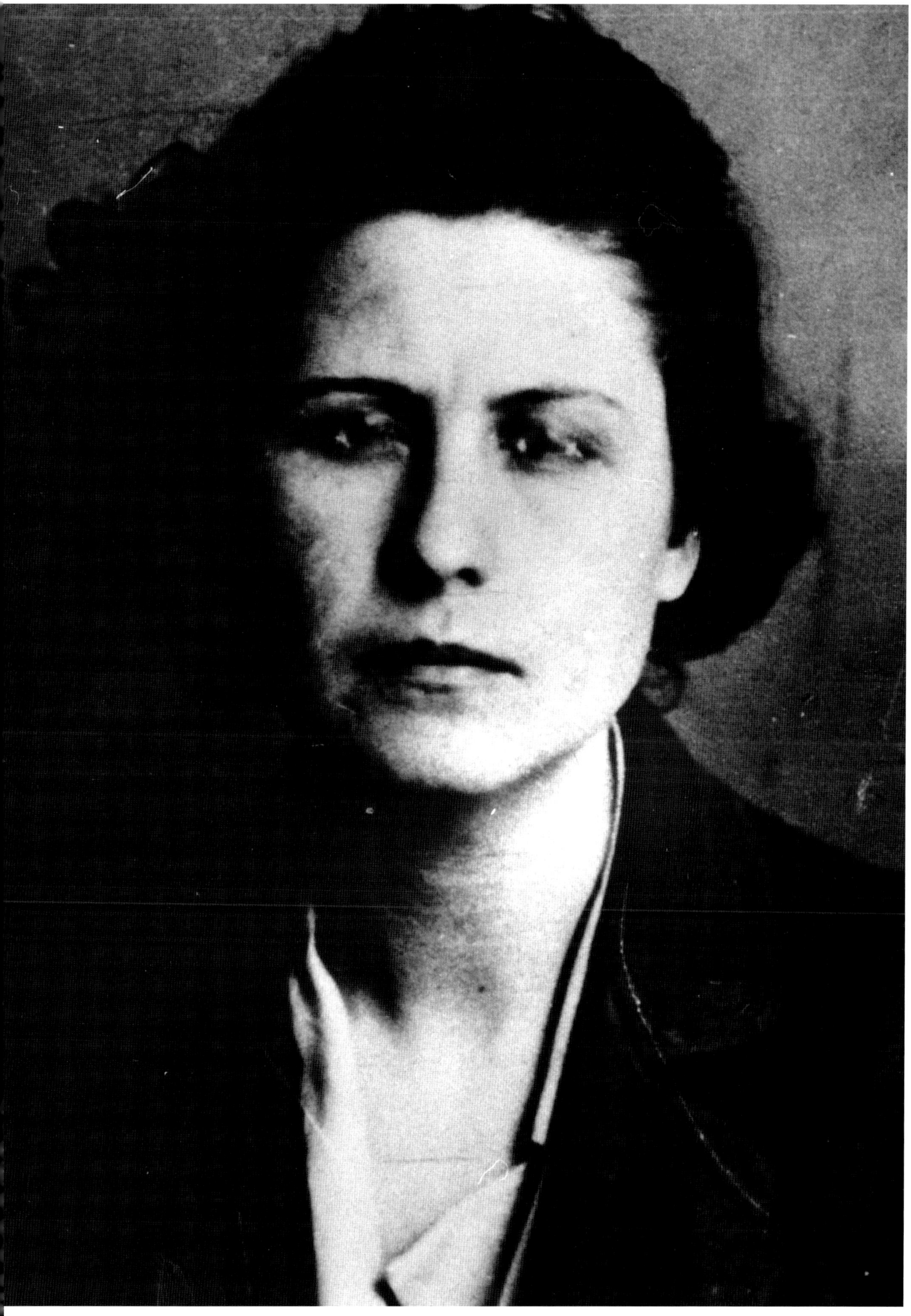

Helene Hartmann
Geboren 1906
in Dortmund,
Deutschland.
Mitglied der
Kommunistischen
Partei.
Mitarbeiterin der
Auslandsabteilung des
NKWD.
Verhaftet am
27. Februar 1939.
Zum Tode verurteilt am
28. Januar 1940.
Am folgenden Tag
erschossen.
Anklage unbekannt.

Moisej Markowitsch Girschbein
Geboren 1892 in Warschau, Polen.
Kein Parteimitglied.
Wohnte in Apartment 1, Bachmetjewskaja Straße 8, Moskau.
Vorarbeiter bei der Holzfabrik Swerdlowsk.
Verhaftet am 27. Juni 1939.
Zum Tode verurteilt durch das Militärkollegium des Obersten Gerichts der UdSSR am 24. Juli 1940.
Angeklagt wegen Spionage.
Er wurde zwei Tage später erschossen.
Rehabilitiert 1957.

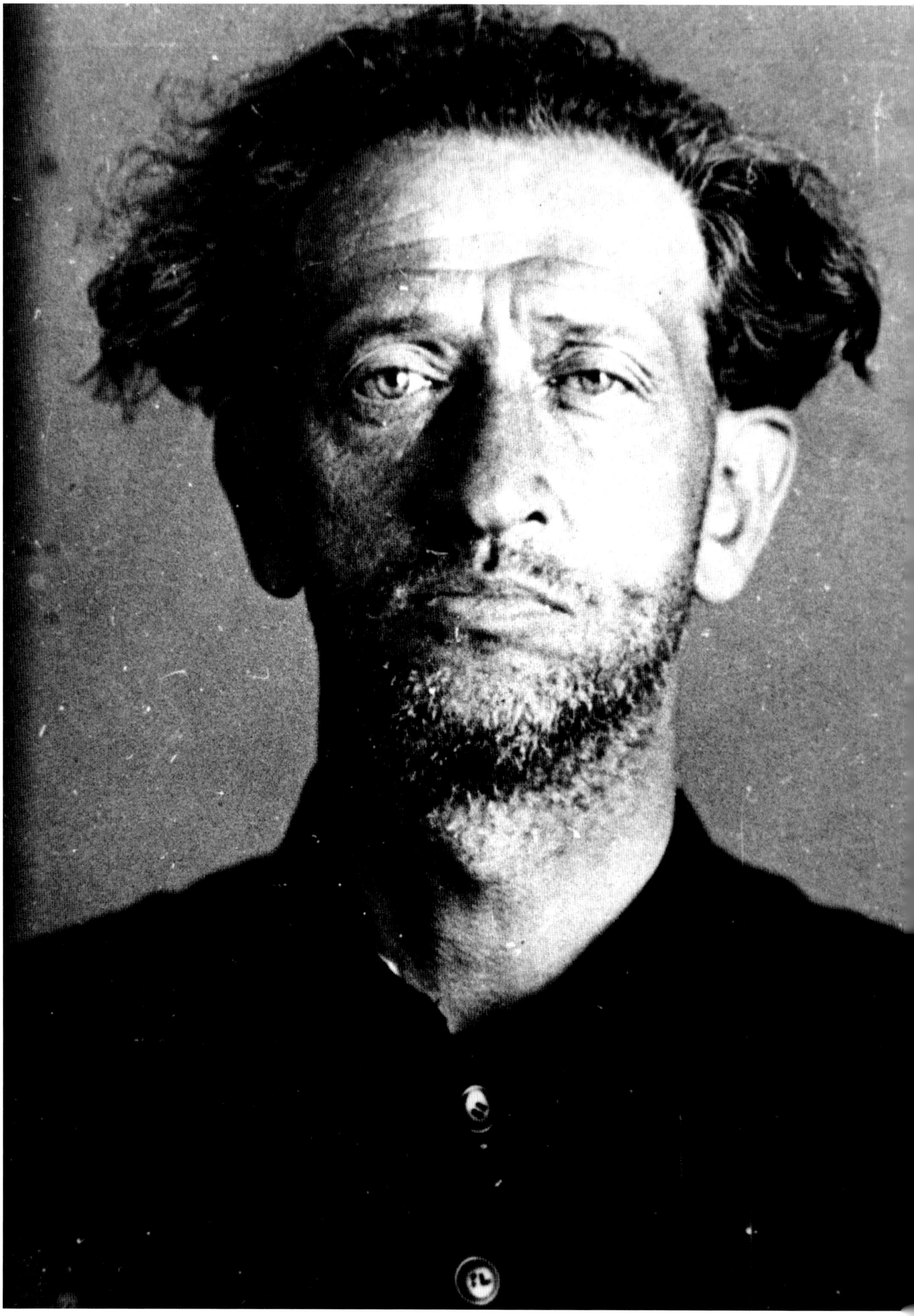

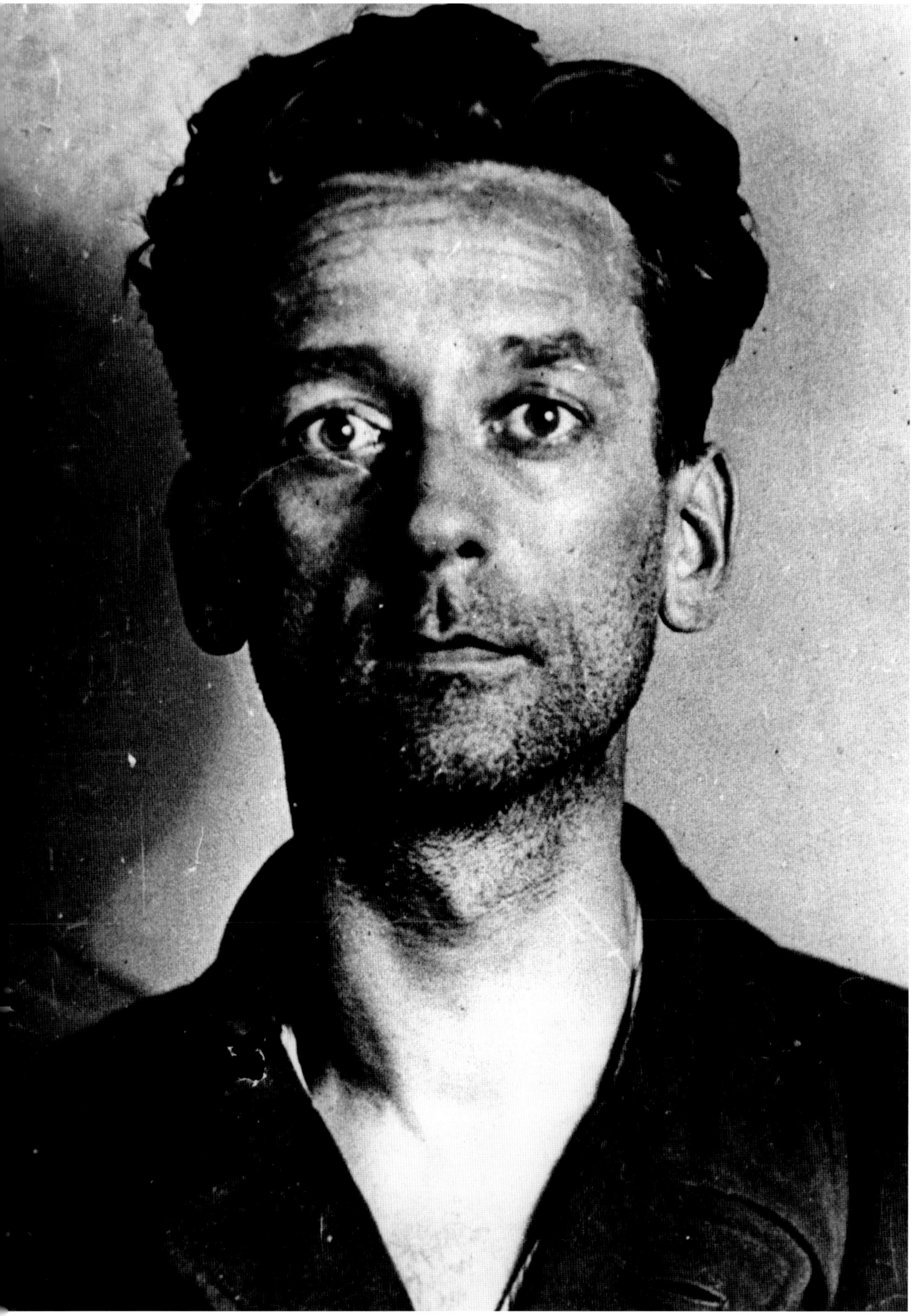

Andrej Konstantinowitsch Woskresenski
Geboren 1900 in Jalta, Krim.
Kein Parteimitglied.
Kameramann.
Wohnte in Apartment 331, Schabolowski Weg 11–8, Moskau.
Tag der Verhaftung unbekannt.
Zum Tode verurteilt am 4. März 1939.
Angeklagt wegen Spionage, Sabotage und terroristischer Handlungen.
Am gleichen Tag erschossen.
Rehabilitiert 1992.

Johanna Alexandrowna Murugowa-Jegorowa
Geboren 1905 in Moskau.
Kein Parteimitglied.
Beruf unbekannt.
Verheiratet mit einem Mitarbeiter der Kommunistischen Partei.
Wohnte in Apartment 21, Puschkinskaja Straße 22, Moskau.
Verhaftet am 9. Juni 1939.
Zum Tode verurteilt durch das Militärkollegium des Obersten Gerichts der UdSSR am 8. März 1940.
Angeklagt wegen Spionage und Zugehörigkeit zu einer konterrevolutionären Vereinigung.
Sie wurde am gleichen Tag erschossen.
Rehabilitiert 1955.

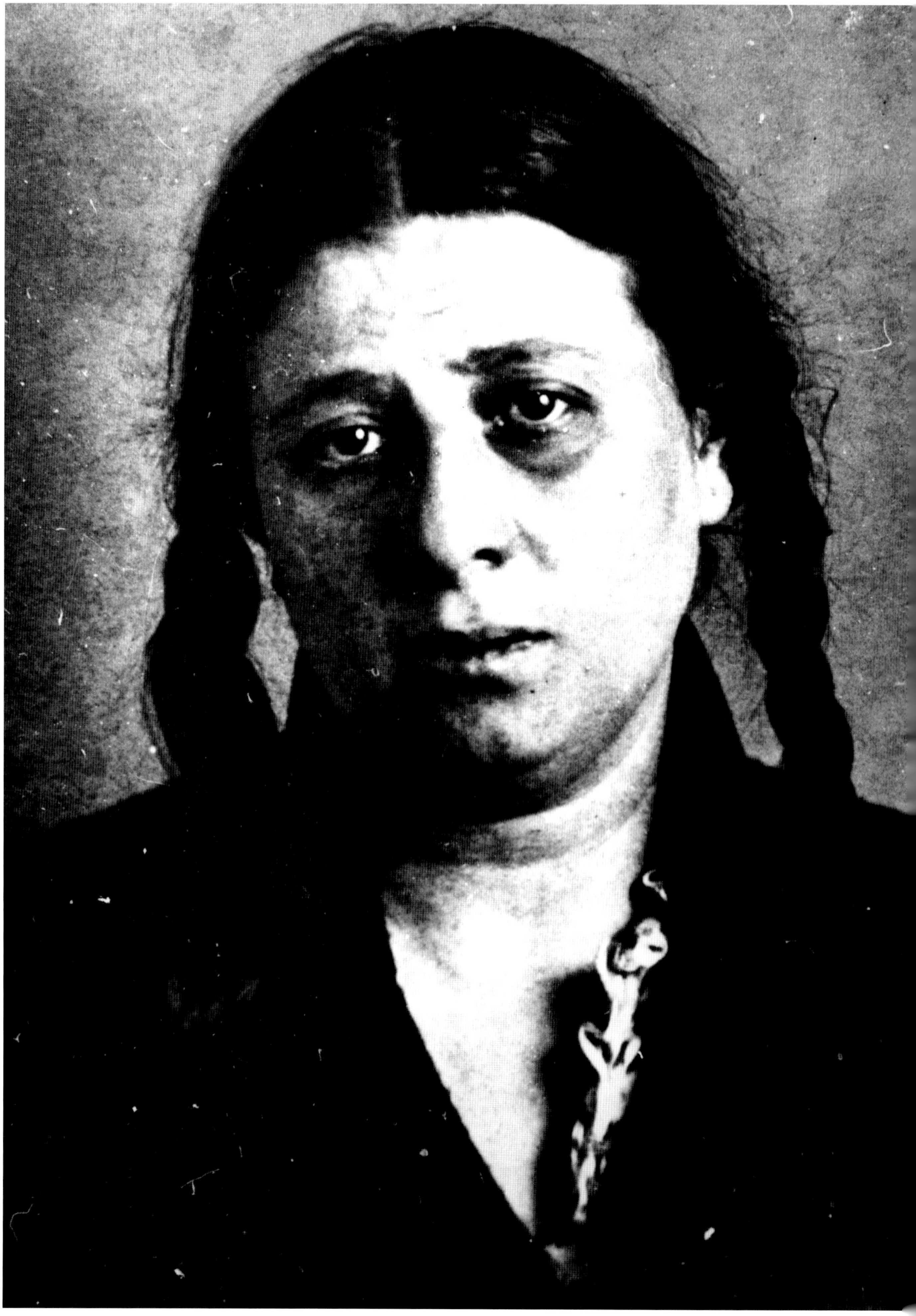

Samuel Jewsarowitsch Weizman
Geboren 1881 in Motol, Bezirk Grodnensky.
Kein Parteimitglied zur Zeit seiner Verhaftung.
Mitglied der Jüdischen Sozialdemokratischen Arbeiterpartei von 1903 bis 1917.
Lehrer.
Wohnte in Apartment 28, Nowinski Boulevard 8/12, Moskau.
Verhaftet am 7. Februar 1938.
Zum Tode verurteilt durch das Militärkollegium des Obersten Gerichts der UdSSR am 7. März 1939.
Angeklagt wegen Spionage und Zugehörigkeit zu einer konterrevolutionären, terroristischen Vereinigung.
Er wurde am gleichen Tag erschossen.
Rehabilitiert 1956.

Pawel Nikitowitsch Ter-Jonesjan
Geboren 1880 in Kischlach-kenl, Aserbaidschan.
Kein Parteimitglied.
Leiter der Holzbeschaffung in einer Ölraffinerie.
Wohnte in Zimmer 441, Hotel National, Moskau.
Verhaftet am 29. April 1939.
Zum Tode verurteilt von einem Militärgericht aus dem Bezirk Moskau am 22. April 1940.
Angeklagt wegen Zugehörigkeit zu einer konterrevolutionären, terroristischen Vereinigung.
Erschossen am 22. Juni 1940.
Rehabilitiert 1956.

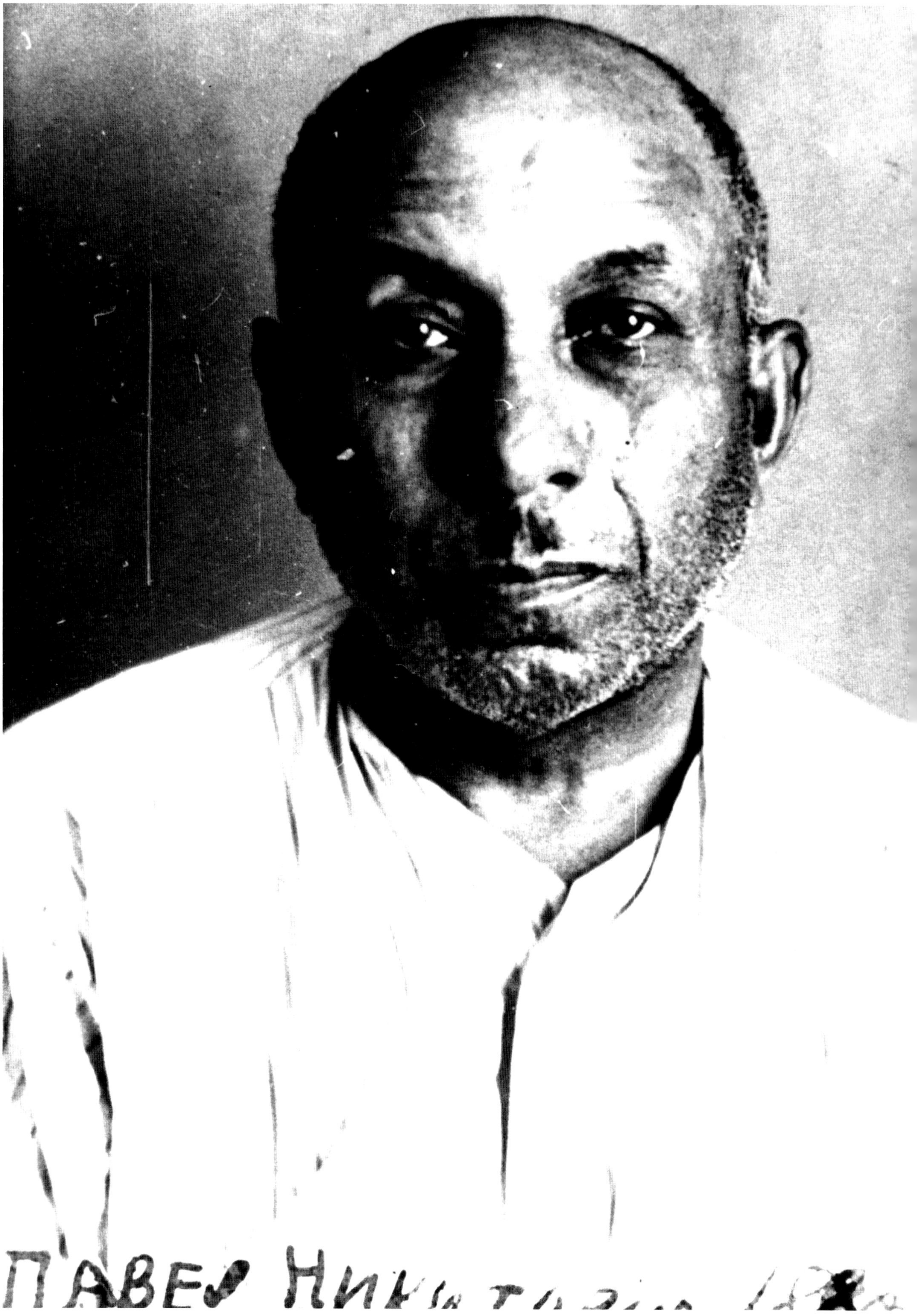

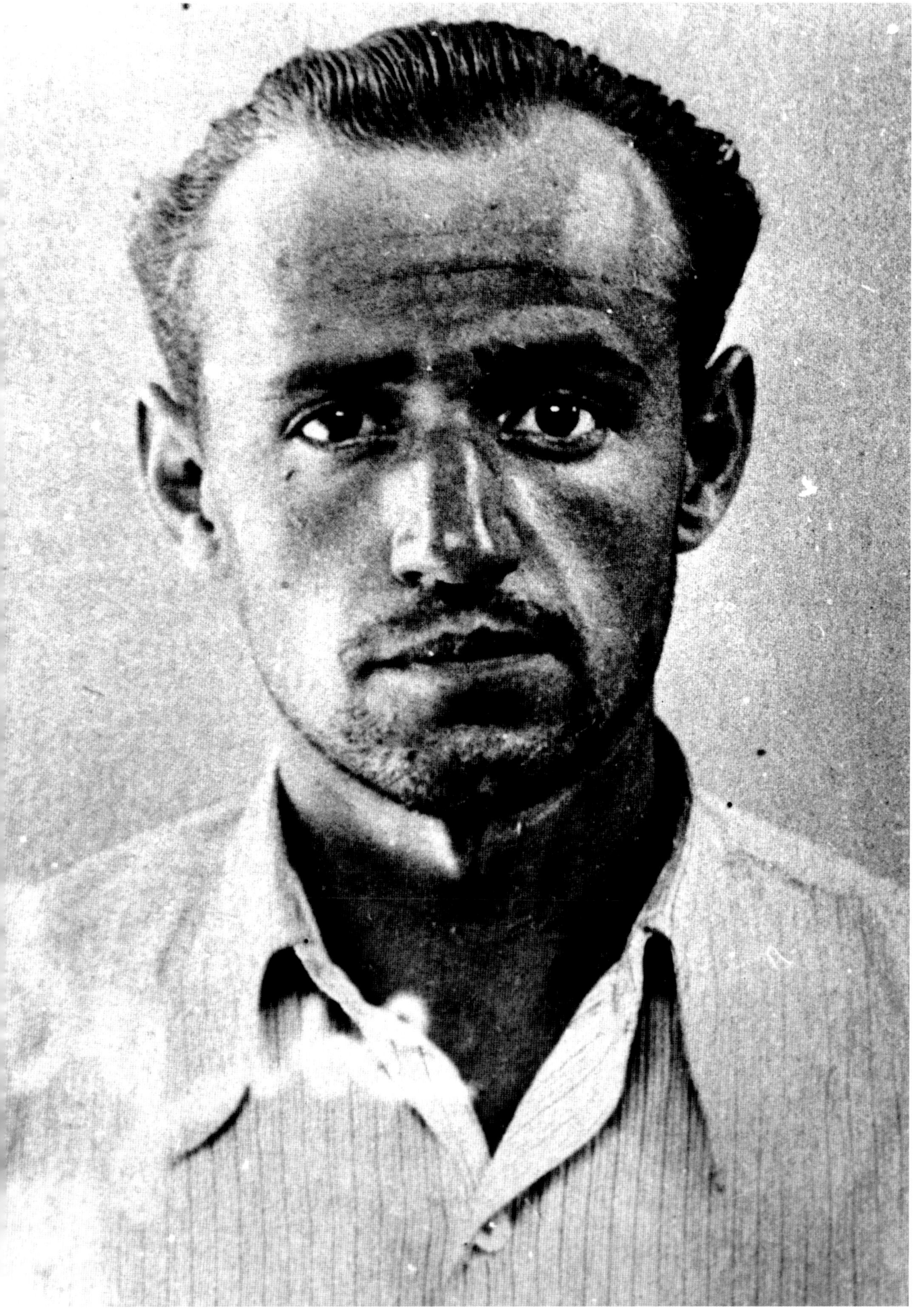

Wolf Schmuliewitsch Genpelman
Geboren 1914 in Dombrowizi, Bezirk Rowenski.
Schlosserlehrling auf einer Kolchose.
Verhaftet am 20. Juni 1940.
Zum Tode verurteilt am 19. Oktober 1940.
Angeklagt wegen Zugehörigkeit zu einer konterrevolutionären Vereinigung.
Erschossen am 1. November 1940.
Rehabilitiert 1991.

Anna Iljinitschna Sak
Geboren 1901 in
Jaroslawl.
Kein Parteimitglied.
Wohnte in Apartment 5,
Mali Nikolopeskowski
Weg 8, Moskau.
Betriebswirtin
in der Moskauer
Stadtverwaltung,
Abteilung für Industrie.
Verhaftet am
6. November 1939.
Zum Tode verurteilt
durch das Militär-
kollegium des Obersten
Gerichts der UdSSR am
24. August 1940.
Am folgenden Tag
erschossen.
Rehabilitiert 1957.

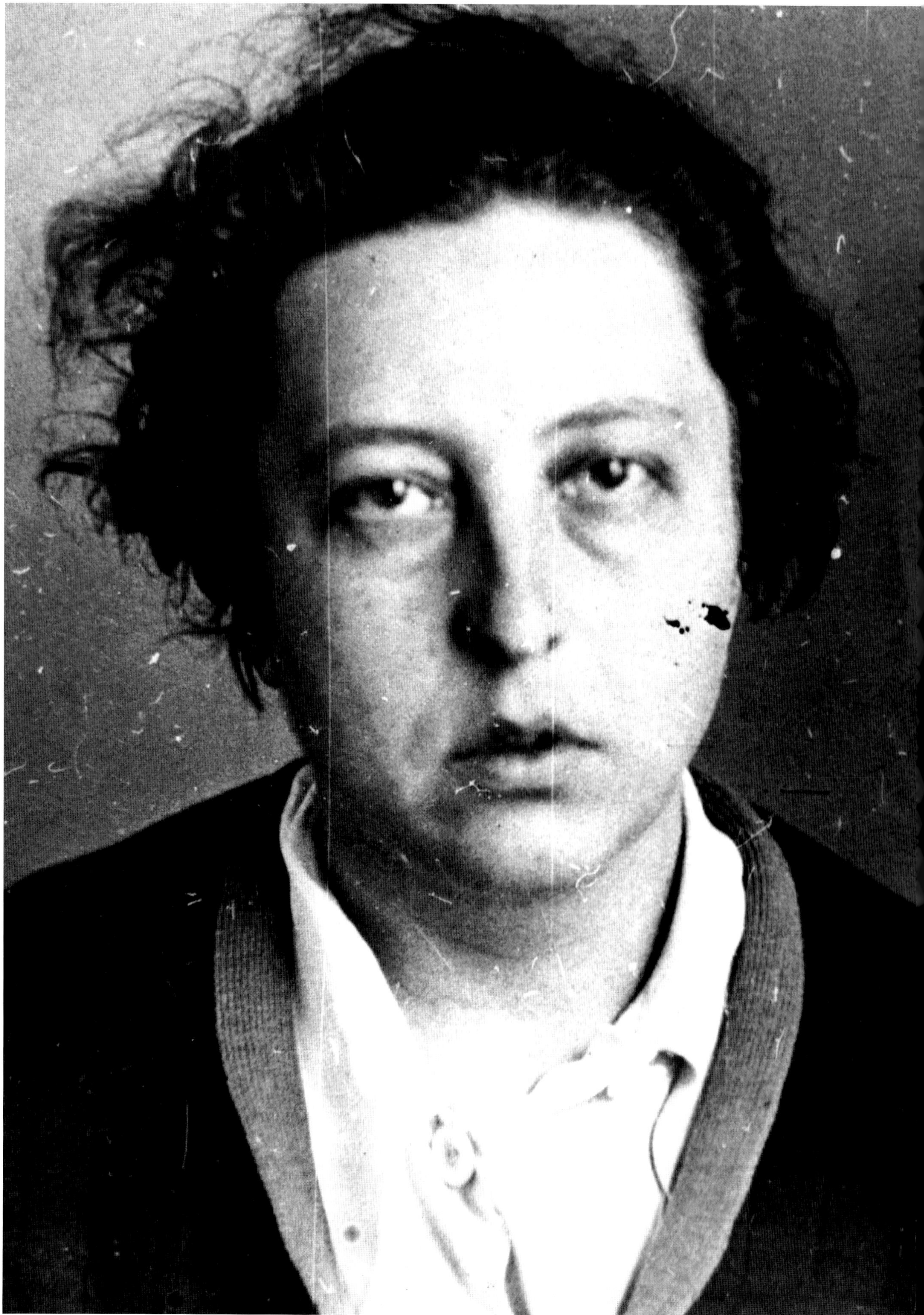

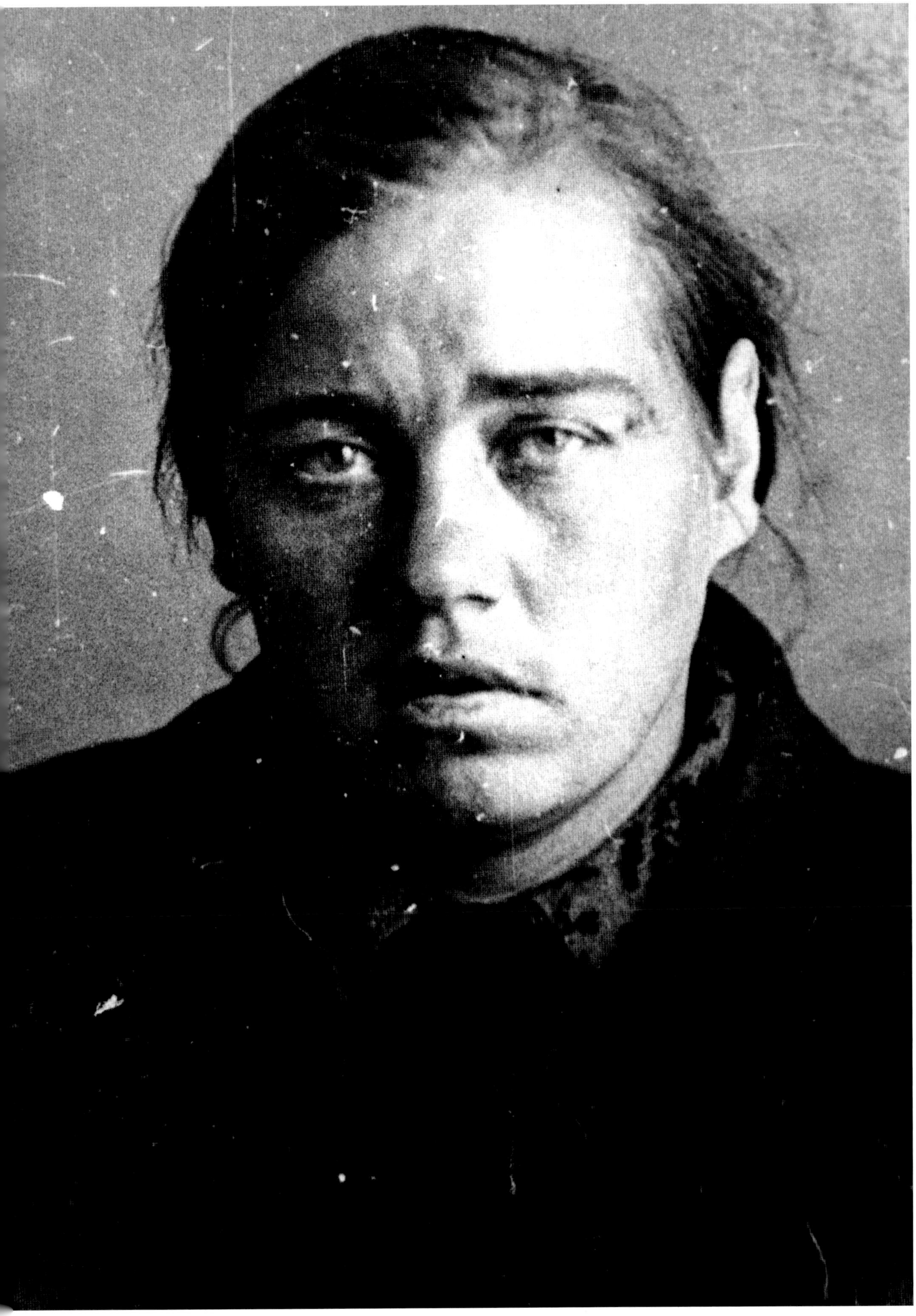

Jelena Ignatiewna Oschmjago
Geboren 1911 in Sprugi, Weißrussland.
Kein Parteimitglied.
Eisenbahnwärterin.
Wohnte am Manichino Bahnhof, Bahnlinie Kalinin.
Verhaftet am 14. September 1939.
Zum Tode verurteilt von einem Militärgericht aus dem Bezirk Moskau am 19. September 1939.
Angeklagt wegen Planung eines Sabotageakts auf die Eisenbahn.
Erschossen am 10. Oktober 1939.
Rehabilitiert 1994.

Asis Seckowitsch Bidschew.
Geboren 1895 in Inschich-Tschukun, Tscherkessk.
Kein Parteimitglied.
Imker in der Lenin-Kolchose.
Verhaftet am 23. Februar 1940.
Zum Tode verurteilt durch das Militärkollegium des Obersten Gerichts der UdSSR am 18. November 1940.
Angeklagt wegen Zugehörigkeit zu einer konterrevolutionären, aufständischen Vereinigung mit dem Ziel, die Sowjetmacht durch bewaffnete Aufstände in Tscherkessk zu stürzen, und wegen krimineller Verbindungen zu politischen Banditen.
Erschossen am 27. November 1940.
Rehabilitiert 1960.

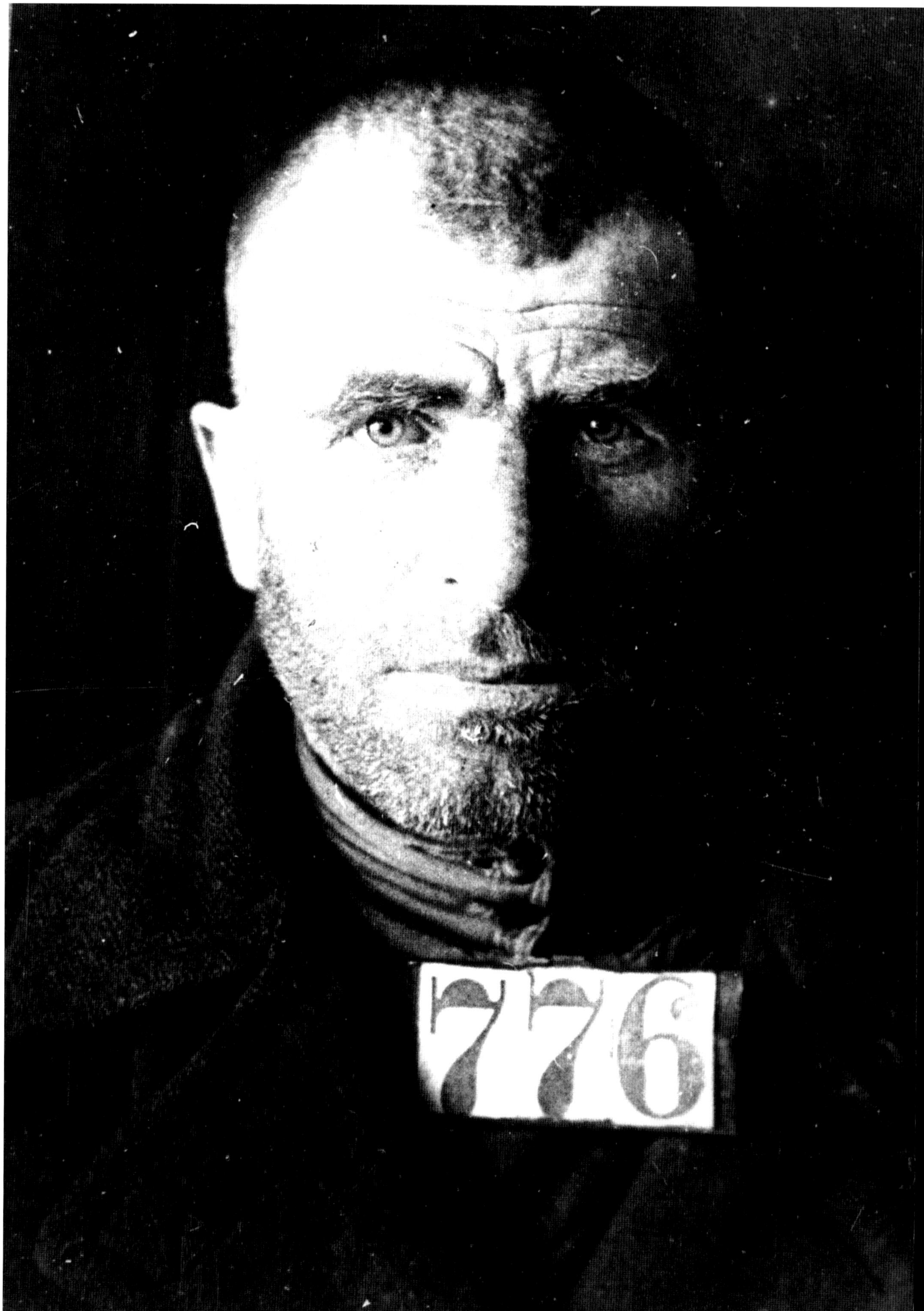

Ilias Batirowitsch Chapischtow
Geboren 1903 in Inschich-Tschukun, Tscherkessk.
Kein Parteimitglied.
Tierpfleger in der Woroschilow-Kolchose.
Verhaftet am 13. Februar 1940.
Zum Tode verurteilt durch das Militärkollegium des Obersten Gerichts der UdSSR am 18. November 1940.
Angeklagt wegen Zugehörigkeit zu einer konterrevolutionären, aufständischen Vereinigung mit dem Ziel, die Sowjetmacht durch bewaffnete Aufstände in Tscherkessk zu stürzen, und wegen krimineller Verbindungen zu politischen Banditen.
Erschossen am 27. November 1940.
Rehabilitiert 1960.

Japon Sakirejewitsch Tschukow
Geboren 1910 in Inschich-Tschukun, Tscherkessk.
Kein Parteimitglied.
Pferdehalter in der Lenin-Kolchose.
Verhaftet am 9. Februar 1940.
Zum Tode verurteilt durch das Militärkollegium des Obersten Gerichts der UdSSR am 18. November 1940.
Angeklagt wegen Zugehörigkeit zu einer konterrevolutionären, aufständischen Vereinigung mit dem Ziel, die Sowjetmacht in Tscherkessk zu stürzen.
Erschossen am 27. November 1940.
Rehabilitiert 1960.

Chamsat Machmulowitsch Urtschukow
Geboren 1895 in Inschich-Tschukun, Tscherkessk.
Kein Parteimitglied.
Mitglied der Lenin-Kolchose.
Verhaftet am 22. Februar 1940.
Zum Tode verurteilt durch das Militärkollegium des Obersten Gerichts der UdSSR am 18. November 1940.
Angeklagt wegen Zugehörigkeit zu einer konterrevolutionären, aufständischen Vereinigung mit dem Ziel, die Sowjetmacht durch bewaffnete Aufstände in Tscherkessk zu stürzen, und wegen krimineller Verbindungen zu politischen Banditen.
Erschossen am 27. November 1940.
Rehabilitiert 1960.

Chorun Schamowitsch Balow
Geboren 1899 in Inschich-Tschukun, Tscherkessk.
Kein Parteimitglied.
Zuchtkontrolleur.
Verhaftet am 8. Februar 1940.
Zum Tode verurteilt durch das Militärkollegium des Obersten Gerichts der UdSSR am 18. November 1940.
Angeklagt wegen Zugehörigkeit zu einer konterrevolutionären, aufständischen Vereinigung mit dem Ziel, die Sowjetmacht durch bewaffnete Aufstände in Tscherkessk zu stürzen, und wegen krimineller Verbindungen mit politischen Banditen und Anwerbungen für die Organisation.
Erschossen am 27. November 1940.
Rehabilitiert 1960.

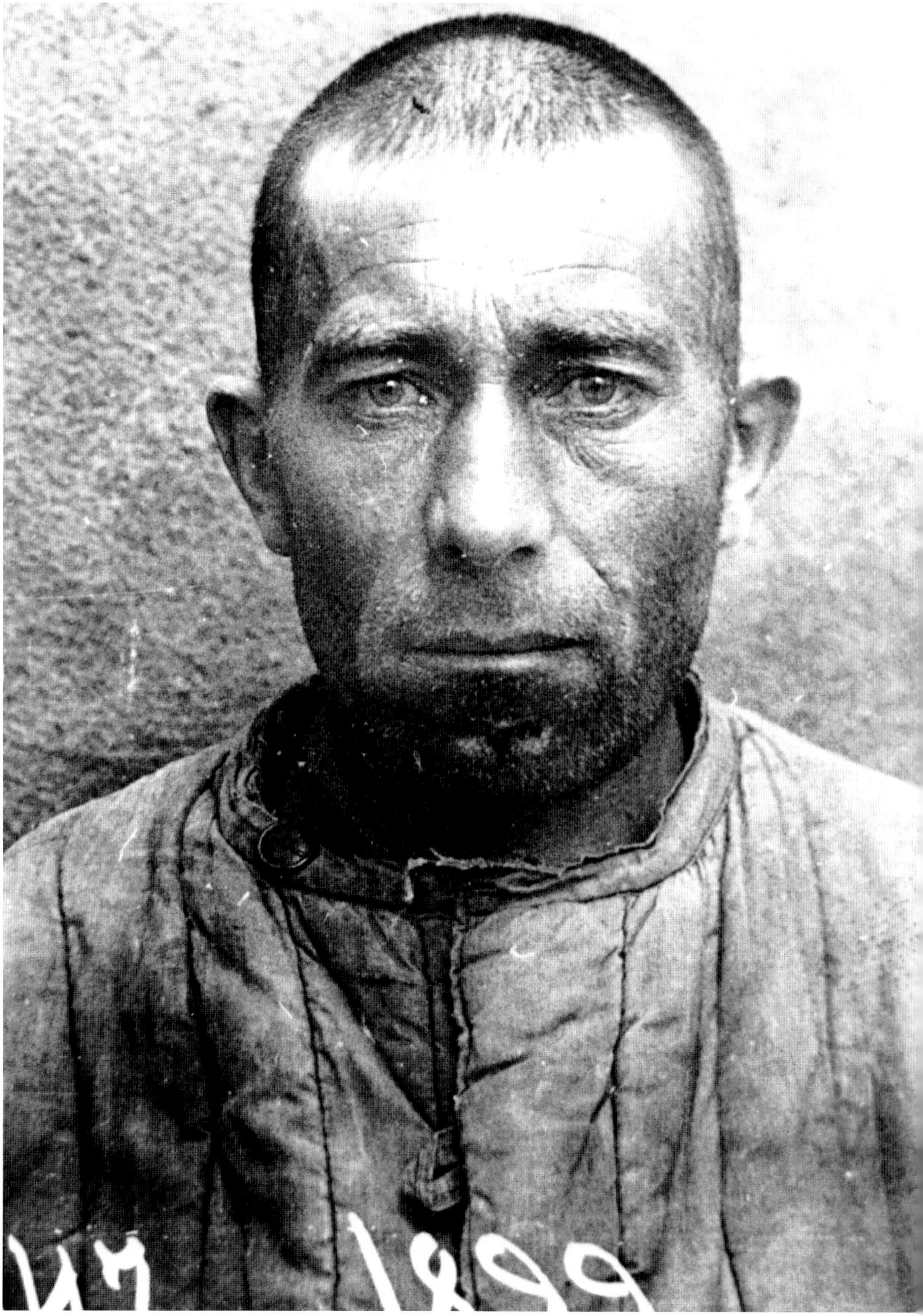

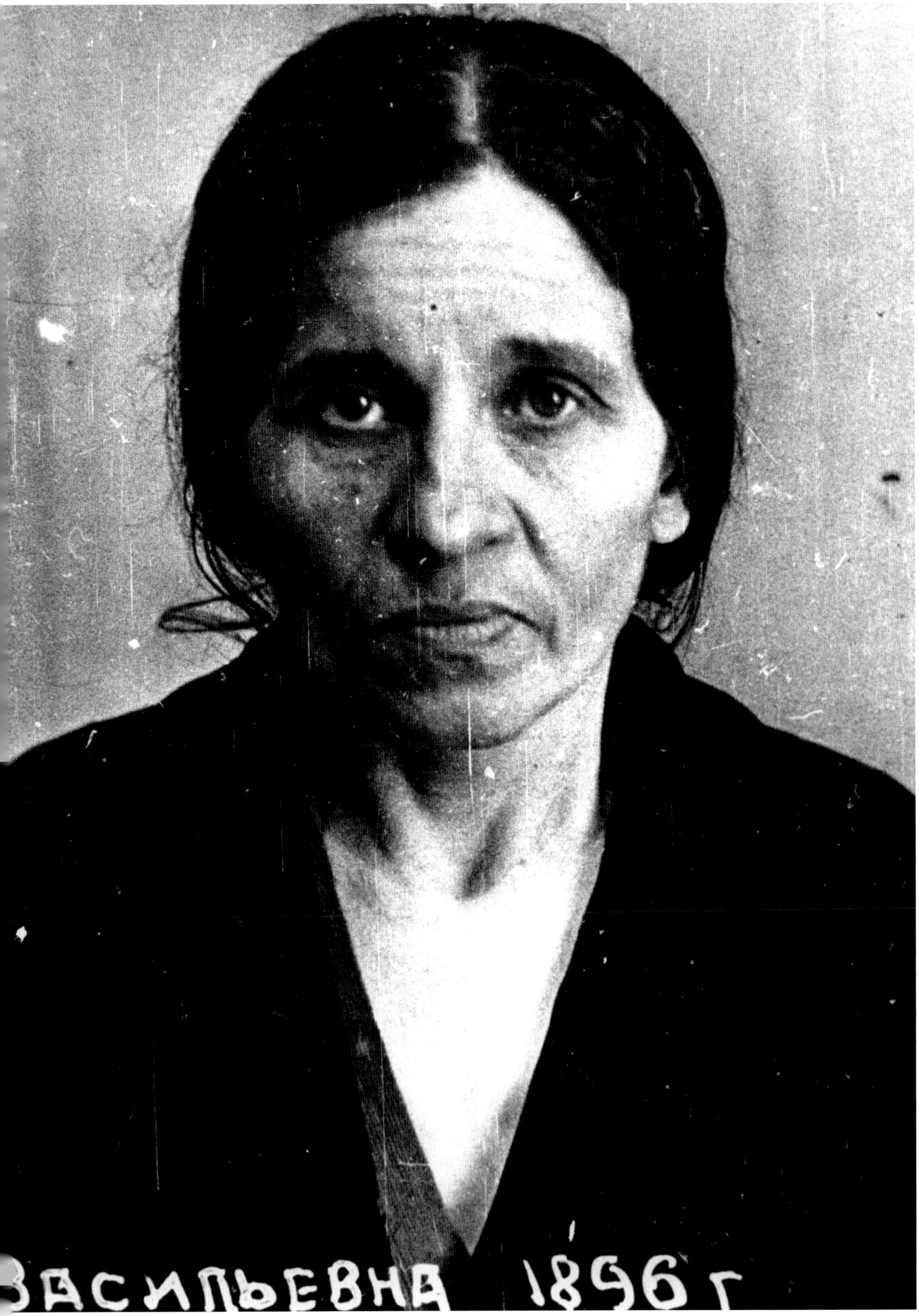

Maria Wasiljewna Inosemziewa
Geboren 1896 in Moskau.
Kein Parteimitglied.
Qualitätsprüferin in der Moskworezki-Promtrest-Schuhfabrik.
Wohnte in der Butirskaja Straße 10, Moskau.
Verhaftet am 11. Dezember 1941.
Zum Tode verurteilt am 3. Februar 1942.
Angeklagt wegen konterrevolutionärer Agitation und Begeisterung für das faschistische System.
Erschossen am 19. Februar 1942.
Rehabilitiert 1990.

Alexandra Iwanowna Jurkewitsch-Suchorebrowa
Geboren 1902 in Kiew, Ukraine.
Kein Parteimitglied.
Reinigungsfrau.
Wohnte in Brüssel, Belgien, wurde aber in der UdSSR am 26. März 1941 verhaftet.
Zum Tode verurteilt durch das Militärkollegium des Obersten Gerichts der UdSSR am 13. Juli 1941.
Angeklagt wegen Spionage.
Erschossen am 30. Juli 1941.
Rehabilitiert 1991.

Nikolai Georgiewitsch Lasutin
Geboren 1901 in Sankt Petersburg.
Mitglied der Kommunistischen Partei.
Erster Artillerist der 61. Schützendivision der 13. Roten Armee.
Wohnte in der Leo Tolstoi Straße 45, Tula.
Verhaftet am 30. Dezember 1945.
Zum Tode verurteilt durch das Militärkollegium des Obersten Gerichts der UdSSR am 26. August 1950.
Angeklagt wegen Verrats am Vaterland.
Er wurde am gleichen Tag erschossen.
Rehabilitiert 1956.

Wasili Michailowitsch Matwejew
Geboren 1906 in Ljadkino, Bezirk Jaroslawl.
Kein Parteimitglied.
Fahrer einer Schweißerei.
Wohnte in Zimmer 5, Apartment 14, Wedernikowski Weg 2, Moskau.
Verhaftet am 13. Dezember 1941.
Zum Tode verurteilt am 13. Januar 1942.
Angeklagt wegen konterrevolutionärer Agitation.
Erschossen am 10. Februar 1942.
Rehabilitiert 1990.

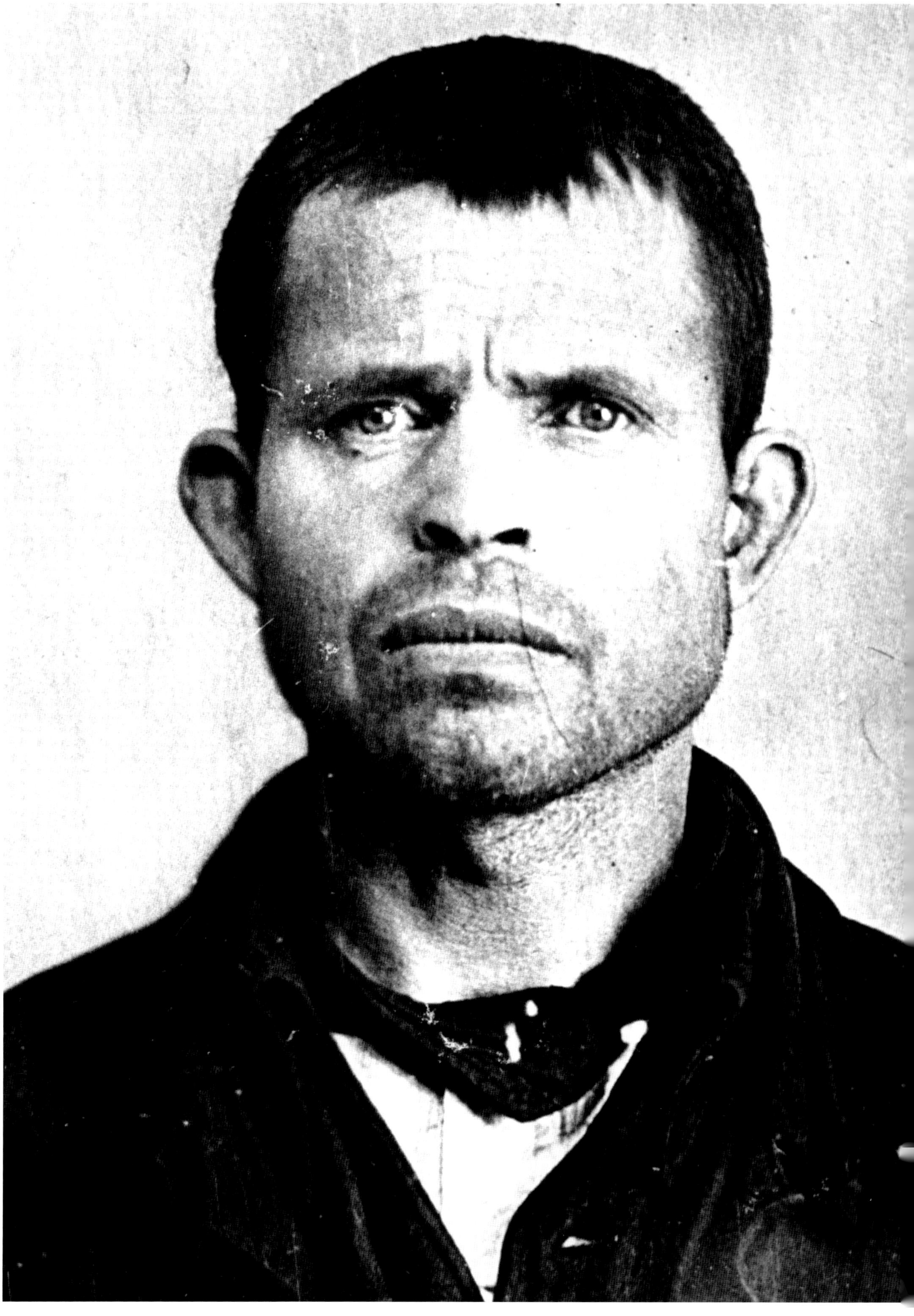

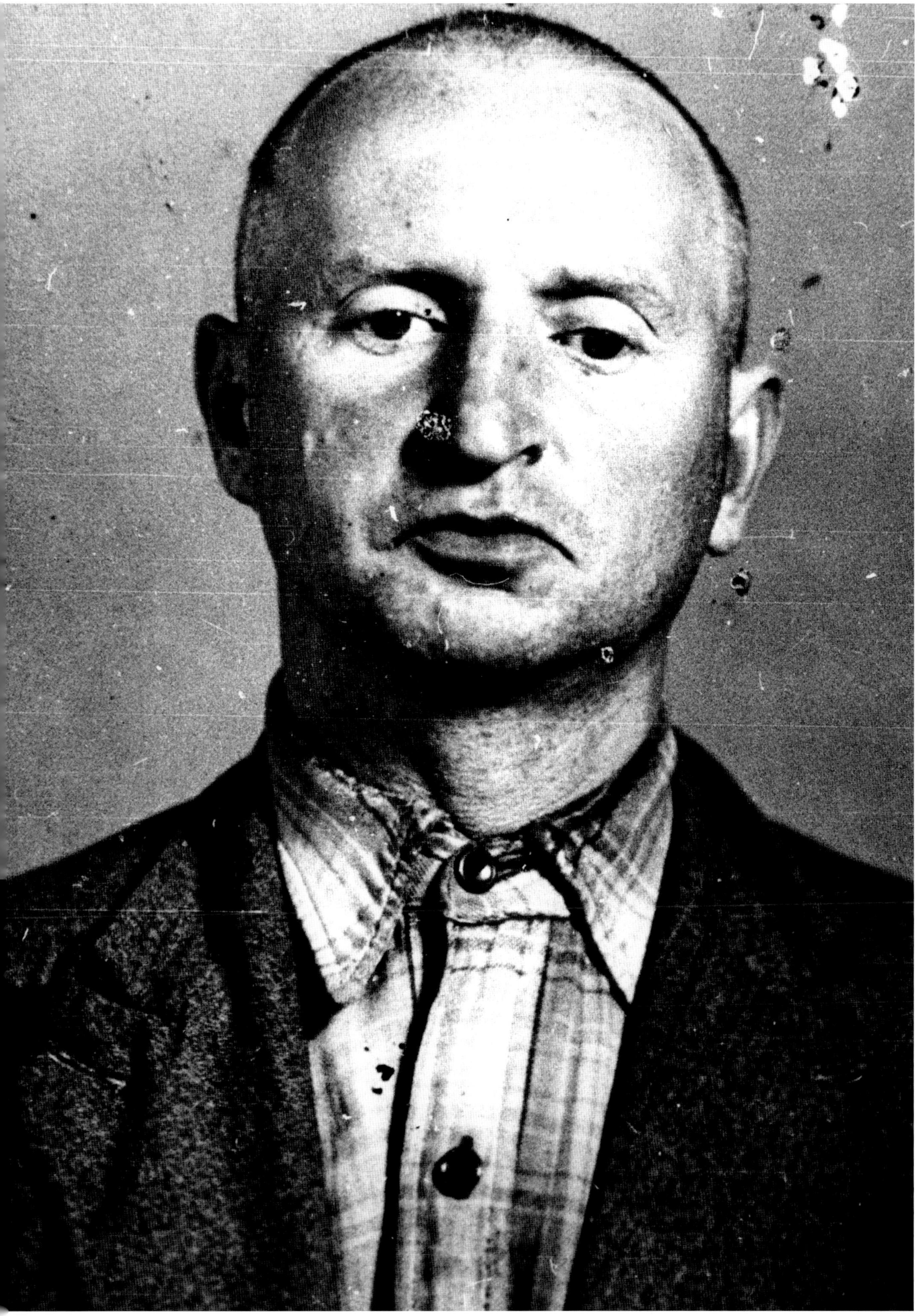

Michail Sinde
Geboren 1909 in Sluzk, Weißrussland.
Mitglied der Kommunistischen Partei.
Wissenschaftler bei der Zeitung der Roten Flotte.
Wohnte in Apartment 171a, Rauschskaja Ufer 4/5, Moskau.
Verhaftet am 6. September 1949.
Zum Tode verurteilt durch das Militärkollegium des Obersten Gerichts der UdSSR am 21. April 1950.
Angeklagt wegen Spionage.
Am gleichen Tag erschossen.
Rehabilitiert 1958.

Werner Wendt
Geboren 1913 in Deutschland.
Kein Parteimitglied.
Oberwachtmeister der Grenzsoldaten.
Wohnte in Mecklenburg.
Verhaftet am 23. September 1950.
Zum Tode verurteilt am 20. Dezember 1950.
Angeklagt wegen Zugehörigkeit zu einer konterrevolutionären, terroristischen Vereinigung.
Erschossen am 18. April 1951.
Rehabilitiert 1991.

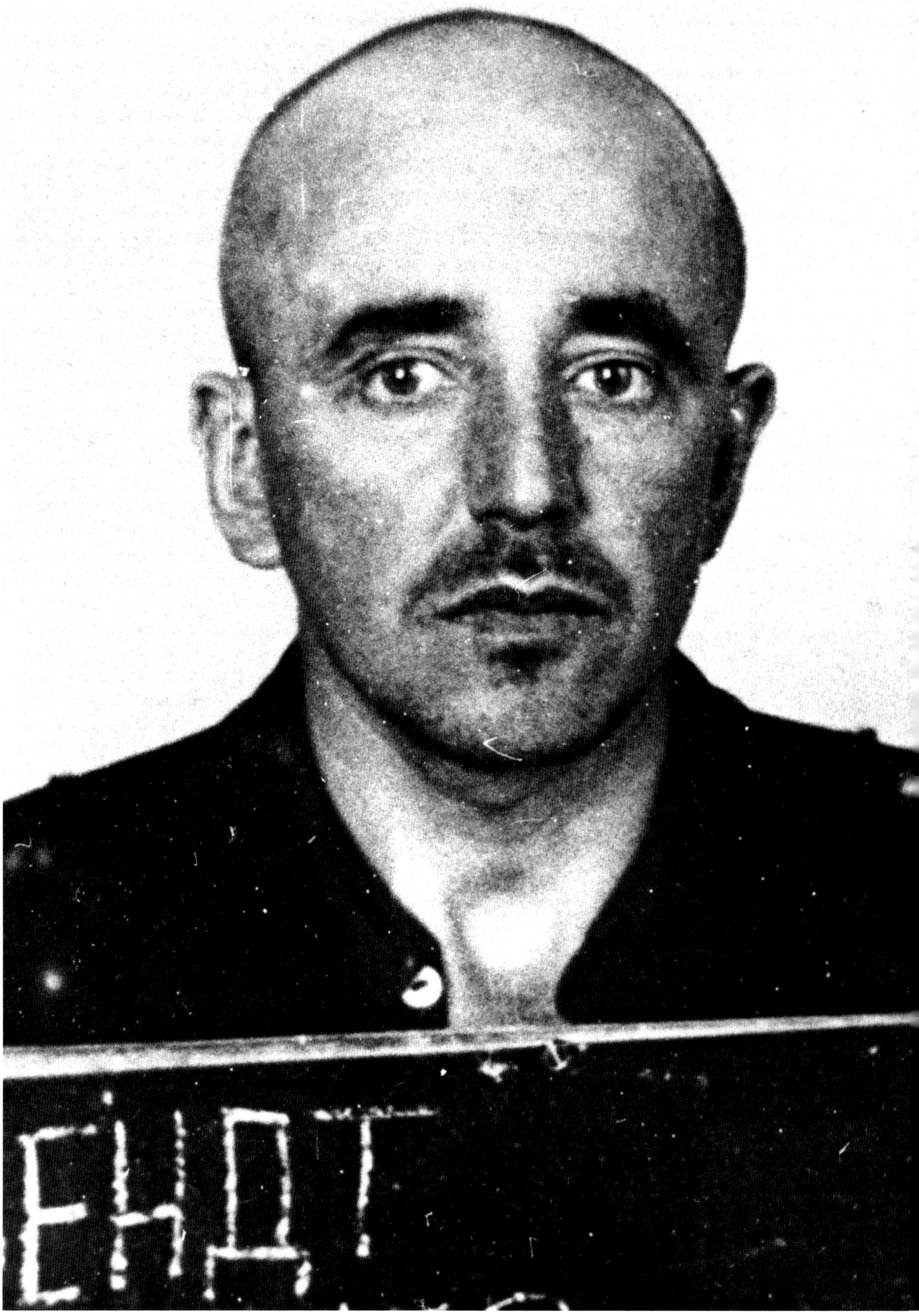

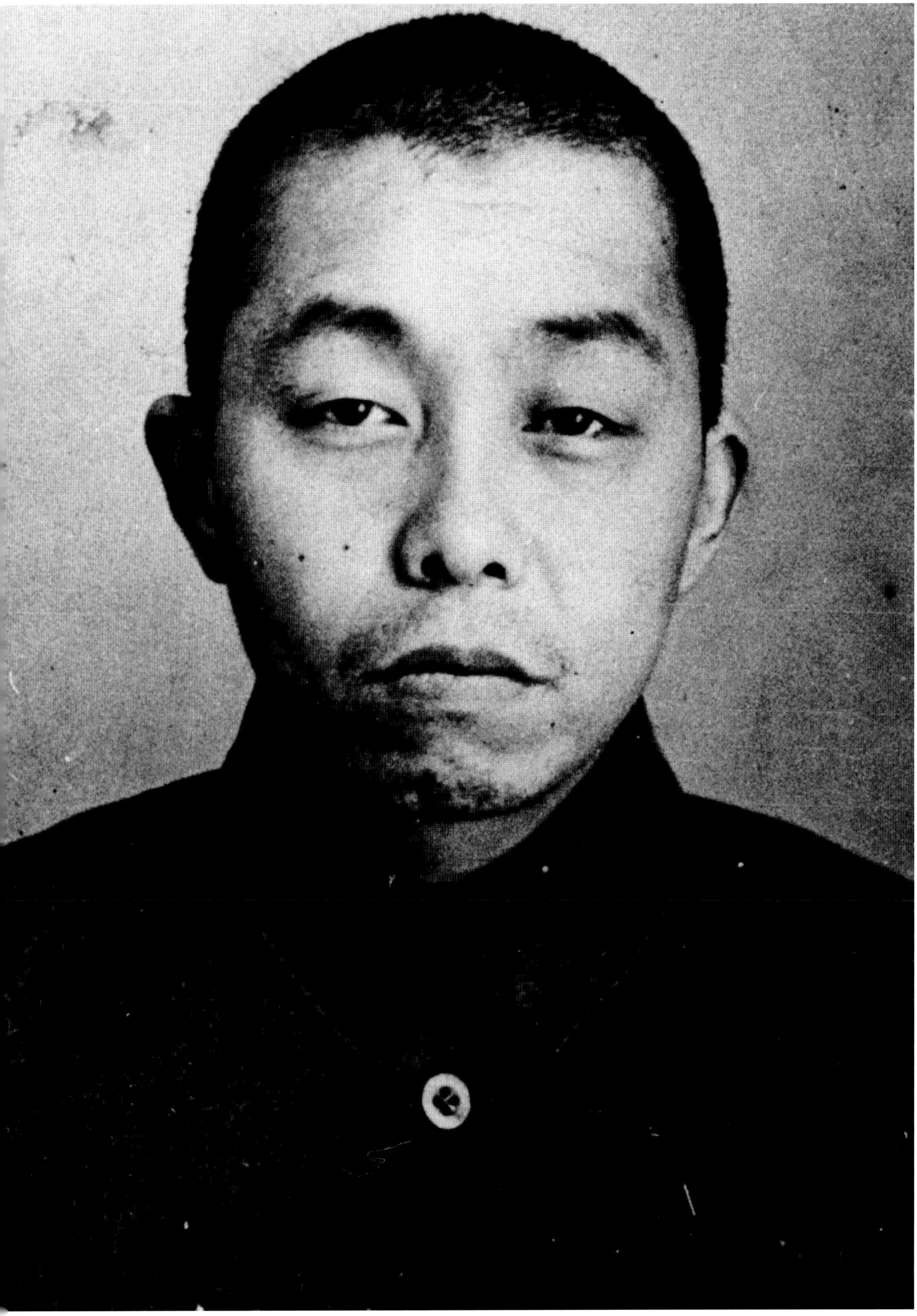

Chadsime Kanie
Geboren 1908 in Japan.
Kein Parteimitglied.
Leiter einer
Militärmission auf der
Insel Sachalin.
Verhaftet am
16. September 1945.
Zum Tode verurteilt am
15. Februar 1947.
Erschossen am
4. März 1947.
Anklage unbekannt.

Miriam Solomonowna Eisenschtadt
Geboren 1909 in Kiew, Ukraine.
Kein Parteimitglied.
Journalistin.
Arbeitslos zur Zeit der Verhaftung.
Wohnte in Apartment 14, Neglinni Weg 7, Moskau.
Verhaftet am 4. April 1950.
Zum Tode verurteilt durch das Militärkollegium des Obersten Gerichts der UdSSR am 22. November 1950.
Angeklagt wegen krimineller Verbindungen zu den Leitern des Jüdischen Antifaschistischen Komitees und Spionage.
Am gleichen Tag erschossen.
Rehabilitiert 1955.

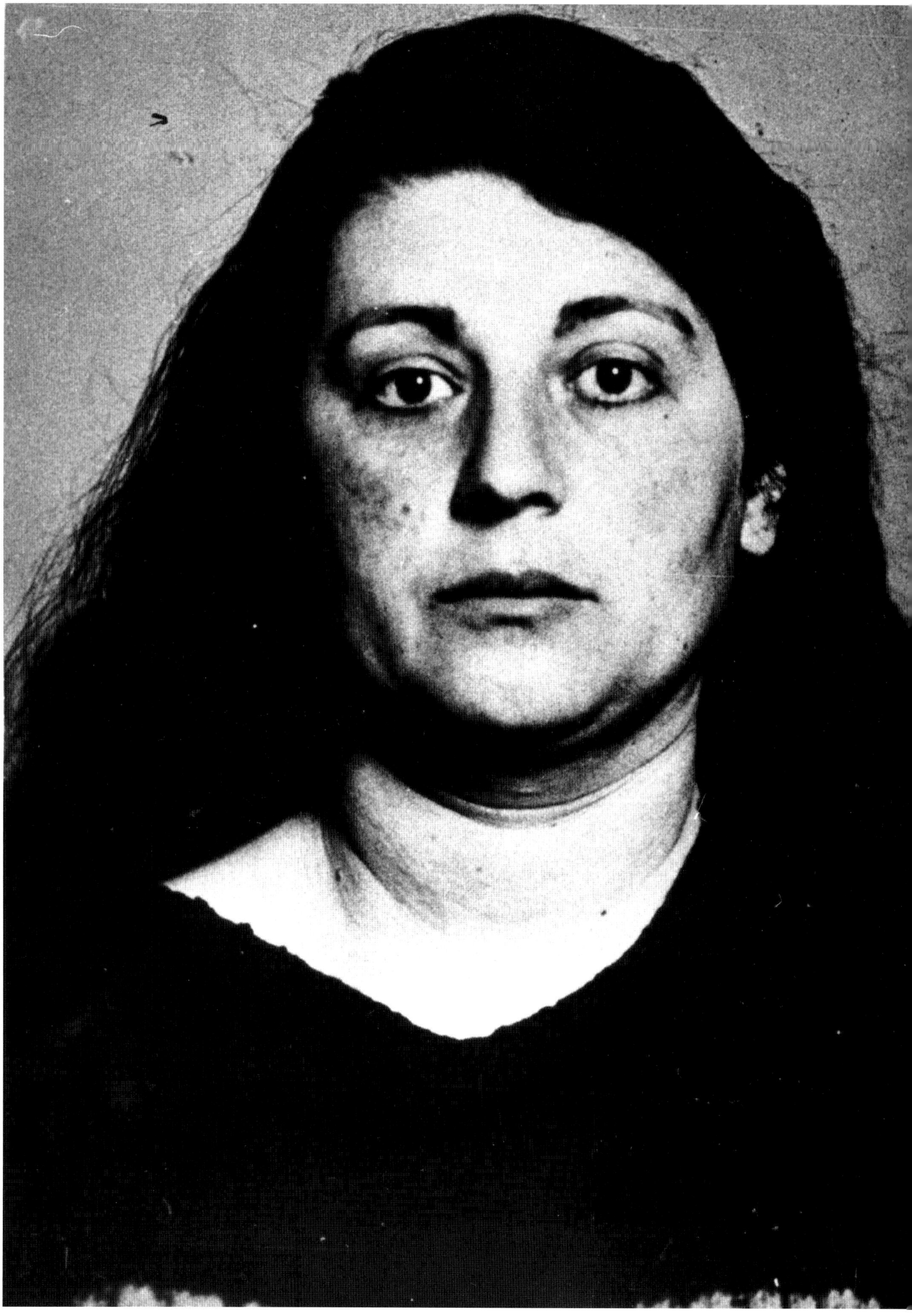

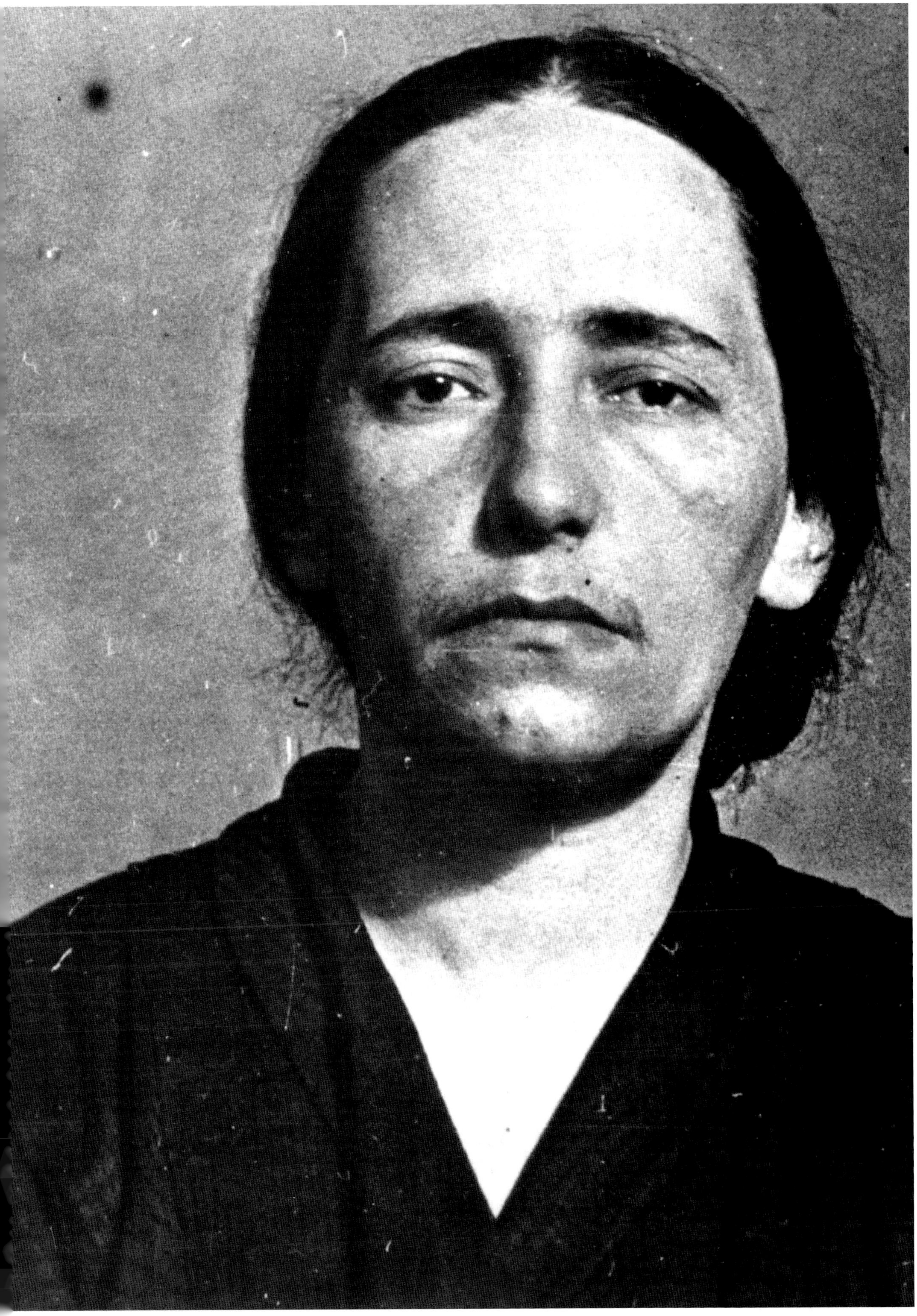

Ludmila Sergejewna Belenkaja
Geboren 1910 in Leningrad.
Kein Parteimitglied.
Abteilungsleiterin im Ministerium der Sowjetischen Autoindustrie.
Wohnte in Apartment 147, Serafimowitscha Straße 2, Moskau.
Verhaftet am 23. Mai 1950.
Zum Tode verurteilt durch das Militärkollegium des Obersten Gerichts der UdSSR am 24. November 1950.
Angeklagt wegen Zugehörigkeit zu einer konterrevolutionären Vereinigung.
Am folgenden Tag erschossen.
Rehabilitiert 1955.

Michail Iljitsch Kossa
Geboren 1921 in Mali-Jekaterinowka, Saporoschje.
Mitglied der Kommunistischen Partei.
Held der Sowjetunion.
Gruppenführer eines Truppenübungsplatzes.
Wohnte in Rotmirowka, Bezirk Kiew.
Verhaftet am 24. September 1949.
Zum Tode verurteilt durch das Militärkollegium des Obersten Gerichts der UdSSR am 20. April 1950.
Angeklagt wegen Verrats am Vaterland, Entführung eines Luftfahrzeugs ins Ausland und Verbindungen zur Gestapo.
Er wurde am gleichen Tag erschossen.
Rehabilitiert 1966.

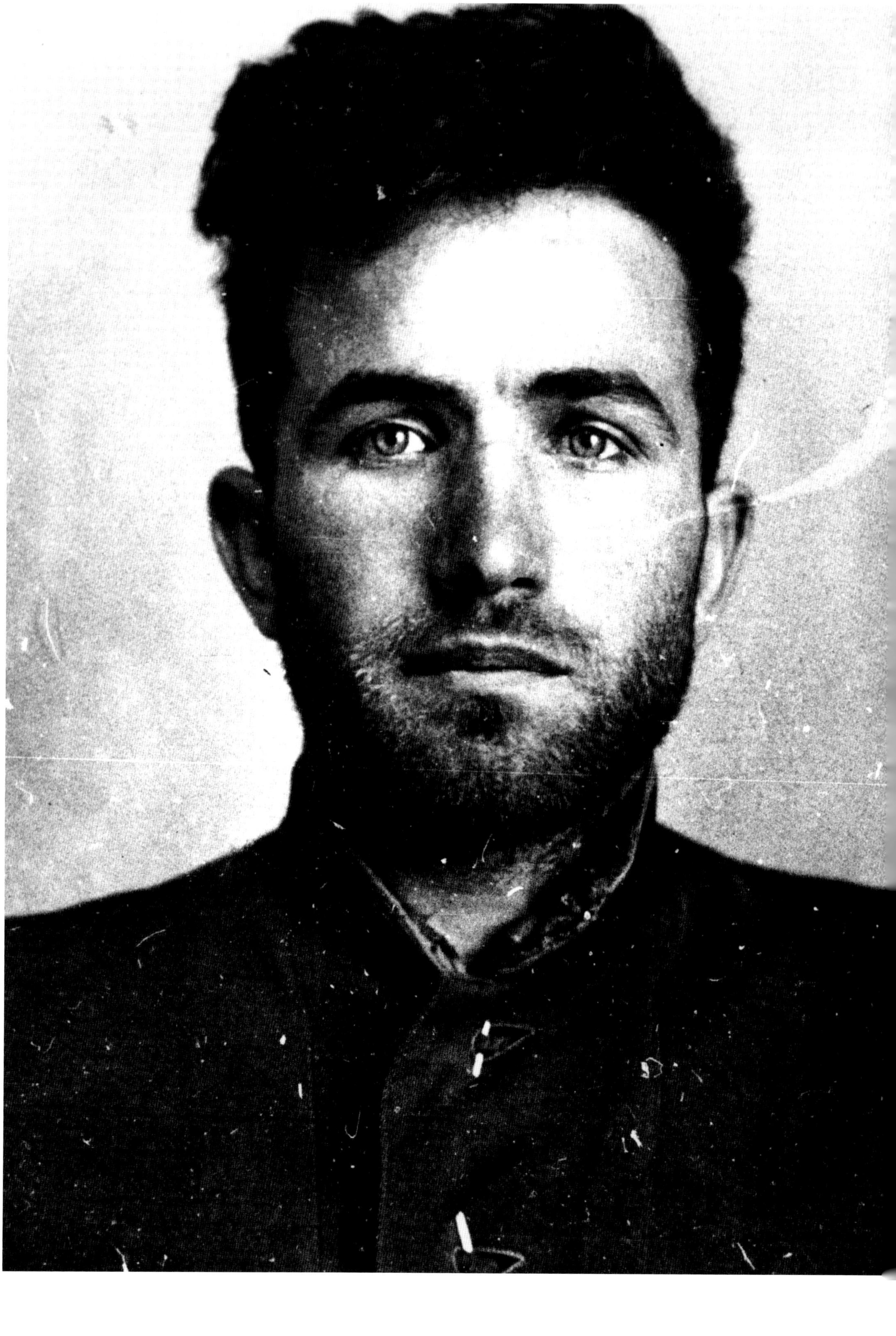

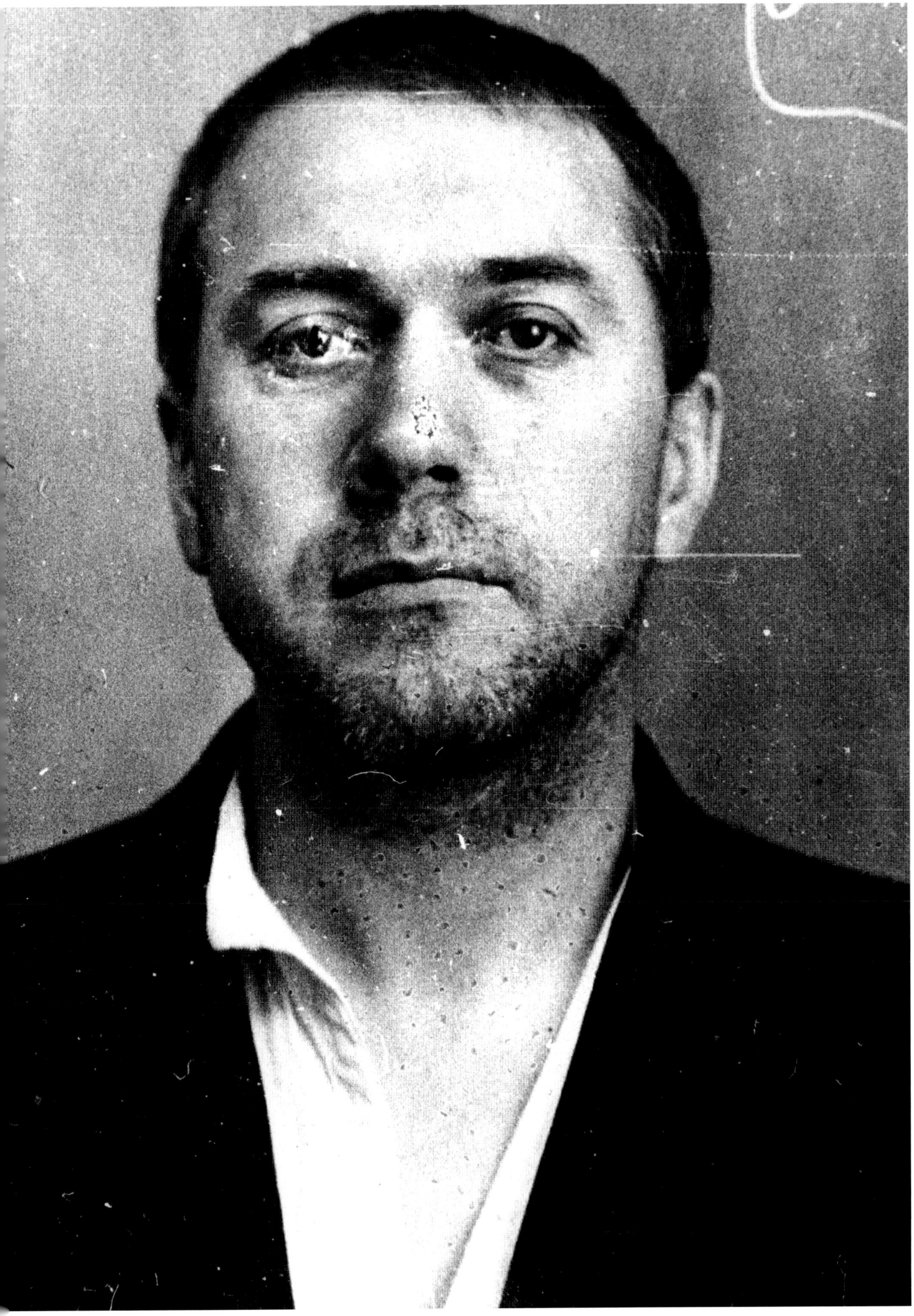

Pjotr Nikolajewitsch Kubjatkin
Geboren 1907 in Kolberowoski Mine, Bezirk Woroschilowgrad.
Mitglied der Kommunistischen Partei.
Generalleutnant des KGB, Bezirk Leningrad.
Leiter des Arbeiterrats in Saratow.
Wohnte in Apartment 306, Kalajewskaja Straße 5, Moskau.
Verhaftet am 23. Juli 1949.
Zum Tode verurteilt durch das Militärkollegium des Obersten Gerichts der UdSSR am 27. Oktober 1950.
Angeklagt wegen Zugehörigkeit zu einer konterrevolutionären Vereinigung.
Am gleichen Tag erschossen.
Rehabilitiert 1954.

Jelena Alexejewna Toporkowa
Geboren 1924 in Moskau.
Kein Parteimitglied.
Arbeitete von zuhause aus für die Sarja-Industriekooperative.
Wohnte in Apartment 12, Arbat 27, Moskau.
Verhaftet am 27. April 1948.
Zum Tode verurteilt durch das Militärkollegium des Obersten Gerichts der UdSSR am 20. April 1950.
Angeklagt wegen Zugehörigkeit zu einer konterrevolutionären Vereinigung und terroristischer Tendenzen.
Am gleichen Tag erschossen.
Rehabilitiert 1956.

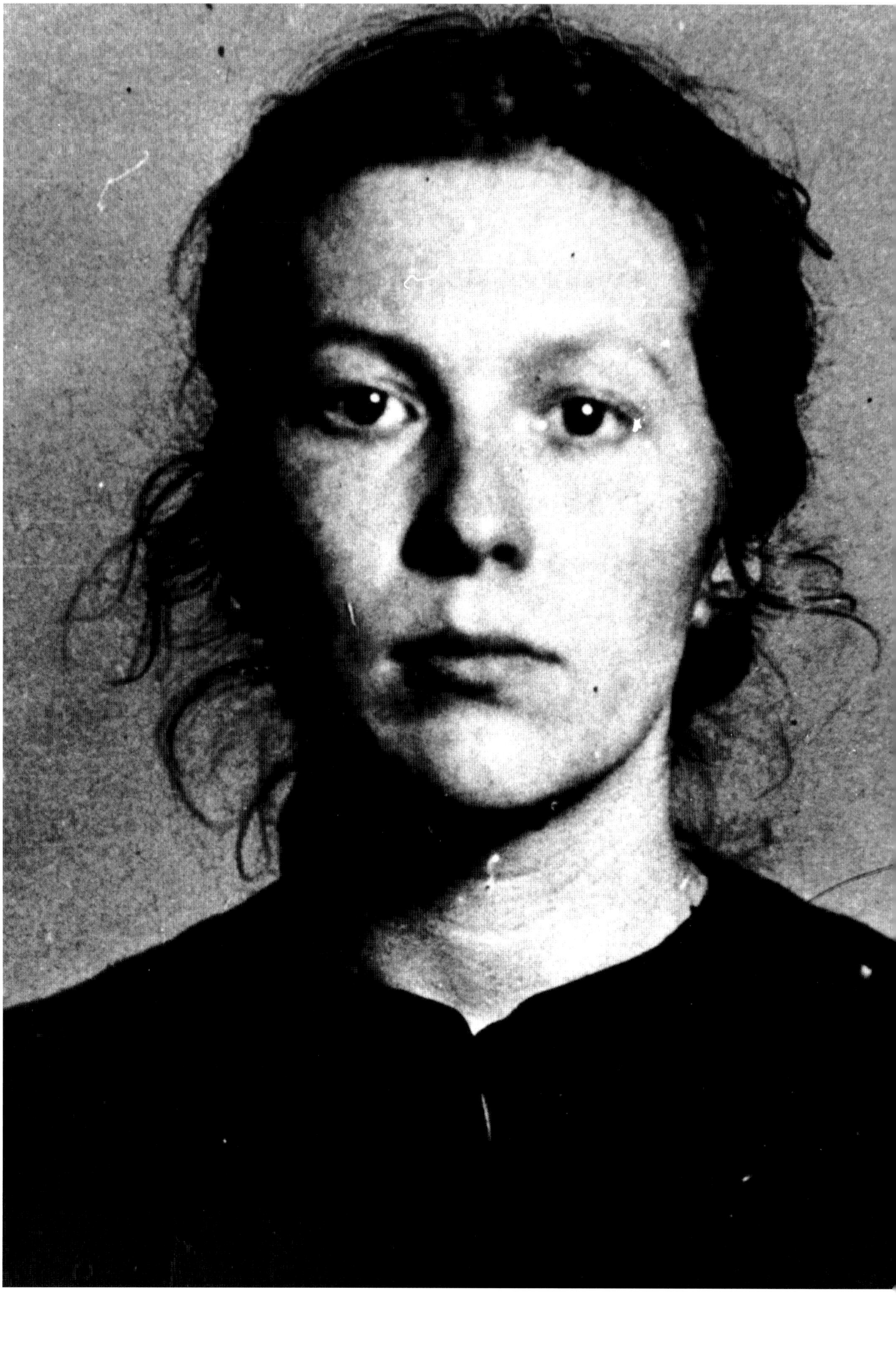

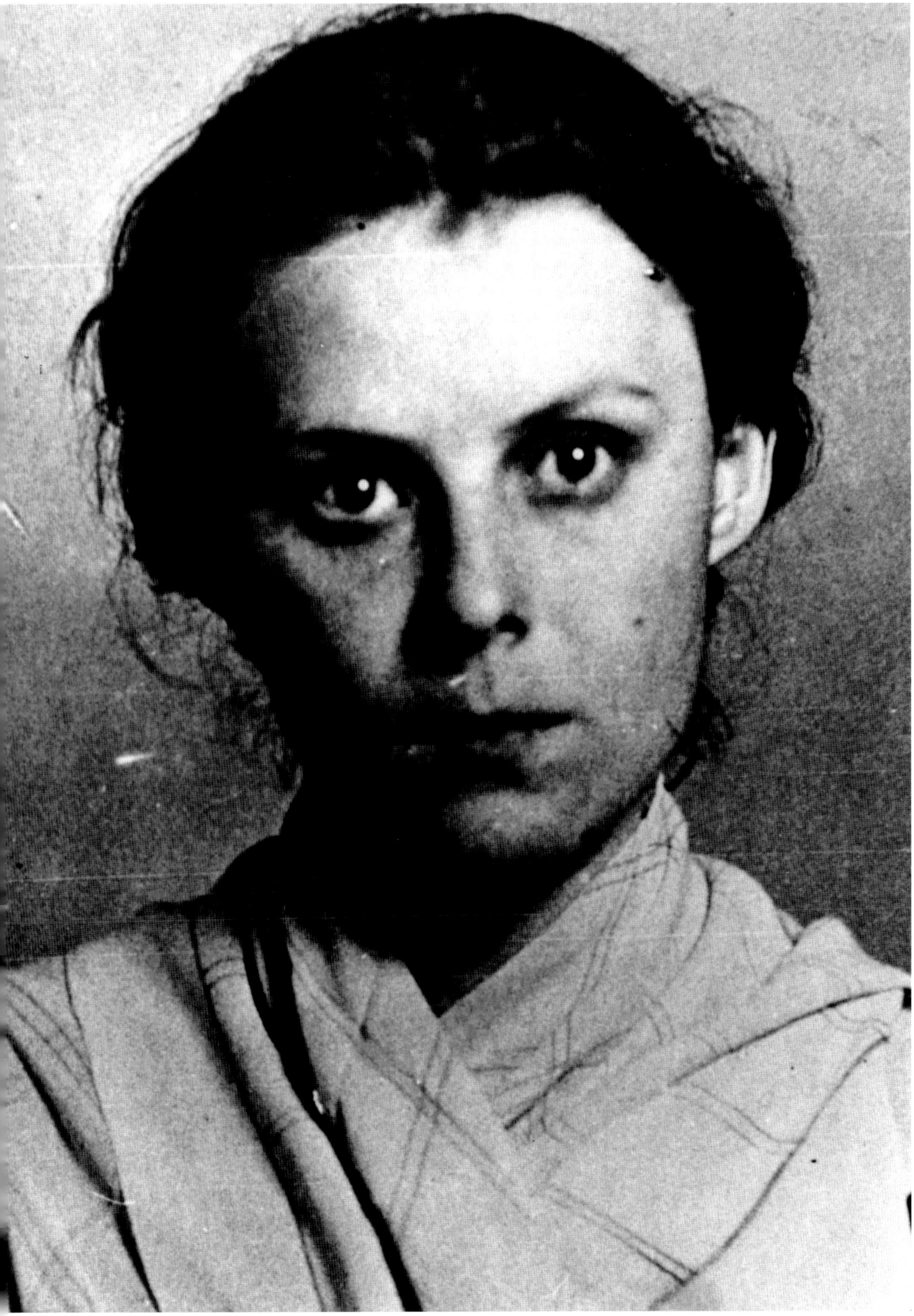

Irina Rostowzewa.
Geboren 1922 in Moskau.
Kein Parteimitglied.
Wissenschaftlerin.
Tag der Verhaftung unbekannt.
Zum Tode verurteilt und erschossen am 20. April 1950.
Anklage unbekannt.

А К Т.

"4" февраля 1938 г
Ст.лейтенантом Гособезопасност
вании предписания ЗАМ.НАЧАЛЬН
Гособезопасности - тов. ГАРИНА
№ 219937 и отношения НАРКОМВН
за № ____________ - приговор в

КУКИТ, Эрнеста

приведен в исполнение.
Вышеуказанный осужденн

Комендант УНКВ
Ст.лейтенант Госбезопа
(ПОЛИКАРПОВ)

4-го февраля 1938 года.

Сов.Секретно.

. мною, Комендантом УНКВД ЛО
ПОЛИКАРПОВЫМ А.Р., на осно-
УНКВД ЛО - СТАРШЕГО МАЙОРА
8-го февраля 1938 года за
ЛА С.С.С.Р. от ______________
ошении

естовича

РАССТРЕЛЯН.

ости

Vorherige Seite: Streng geheime Urkunde, von NKWD-Oberleutnant A. R. Polikarpow unterschrieben, welche die Hinrichtung von Ernst Ernestowitsch Kukit bestätigt, Fall Nr.: 219937, 4. Februar 1938.
Rechts: Stalin im Jahr 1912.

DANKSAGUNG

David King möchte sich bei den folgenden Menschen bedanken, die so großzügig ihr Wissen und ihren Enthusiasmus für diesen Band zur Verfügung gestellt haben. In alphabetischer Reihenfolge:

Clive Boutle, Susannah Clapp, Stephen Cohen, Agnes Gereben, Judy Growes, Adam Hochschild, Wolfgang Krolow, Miklos Kun, Alexej Ladischenski, Sasha Lurye, Natascha Malichina, Svetlana Palmer, Galina Panowa, Nikita Petrow, Gabrielle Pfeiffer, Nicola Schleifer, Reinhard Schultz, Kathryn Tattersall, Ernst Volland, Valerie Wade, Francis Wyndham und Larry Zeman.

Bibliografische Information der Deutschen Nationalbibliothek
Die Deutsche Nationalbibliothek verzeichnet diese Publikation in der Deutschen Nationalbibliografie; detaillierte bibliografische Daten sind im Internet über http://dnb.dnb.de abrufbar.

Erstmals 2003 in Englisch veröffentlicht:
Ordinary Citizens

Veröffentlicht im September 2012

Gestaltung: David King
Realisierung der deutschen Ausgabe:
Klartext Medienwerkstatt GmbH, Essen
Druck: Rasch Druck, Bramsche
Printed in Germany

ISBN 978-3-88634-128-3